BWL
424
SIR

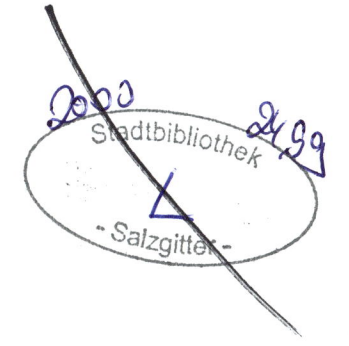

Zehra Sirin

Die 5-Sterne-Strategie

Zehra Sirin

Die 5-Sterne-Strategie

Exzellentes Beschwerdemanagement
in Zeiten von Online-Bewertungen

REDLINE | VERLAG

Bibliografische Information der Deutschen Nationalbibliothek:
Die Deutsche Nationalbibliothek verzeichnet diese Publikation in der Deutschen Nationalbibliografie; detaillierte bibliografische Daten sind im Internet über **http://d-nb.de** abrufbar.

Für Fragen und Anregungen:
lektorat@redline-verlag.de

1. Auflage 2017

© 2017 by Redline Verlag, ein Imprint der Münchner Verlagsgruppe GmbH,
Nymphenburger Straße 86
D-80636 München
Tel.: 089 651285-0
Fax: 089 652096

Alle Rechte, insbesondere das Recht der Vervielfältigung und Verbreitung sowie der Übersetzung, vorbehalten. Kein Teil des Werkes darf in irgendeiner Form (durch Fotokopie, Mikrofilm oder ein anderes Verfahren) ohne schriftliche Genehmigung des Verlages reproduziert oder unter Verwendung elektronischer Systeme gespeichert, verarbeitet, vervielfältigt oder verbreitet werden.

Redaktion: Ulrike Kroneck, Melle-Buer
Umschlaggestaltung: Isabella Dorsch, München
Satz: DUOTONE Medienproduktion, München
Druck: GGP Media GmbH, Pößneck
Printed in Germany

ISBN Print: 978-3-86881-641-9
ISBN E-Book (PDF): 978-3-86414-913-9
ISBN E-Book (EPUB, Mobi): 978-3-86414-912-2

Weitere Informationen zum Verlag finden Sie unter
www.redline-verlag.de
Beachten Sie auch unsere weiteren Verlage unter
www.m-vg.de

Inhalt

Wenn es schnell gehen muss	7
Vorwort	9

1. Grundlegendes zum Beschwerdemanagement 13
- Die Bezeichnung »Beschwerdemanagement« 14
- Ziele des Beschwerdemanagements 18
- Warum können wir mit Beschwerden nicht umgehen? 19
- Apropos Fehler: Wie entstehen und was kosten sie? 22
- Enttäuschte Kunden beschweren sich kaum 25
- Ein sich beschwerender Kunde stellt Sie auf die letzte Probe 27
- Missbräuchliche Beschwerden sind in jedem Fall einen Dank wert 28
- Relevanz für das Qualitätsmanagement 30
- Checkliste für die Grundlagen 33

2. ★-Strategie: Bringen Sie sich auf Kurs 35
- Entwicklung und Wahl der Beschwerdestrategie 38
- Die Gestaltung des Beschwerdemanagements 44
- Beschwerdemanagement-Konzept – Projektierung 50
- Evaluation eines IT-Tools 63
- Checkliste für Ihren ★ Stern 69

3. ★★-Strategie: Stellen Sie Kundenorientierung nun unter Beweis 73
- Beschwerde stimulieren 74
- Beschwerdeannahme(-Gespräch) 83
- Beschwerdebearbeitung 106
- Beschwerdereaktion 118
- Checkliste für Ihren ★★ Stern 127

4. ★★★-Strategie: Sind Sie schon auf Kurs? 129
- Beschwerdeauswertung 129
- Beschwerde-Management Controlling 144
- Beschwerde-Reporting 159
- Beschwerde-Informationsnutzung 164

	Internes Auditmanagement – ein Instrument aus dem Qualitätsmanagement	170
	Checkliste für Ihren ★★★ Stern	179
5.	★★★★-Strategie: Wenn es im Unternehmen funktionieren soll	181
	Sie führen ein Changeprojekt ein	182
	Beschwerdekultur	184
	Fehlerkultur	185
	Internes Beschwerdemanagement	193
	Trainieren Sie gegen Ihren eigenen »Hormo Sapiens«	194
	Relevanz der Führungsrolle	195
	Kommunikation	198
	Checkliste für Ihren ★★★★ Stern	200
6.	★★★★★-Strategie: Kundenbeziehungsmanagement auf Basis von Kundenbeschwerden und Onlinetools	203
	Auswirkungen der digitalen Transformation auf das Beschwerdemanagement	203
	Beeinflussung durch Online-Bewertungen	204
	Checkliste für Ihren ★★★★★ Stern	211

Nachwort **213**

Glossar **215**

Kennzahlenübersicht **221**

Anhänge **231**

Übersicht Direkter Beschwerdemanagement-Prozess 231
Einfacher 8D-Report 232
KVP Werkzeuge im Kontext der Informationsnutzung und Qualitätsentwicklung 233
Übersicht Auditarten 234

Übersicht ISO 10002 Leitfaden für das Beschwerdemanagement **235**

Quellen **239**

Literatur 239
Links 240
Interviewpartner 241

Über die Autorin **243**

Stichwortverzeichnis **245**

Wenn es schnell gehen muss ...

Wenn Sie nur wenig Zeit haben und sich einen Überblick verschaffen wollen, weil eine strategische Planungssitzung oder ein Workshop bevorsteht, dann lesen Sie folgende Kapitel im Einzelnen:

Kapitel 1: Einführung, ab Seite 13
Grundlegendes Verständnis über Beschwerdemanagement und worin das Potenzial für Ihr Unternehmen liegt.

Kapitel 2: Planung des Beschwerdemanagements, ab Seite 35
Warum und wie das Beschwerdemanagement einer sorgfältigen und mit der Unternehmungsstrategie abgeglichenen Planung bedarf.

Kapitel 3: Direkter Beschwerdemanagementprozess, ab Seite 73
Sämtliche im Zusammenhang mit dem direkten Kundenkontakt stehende Themen wie die Wege und Kanäle, über die sich der Kunde mit Beschwerden an das Unternehmen wendet, das eigentliche Beschwerdegespräch bis hin zum Abschluss des Gespräches.

Kapitel 4: Indirekter Beschwerdemanagementprozess, ab Seite 129
Sämtliche Aktivitäten im Unternehmen, um die gesammelten Beschwerdeinformationen hinsichtlich der Verhältnismäßigkeit zwischen Aufwand und Ertrag transparent zu machen oder für die kontinuierliche Verbesserung Ihrer Organisation zu nutzen.

Kapitel 5: Kritische Erfolgsfaktoren für das Funktionieren des Beschwerdemanagements, ab Seite 181
Welche Faktoren entscheidend sind, damit das Beschwerdemanagement operativ erfolgreich umgesetzt und das auf kundenzufriedenheitsfokussierte Verhalten gelebt wird.

Kapitel 6: Kundenbeziehungsmanagement, ab Seite 203
Wie Sie mittels Kundenbeschwerden die Beziehung zum Kunden pflegen und sich dabei die zeitgemäßen Medien wie Onlinetools zunutze machen können.

Vorwort

»Wo gehobelt wird, fallen Späne.« Oder »Wenig Kundenbeschwerden weisen auf eine hohe Kundenzufriedenheit hin.« Bestimmt haben Sie solche oder ähnliche Aussagen auch schon gehört. Ich kategorisiere diese mit einem Augenzwinkern in die Schublade Redewendungen wie »denn sie wissen nicht, was sie tun«.

Das klingt überheblich, das ist mir bewusst. Deshalb gebe ich zu bedenken, dass es erstens überheblicher ist, von Kundenzufriedenheit und -orientierung als erstrangigem Ziel zu sprechen und nicht auf Kundenbeschwerden zu hören. Und zweitens, dass sie wirklich nicht wissen, was sie tun, wenn sie den direkten Zusammenhang zwischen Kundenzufriedenheit/-orientierung und Kundenbeschwerden nicht erkennen.

Letzteres wäre – um ganz beim Thema zu bleiben – kein Fehler, wenn man ihn nachhaltig beheben und daraus lernen und profitieren würde. Die Praxis zeigt in meiner langjährigen Beratertätigkeit häufig jedoch das Gegenteil.

> *»Der schlimmste aller Fehler ist,*
> *sich keines solchen bewusst zu sein.«*
> Thomas Carlyle

Ganz im Sinne des Begriffs »Strategie« vermittelt das Buch Ansätze für die Planung zur Durchführung des exzellenten Beschwerdemanagements sowie die Verhinderung von Nachteilen durch Kundenunzufriedenheit.

Auch wenn der Ausdruck »Beschwerde« einleitend im Buch infrage gestellt wird für die Praxis, wurde er im Buch der Einfachheit halber weitergeführt.

Jeder Stern führt Sie einen Schritt näher an ein funktionierendes Beschwerdemanagementsystem heran, das funktioniert, weil Sie für Ihre Kunden, Mitarbeitenden und damit sich selbst einen Nutzen generieren.

Welche Rolle dabei die Online-Bewertungen im World Wide Web spielen, wird gleichermaßen aufgegriffen wie die Tatsache, dass ohne die richtige Unternehmungskultur jede Maßnahme nutzlos bleiben wird.

> **Inhalte und Aufbau**
>
> **Grundlegendes zu Beschwerdemanagement**
>
> Strategie ★: Bringen Sie sich auf Kurs
>
> Strategie ★★: Stellen Sie Kundenorientierung nun unter Beweis
>
> Strategie ★★★: Sind Sie schon auf Kurs?
>
> Strategie ★★★★: Wenn es im Unternehmen funktionieren soll
>
> Strategie ★★★★★: Kundenbeziehungsmanagement auf Basis von Kundenbeschwerden und Onlinetools
>
> Nachwort/Vorlagen

Entsprechend ist dieses Buch an Personen gerichtet, die die Aufgabe oder den Entschluss gefasst haben, ein systematisches Beschwerdemanagement aufzubauen. Dies können, unabhängig von der Branche, Mitarbeiter des Qualitätsmanagements oder Prozesseigner sein. Auch ist dieses Buch an Mitarbeitende gerichtet, die kundennah arbeiten. Dies können Innendienstler, sogenannte Customer-Service-Center-Mitarbeitende, sein.

Zu guter Letzt wendet sich das Buch an Führungskräfte, die sich über ihre Rolle in diesem Zusammenhang bewusster werden möchten – welche Grundvoraussetzungen nur durch sie geschaffen werden können, damit das Beschwerdemanagement als ein nutzenbringendes und intaktes Steuerungsinstrument im Unternehmen eingesetzt werden kann.

Im vorliegenden Buch werden rechtliche Aspekte und Folgen daraus nicht behandelt, was nicht bedeutet, dass sie nicht relevant sind, insbesondere unter dem Aspekt von Schadenersatzfolgen.

Um die Lesbarkeit des Buchinhaltes zu vereinfachen, wird auf die zusätzliche Formulierung der weiblichen Form verzichtet. Entsprechend ist darauf hinzuweisen, dass die ausschließliche Verwendung der männlichen Form explizit als geschlechtsunabhängig verstanden werden soll.

1. Grundlegendes zum Beschwerdemanagement

Es ist wie in unserem Privatleben auch. Wenn uns jemand wirklich wichtig ist und wir die Harmonie mit diesem Menschen suchen, dann scheuen wir uns nicht, verstehen zu wollen, wann diese Person in welcher Weise durch uns gekränkt oder enttäuscht wurde. In solchen Fällen setzen wir viel daran, ein Gespräch zu führen, auch auf das Risiko hin, dass das, was wir in Erfahrung bringen, einer Kritik gleichkommt.

Das Wichtigste an einem solchen Gespräch ist die Art und Weise, wie dieses geführt wird. Nur dann können wir die Beziehung retten oder sogar noch stärken. Brauchen Sie noch mehr Argumente, warum es klug ist, Ihr Unbehagen gegenüber Kundenbeschwerden zu ändern?

Ein Kunde kauft ein Produkt Ihres Unternehmens, weil er sich durch Ihre Bemühungen hinsichtlich der Erreichbarkeit, der Verpackung und des Preis-Leistungs-Verhältnisses, angesprochen gefühlt hat.

Selbst wenn sich der Kunde nach dem Kauf beschwert – ob berechtigt oder nicht –, bleibt eines sicher: Ihr Unternehmen hat hier bereits das erste Mal gegenüber dem Mitbewerber gewonnen. Ist das kein Grund, dem Kunden herzlich dafür zu danken?

Und nun weicht dieses Produkt oder die Dienstleistung von seinen Erwartungen ab und er macht sich die Mühe, dies dem Unternehmen noch mitzuteilen. Das heißt im Umkehrschluss, dass der Kunde Sie noch gerade so viel schätzt, dass er sich die Mühe macht. Sonst hätte er sich diese Mühe nicht gemacht und stattdessen seine Enttäuschung im World Wide Web breitgetreten, wo Sie übrigens weniger Chancen haben, mit einer Gegendarstellung Gehör zu finden. Also: Danke, lieber Kunde, das wissen wir sehr zu schätzen!

Nicht selten werde ich an dieser Stelle darauf hingewiesen, dass nicht alle Kundenbeschwerden berechtigt sind und eine nachsichtige Haltung so wirken könnte, als ob das Unternehmen den Fehler eingesteht. »Und wir wollen doch nicht die vielen Kunden vergessen, die so etwas schamlos ausnutzen.« Meine Antwort darauf: »Sie geben nicht nach und gestehen auch keinen Fehler ein. Sie zeigen im ersten Schritt Wertschätzung und schaffen damit einen positiven Auftakt ins Gespräch. Eine Reaktion, mit dem der Kunde zu diesem Zeitpunkt des Gespräches wahrscheinlich überhaupt nicht rechnet. Und vor allen Dingen: Bleiben Sie durchgängig professionell und sachlich, auch bei missbräuchlichen Fällen.«

Kommen wir wieder zurück zum Umgang mit Beschwerden in der Praxis. Nachdem ein Kunde, der sogenannte Beschwerdeführer, sich durch die Durchwahl gekämpft und die vor ihm in der Warteschlange abgehandelten Fälle durchgehalten hat, folgen nun, durch eine mehr oder weniger freundliche Stimme, Fragen und Sätze wie »Haben Sie eine Kundennummer oder können Sie Ihren Namen bitte buchstabieren? Sind Sie sicher, dass …? Und was wollen Sie jetzt genau von mir? Das muss ich zuerst abklären. Einen Moment bitte …«. Und schon erklingt wieder die erheiternde Wartezeit-Musik in der Dauerschleife.

Keine wertschätzenden Worte zum Einstieg, keine Empathie und kaum Interesse, die Unzufriedenheit gemeinsam zum Win-Win zu führen.

In diesem Buch wird der Nutzen des Beschwerdemanagements transparent gemacht und Lösungsansätze, Best Practice, werden für unterschiedliche Geschäftsmodelle vorgeschlagen. Insbesondere wird auch die Frage beantwortet, welchen Einfluss die Social-Media- und/oder Bewertungsplattformen haben. Beschwerden und Lob sollen als Kundenrückmeldung gleichwertig behandelt werden.

Beschwerdemanagement sollte als ein abteilungsübergreifendes Thema von Führung, Qualitätsmanagement, Marketing, Vertrieb und, je nach Bearbeitungsform, auch der operativen Prozesse verstanden werden. Die Zuordnung ist viel weniger bedeutsam als das Bestreben nach einem integrierten Ansatz und mittels konventioneller Konzepte aus allen Bereichen, die die Kundenorientierung verbessern und stärken.

Die Bezeichnung »Beschwerdemanagement«

Wie in allen Managementsystemen ist auch dasjenige für das Beschwerdemanagement abzugrenzen und für die Bedeutung ein einheitliches Verständnis zu schaffen.

Wie wollen Sie den Umgang mit dem Begriff »Kundenbeschwerde« erleichtern?

Bevor jedoch auf die Bezeichnung näher eingegangen wird, wird das mindestens so oft erwähnte Wort »Management« interpretiert. Im vorliegenden Buch lehne ich es zwischen den unzähligen betriebswirtschaftlichen Definitionen insbesondere an die systematisierte Arbeitsweise bzw. an den Regelkreis nach Edward Deming *Plan – Do – Check – Act* an.

▶ **Plan:** Das Unternehmen plant konkrete Ziele bezüglich Kundenzufriedenheit, auch wie damit umgangen werden soll, wenn die Kundenzufriedenheit nicht gelingen sollte.

▶ **Do:** Diese werden dann in verschiedenen Bereichen und Ebenen umgesetzt.

▶ **Check:** Die generierten Ergebnisse werden den geplanten Zielen gegenübergestellt und auf ihren Erreichungsgrad geprüft.

▶ **Act:** Die Maßnahmen zur Verbesserung von Abweichungen gegenüber der Zielplanung werden eingeleitet und auf ihre Wirksamkeit überprüft. Auch die Adaption von bewährten Vorgehensweisen, welche sich als Erkenntnis aus dem Check ergeben, kann an anderer Prozessstelle als Verbesserungsmaßnahme eingeführt werden. Beide Maßnahmen bilden die Spirale zur kontinuierlichen Verbesserung.

Betrachtet man nun das Wort »Beschwerdemanagement« von Neuem, steht es bereits in einem ganz neuen Licht: Beschwerden sind ein Instrument zur kontinuierlichen Verbesserung der Kundenzufriedenheit.

Aus weitergehenden Quellen der BWL- bzw. Normenwelt sind außerdem die folgenden Definitionen zu finden. Alle betonen die Wirkung von Beschwerden, nicht das Potenzial. Damit weisen sie kaum positive Facetten auf.

▶ Aus der Fachliteratur (Bernd Stauss/Wolfgang Seidel, 2014) versteht sich der Begriff »Beschwerde« als Kundenäußerungen von Unzufriedenheit gegenüber dem Unternehmen. *Dabei stellen Reklamationen den Teil dar, bei dem auch Rechtsansprüche geltend gemacht werden können.*

Grundlegendes zum Beschwerdemanagement

▶ Die Norm ISO 9001:2015 bzw. der Leitfaden 10002 hingegen verwendet den Begriff »Reklamation« ohne die nach Bernd Stauss/Wolfgang Seidel gemachte Unterscheidung. Das heißt, der Begriff »Reklamation« wird für alle Arten von Unzufriedenheitsäußerungen verwendet, ob in Bezug auf Produkt, Dienstleistung oder Bearbeitung eines Prozesses. Eine Abgrenzung besteht hier zum Begriff »Rückmeldungen«, welche als Meinungen oder Stellungnahmen im Rahmen der Reklamationsbearbeitung verstanden werden.

▶ Aus dem EFQM-Modell lässt sich Beschwerdemanagement nur ableiten, da dies nicht ausdrücklich, sondern implizit formuliert ist. Es formuliert, wie die Zufriedenheit erlangt werden kann: Über die Produkt- und Dienstleistungsqualität entscheidet letztendlich die Meinung des Kunden. Und Kundenloyalität, Kundenbindung und Marktanteil werden am besten durch eine klare Ausrichtung auf die Bedürfnisse gegenwärtiger und potenzieller Kunden optimiert. Und das Bedürfnis von gegenwärtigen Kunden ist auch die Beschwerdezufriedenheit im Falle einer Beschwerde.

▶ Wikipedia hält sich sehr generisch und bezieht den Begriff auf eine Anstrengung oder körperliche Beschwerde.

▶ Aus dem allgemeinen Empfinden und in der entsprechenden Umgangssprache versteht sich der Begriff »Beschwerde« als Kritik aufgrund eines gemachten Fehlers – rausgeschält und (zusätzlich) »be-schwert«, das heißt zulasten des Empfängers.

▶ Das Verständnis für eine Beschwerde aus der Unternehmungsperspektive geht in eine ähnliche Richtung wie dasjenige im allgemeinen Empfinden und Umgang: »Die Leistung haben Fachexperten erforscht, entwickelt, erbracht und ausgeliefert, um sich dann von irgendeinem unqualifizierten Kunden mitteilen zu lassen, dass die Leistung ungenügend oder mangelhaft war?«

Um den Gedanken noch zu Ende zu führen: Und der Tatsache nicht genug, dass ein Mitarbeiter sich damit beschäftigen und Ressourcen verschwenden soll? Ganz zu schweigen von der Motivation des Mitarbeitenden, diese unqualifizierte Kundenrückmeldung vom Mitarbeitenden objektiv und wertschätzend entgegenzunehmen und intern an die relevanten Instanzen zur Bearbeitung weiterzugeben, ohne dabei als Nestbeschmutzer zu gelten?

Nun steht dieser in jeder Weise »als schwer definierte Fehler« vor dem Beschwerdeempfänger. Wie geht dieser primär wohl damit um? Ohne hier schon auf den Umgang mit Beschwerden vertiefter einzugehen, der in einem späteren Teil dieses Buches behandelt wird, Folgendes zum Begriff.

Entscheiden Sie als eine der ersten Maßnahmen, ob die Bezeichnung »Beschwerde« eine angemessene Bezeichnung in Ihrem Unternehmen ist. Möchten Sie mit diesem negativ behafteten Wort tatsächlich einen positiven Umgang mit einer solchen Angelegenheit erreichen? Schließlich klingt »Beschwerde« weniger kundenorientiert als beispielsweise »Kundenfeedback« oder »Kundenrückmeldung« – unabhängig davon, ob positiv oder negativ. Dies setzt aber auch voraus, dass sich Ihr Unternehmen in der Planungsphase mit der Frage: »Was wollen wir unter Beschwerden verstehen?« auseinandersetzt.

Empfehlenswertere und neutrale Bezeichnungen kommen beispielsweise im ERP-System von SAP vor. Im Modul QM kann das Beschwerdemanagement mit unter dem Begriff »*Non Conformance Management – NCM*« abgewickelt werden. Die Bezeichnung deutet auf jede Form von Abweichung hin, die nicht dem Standard entspricht. Den Standard legt jedes Unternehmen dabei selber fest. Genereller und positiver formulierte Bezeichnungen können auch Feedback oder Kundenrückmeldungen lauten.

Dabei sollte beachtet werden, dass eine Definitionseingrenzung und die Relevanz nicht zu stark eingeschränkt werden sollten, um der Anwendung in der Praxis eine gewisse Flexibilität zu gewähren.

Beispiel eines zu stark eingegrenzten Begriffsverständnisses:
vernachlässigbar/folgenschwer;
berechtigte/unberechtigte;
großer Kunde/Neukunde usw.

Kundenrückmeldungen werden immer
als unangenehm empfunden.
Das liegt in der Natur des Menschen.

Ziele des Beschwerdemanagements

Die generellen Ziele des Beschwerdemanagements liegen darin, auf effiziente Weise Kundenzufriedenheit herzustellen, die negativen Auswirkungen von Kundenunzufriedenheit auf das Unternehmen zu minimieren und die in Beschwerden enthaltenen Hinweise auf betriebliche Schwächen und marktbezogene Chancen zu identifizieren und zu nutzen.

Einer der entscheidenden Vorteile liegt außerdem darin, dass bekannte Daten der Zielgruppe für eine gezielte Ansprache des Kundenstamms verwendet werden können. Nicht nur, was der Kunde wann und wo kaufte, sondern auch wie er Ihr Produkt nutzt. Das ist eine weitere Dimension des Kundenverhaltens, sozusagen der 3-D-Print des Konsumverhaltens Ihres Kunden.

Abbildung 1: Ziele und Potenziale des Beschwerdemanagements

Warum können wir mit Beschwerden nicht umgehen?

Das ganze Leben werden wir dazu erzogen, keine Fehler zu machen. Es fängt im Sandkasten an und zieht sich durch die Schulzeit bis hin zur Berufswelt. Ob Auszubildende oder Berufseinsteiger, sie werden alle insbesondere nach ihrer Fehlerhäufigkeit als gut oder schlecht eingestuft.

Nicht verwunderlich, dass unser Verständnis von Fehlern darin besteht, dass Fehler unweigerlich zu mehr oder weniger unangenehmen Konsequenzen führen. Denn unser Gehirn speichert den Fakt »Fehler«, gepaart mit den entsprechenden Erfahrungen, Gedanken und Gefühlen, für einen späteren Wiederholungsfall konsequent ab.

Und dann kommt man in die Berufswelt: Haifischbecken, Hackordnung – Leistung und nur Leistung ist hier gefragt. Die schmale Karriereautobahn, wo Höchstgeschwindigkeiten erwartet werden, bietet kaum Platz für Kandidaten, die dann noch Fehler machen.

Die Rechnung muss aufgehen. Und wie geht die Rechnung auf? Indem die Kundenerwartungen erfüllt werden, keine Fehler gemacht werden und der Kunde weiterhin fleißig sein Geld ausgibt und die Ertragsergebnisse stimmen.

Was aber, wenn die Rechnung nicht aufgeht, weil der Kunde glaubt, einen Fehler gefunden zu haben, und darauf hinweisen möchte? Dann wird ihm mit voller Wucht die Tür vor der Nase zugeknallt. »Ein Kunde, der sich beschwert? Angeblich Fehler gefunden hat? Unmöglich! Fehler machen wir nicht. Kein Interesse, vielen Dank und auf Wiedersehen.« Diese Worte werden einem Kunden selten direkt so ins Gesicht gesagt, aber sie kommen trotzdem genau so an. Der Kunde fühlt sich ignoriert.

Was das mit Beschwerden zu tun hat? Wer Fehler macht, zieht unweigerlich mehr oder weniger unangenehme Konsequenzen auf sich. Aus der neurowissenschaftlichen Sicht betrachtet, speichert unser Gehirn also den Fehler als etwas Negatives ab. Und was sind Beschwerden anderes?

Die Konsequenz eines Fehlers: Wir fühlen uns nicht gut. Weder der Beschwerdeführer noch der Beschwerdeempfänger. Häufig werden deshalb Fehler anderen

Personen zugeschoben. Letzteres deshalb, weil erschwerend hinzukommt, dass laut Fritz Heider (Mentor der modernen Merkmaltheorie) die meisten Menschen eine Schuld eher einem Individuum als den Umständen zuordnen. Denn der Fehler wird »gemacht«, und das tun nun mal Personen. Deshalb sind wir als Beschwerdeempfänger bestrebt, die durch den Beschwerdeführer subjektiv mitgeteilte Wahrnehmung, die meist auf den Empfänger reduziert ist, von uns abzuweisen und möglichst zu widerlegen.

Ihr Verstand spricht nicht, wenn Sie mit einer Beschwerde mehr oder weniger überraschend konfrontiert werden und innerlich überkochen.

Im Fachjargon nennt sich das »psychologischer Nebel«. Er entsteht immer dann, wenn Sie selbst oder der Gesprächspartner voller Emotionen ist. Wenn die Emotionen hochkochen, wie man so schön sagt. Die starken Gefühle vernebeln einem – im wahrsten Sinne des Wortes – die Sicht bzw. das Gehirn. Sie lassen keinen klaren Gedanken mehr zu. Man ist dann auch nicht mehr offen für sachliche Argumente vom Gesprächspartner. Der Gefühlsnebel blockiert schlichtweg alles.

Hier ist es ganz wichtig, diesen Umstand zu erkennen. Wenn Sie selbst – oder der Gesprächspartner – im psychologischen Nebel sind, dann bringt Kommunikation nichts mehr. Dann sollten Sie innehalten, tief durchatmen und warten, bis der Nebel sich verzogen hat, bis die Gefühlswogen sich geglättet haben. Erst dann hat der Dialog wieder Sinn und erst dann kann man sinnvolle Entscheidungen treffen, weil sich der Verstand zurückmeldet.

> **Beispiel**
>
> **Kundenperspektive:** Geht es um eine Beschwerde über das Produkt oder die Dienstleistung, verhält sich der Beschwerdeführer nicht selten so, als wäre der Verkäufer dafür verantwortlich.
>
> **Empfängerperspektive:** Entsprechend ablehnend verhält sich der Verkäufer, an den die Beschwerde gerichtet wird.
>
> Es baut sich gegenseitiger Druck auf. Und wenn der Druck groß genug ist, wird häufig interveniert bis hin zur Notbremse. Das Einschreiten beginnt mit Worten »Nun beruhigen Sie sich doch« oder im schlimmeren Fall »Darf ich jetzt auch mal etwas sagen?« oder »Nun holen Sie einmal Luft«. Dass diese Situation noch mehr Druck erzeugt und das Gespräch in seinem Verlauf bereits eskaliert ist, ist an dieser Stelle nicht weiter auszuführen.

In anderen Fällen ist zu beobachten, dass der Beschwerdeempfänger dem Druck ausweicht und unqualifizierte Aussagen über das Unternehmen und die Unternehmenspolitik macht, was natürlich nicht dazu führt, dass sich der Beschwerdeführer gut aufgehoben fühlt. Nun haben wir nicht nur einen inkompetenten Verkäufer, sondern auch noch eine schlechte Unternehmenspolitik. Entweder denkt der Kunde nun, dass sogar die eigenen Mitarbeiter nicht zur Unternehmenspolitik stehen können, oder er verurteilt das illoyale und unprofessionelle Verhalten des Mitarbeiters in diesem ohnehin schon schlechten Unternehmen. Egal wie Sie es drehen, es kommt nichts Positives dabei raus.

Was spielt sich in Menschen ab, die sich in sozialen Situationen verletzt fühlen? Wie kommt es, dass viele im Streit die Fassung verlieren und Dinge tun oder sagen, die sie bei klarem Verstand nie tun und sagen würden? Die nachfolgende Darstellung zeigt, dass Menschen in sozialen Konflikten an innere Abgründe und Grenzen geführt werden.

> *Die Beschwerde bietet nur dann*
> *eine Chance auf einen positiven Ausgang,*
> *wenn der Verkäufer alles objektiv abwägt ...*

Die nachfolgende Grafik zeigt auf, dass der Kunde kaum eine andere Möglichkeit sieht, als anzugreifen. Flucht und Totstellen bringen ihn nicht weiter, sobald er zum Telefonhörer greift, eine E-Mail schreibt oder höchstpersönlich in den Laden geht. Wenn ein Verkäufer dies weiß, dann kann er die Beschwerde einfach als sachliche Rückmeldung sehen und fühlt sich weder persönlich angegriffen noch beschuldigt. Meistens ist dies leider nicht der Fall und auch der Verkäufer geht zum Angriff über. Viel Spaß bei diesem Gespräch ohne Happy-End-Aussichten.

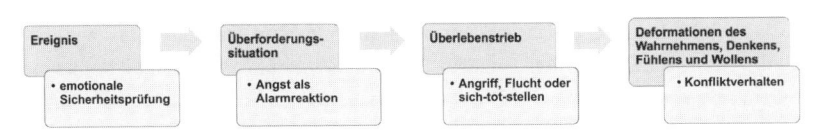

Ereignis	Überforderungssituation	Überlebenstrieb	Deformationen des Wahrnehmens, Denkens, Fühlens und Wollens
• emotionale Sicherheitsprüfung	• Angst als Alarmreaktion	• Angriff, Flucht oder sich-tot-stellen	• Konfliktverhalten

Abbildung 2: Stressbedingtes Konfliktverhalten gemäß Friedrich Glasl, 2002

Die Beschwerde bietet nur dann eine Chance auf einen positiven Ausgang, wenn der Beschwerdeempfänger alles objektiv abwägt und es in einen sachlichen, vorwurfs- und gewaltfreien Rahmen packt.

Eine Beschwerde sollte immer losgelöst vom Gefühl des Angriffs oder der Beschuldigung entgegengenommen werden und ungeachtet der Art und Weise, wie eine Beschwerde mitgeteilt wird. Selten wird eine Beschwerde aus allen Perspektiven objektiv abgewogen und in einer absolut sachlichen, vorwurfslosen und gewaltfreien Form platziert.

Apropos Fehler: Wie entstehen und was kosten sie?

Wenn es also darum geht, dass wir uns angegriffen fühlen, weil wir mit einem angeblichen Fehler nicht umgehen können, dann ist es herleitend wichtig zu verstehen, wie Fehler überhaupt entstehen können.

> *Jeder Fehler ist in letzter Konsequenz*
> *auf die Führung und die Entscheidungsträger*
> *zurückzuführen.*

Das provokante sogenannte Schweizer-Käse-Modell von James Reason beschreibt stark vereinfacht, dass jeder Fehler in letzter Konsequenz auf die Führung und die Entscheidungsträger zurückzuführen ist und deshalb auch wieder von dort vorbeugend vermieden werden müsse. Denn würden die auf höherer Ebene geschaffenen Vorbedingungen stimmen und nichts provozieren, könne dem operativen Mitarbeitenden kaum ein Fehler unterlaufen.

Reason geht davon aus, dass aus einer Gefahr nur dann ein unerwünschtes Ereignis entstehen kann, wenn die dazwischenliegenden Sicherheitsbarrieren versagen, also Löcher entstehen. Die Sicherheitsbarrieren können dabei Menschen oder auch technische Vorkehrungen wie Kontrollschritte sein.

Die Löcher im Käse stellen besondere Umstände dar, die manchmal genau übereinanderliegen und eine Achse bilden. Sie entstehen durch aktives und latentes Versagen, werden durch beitragende Faktoren beeinflusst und sind außerdem

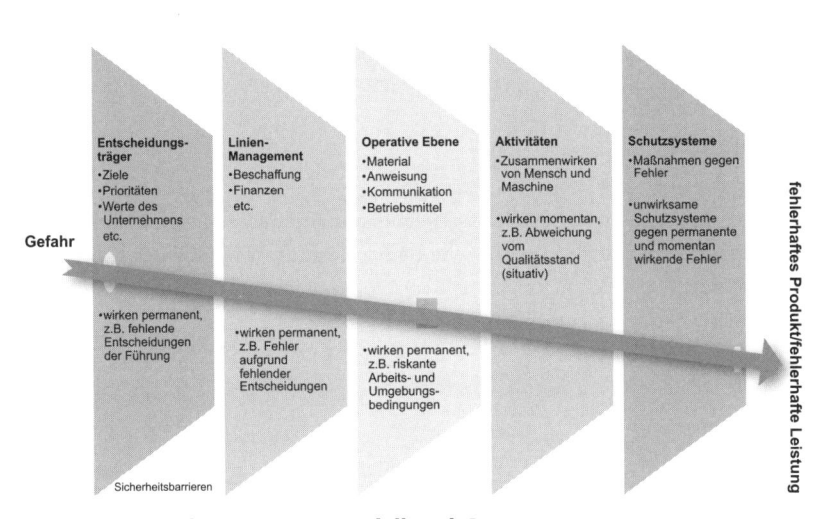

Abbildung 3: Schweizer-Käse-Modell nach Reason

Gefahr → Entscheidungsträger (Ziele, Prioritäten, Werte des Unternehmens etc.) → Linien-Management (Beschaffung, Finanzen etc.) → Operative Ebene (Material, Anweisung, Kommunikation, Betriebsmittel) → Aktivitäten (Zusammenwirken von Mensch und Maschine; wirken momentan, z.B. Abweichung vom Qualitätsstand (situativ)) → Schutzsysteme (Maßnahmen gegen Fehler; unwirksame Schutzsysteme gegen permanente und momentan wirkende Fehler) → **fehlerhaftes Produkt/fehlerhafte Leistung**

- wirken permanent, z.B. fehlende Entscheidungen der Führung
- wirken permanent, z.B. Fehler aufgrund fehlender Entscheidungen
- wirken permanent, z.B. riskante Arbeits- und Umgebungsbedingungen

Sicherheitsbarrieren

»dynamisch«, das heißt, sie öffnen, schließen oder verschieben sich über die Zeit. Einfach gesagt und in der Umgangssprache häufig spricht man von »der Verkettung unglücklicher Ereignisse«.

Psychologisches Verhalten: Denkfehler oder falsche Entscheidungen, die unabhängig von der Absicht entstehen.

Aktives Versagen sind unsichere Handlungen (Fehler und Verstöße), Aussetzer und Ausrutscher, die von den am Ende des Systems tätigen Mitarbeitenden begangen werden.

Latentes Versagen entsteht durch Entscheidungen, die auf den höheren Stufen einer Organisation gefällt werden. Ihre schädigenden Auswirkungen zeigen sich möglicherweise lange nicht, und sie werden erst dann offensichtlich, wenn sie mit lokalen auslösenden Faktoren zusammentreffen und die Sicherheitsbarrieren des Systems durchbrechen. Latentes Versagen (z. B. falsche Entscheidungen des Managements) kann aktives Versagen auslösen bzw. dazu beitragen.

Überträgt man diese Fehlertheorie in das Beschwerdemanagement, lautet das Fazit: Das Entstehen eines unerwünschten Ereignisses hat fast immer mehrere

Ursachen auf verschiedenen Ebenen der Organisation. Diese werden zusätzlich durch Faktoren außerhalb der Organisation beeinflusst.

Untypische Bedingungen

Ein Ressourcenmangel, beispielsweise entstanden durch eine Erkältungswelle oder Urlaubszeit, kann als untypische Bedingung zur Erhöhung des Fehlerrisikos beitragen.

> **Beispiel**
>
> 1. Die oberste Führungsebene trifft eine falsche Entscheidung.
> 2. Das Linienmanagement setzt die fehlerhafte Entscheidung um, ohne den Fehler zu bemerken oder infrage zu stellen.
> 3. Daraus entstehen die Vorbedingungen für Fehler.
> 4. Dazu kommen Fehler im operativen Geschäft und …
> 5. … zusätzlich technisches Versagen von Schutzeinrichtungen.

Was kosten Fehler?

Die aus Japan stammenden Studien aus den 1970er-Jahren, die zwischenzeitlich als gängiges Regelwerk des Qualitätsmanagements gelten, besagen Folgendes: Die Kosten der Fehlerverhütung bzw. der Fehlerbehebung steigen in jeder Phase (z. B. Planen, Entwickeln, AVOR etc.) um den Faktor 10. Der Faktor 10 ist dabei nicht als exakter Messwert zu verstehen, sondern drückt die starke Ungleichverteilung der Kosten aus, wie bei der 80-20-Regel auch.

Bleibt ein Fehler also unentdeckt und schleicht durch spätere Phasen Ihrer Leistungserbringung oder Ihres Produktes, werden die Kosten zur Behebung dieses Fehlers höher. Umso besser also, dass, auch wenn sehr spät, der Kunde Sie auf diesen versteckten Kostenerzeuger hinweist und Sie aufgrund dessen diese Kostenkette unterbrechen.

Enttäuschte Kunden beschweren sich kaum

Unzählige Recherchen belegen: Kunden beschweren sich trotz berechtigter Gründe und je nach Branche zu 70 bis 90 Prozent nicht. Das ungenutzte Potenzial ist also enorm hoch. Ein gutes Beispiel dafür sind verspätete Flugankünfte. Die wenigsten machen sich die Mühe, sich bei der Fluggesellschaft wegen beispielsweise zwei Stunden Verspätung zu beschweren. Gründe, warum Beschwerden ausbleiben, liegen im Folgenden:

> Es ist zu viel Aufwand.

> Kunden haben das Gefühl, es bringt nichts – sie glauben, dass es das Unternehmen nicht interessiert.

> Sie fürchten, von einem der Mitarbeiter abgestraft zu werden.

> Sie wissen nicht, an wen sie die Beschwerde richten sollen.

Im Umkehrschluss birgt genau das das Potenzial für Unternehmen. Diese Punkte einmal verbessert, kann das ein Unternehmen in einen gesunden Dialog mit dem Kunden führen. »Gesund« steht für gegenseitiges Vertrauen, ohne gleich »die Kündigung der Geschäftsbeziehung« anzudrohen bzw. befürchten zu müssen.

Beispiel

Wenn Sie zehn Beschwerden über den Kundendienst in Ihrem Unternehmen erhalten, haben Sie je nach Branche 250 bis 1.000 Kunden mit einem ähnlichen Problem, die Ihnen aber nicht bekannt sind.

Dies führt zu einem durchschnittlichen Abfall an Kundenloyalität von mindestens 20 Prozent; das heißt, man verliert einen von fünf schweigenden und unzufriedenen Kunden an den Mitbewerber.

Fazit: Die zehn Beschwerden können einen Verlust von 50 bis 200 Kunden implizieren.

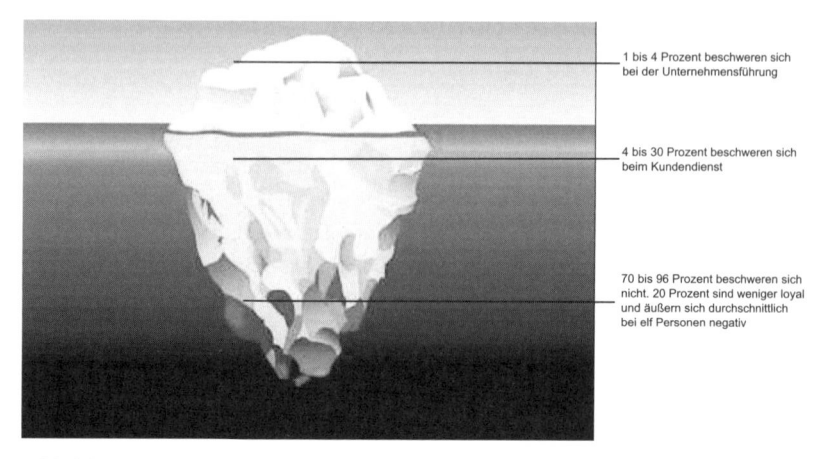

- 1 bis 4 Prozent beschweren sich bei der Unternehmensführung
- 4 bis 30 Prozent beschweren sich beim Kundendienst
- 70 bis 96 Prozent beschweren sich nicht. 20 Prozent sind weniger loyal und äußern sich durchschnittlich bei elf Personen negativ

Abbildung 4: Das Eisberg-Prinzip des Beschwerdemanagements

Wenn Kunden sich aber nicht beim Unternehmen beschweren, heißt das nicht, dass sie ihrem Unmut gar keine Luft machen. Sie beschweren sich anonymisiert, dort, wo sie keinen Widerstand fürchten und sich nicht als Person preisgeben müssen. Wo anders kann das sein als im World Wide Web?

Kunden haben heute fast unbegrenzte Möglichkeiten, sie haben im Internet ganz neue Möglichkeiten für das Beschwerdemanagement gefunden. Die Mehrheit der Kunden nutzt mittlerweile Social Media sowie Bewertungsplattformen wie Facebook, TripAdvisor, HolidayCheck, ReclaBox, Beschwerde.de, Beschwerdeleicht.ch und viele mehr.

Und einmal im World Wide Web festgehalten, kriegt Ihr Unternehmen diesen Eintrag im wahrsten Sinne des Wortes so schnell nicht mehr weg. Die Streuung ist unermesslich und der Unterhaltungsgrad für Gegendarstellungen durch Unternehmen ein riskantes Unterfangen. Denn je nachdem, welche Community diesen Dialog mitverfolgt, kann durch Missfallen eine große Shitstormwelle ausgelöst werden. Das Risiko eines Reputationsschadens kann ins Unermessliche steigen.

Ein sich beschwerender Kunde stellt Sie auf die letzte Probe

Sich beschwerende Kunden stehen mehr oder weniger physisch direkt dem Unternehmen gegenüber, das eine Erwartung nicht erfüllt hat.

ABER: Der Kunde spricht immer noch mit Ihnen. Er ist nicht verloren, auch wenn er Ihnen wütend am Telefon mitteilt, dass er sich nur gemeldet hat, um Ihnen mitzuteilen, dass er kein künftiger Kunde mehr sein werde. Nur gut, dass diese Aussage so nicht stimmt. Vorausgesetzt, Ihre Mitarbeitenden wissen, wie sie mit diesem Kunden umgehen müssen, um aus ihm sogar einen margenträchtigen Kunden zu machen.

Es ist fast so, als würde der Kunde dem Unternehmen die Chance geben, nun richtig damit umzugehen; herauszufinden, was schiefgelaufen ist, damit Sie nun unter Beweis stellen können, dass sich der Kunde mit seiner Kaufwahl nicht getäuscht hat und weiterhin Kunde bleiben muss. Es ist also so, als würde der Kunde das Unternehmen auf die Probe stellen. Es ist sozusagen als Stresstest oder Grenzwerttest seitens des Kunden zu betrachten. Auch wenn unbewusst, so prüft der Enttäuschte gerade, ob er sein nächstes Produkt/seine nächste Leistung auch noch hier kauft.

Genau genommen gibt er der Unternehmung die Chance, seine Enttäuschung wiedergutzumachen, zu reagieren – warum sonst macht er sich die Mühe? Dass Sie ihm zuhören und die Art und Weise, wie Sie mit ihm umgehen, bestimmt seine künftige Verbundenheit zum Unternehmen.

Wirbt ein Unternehmen noch mit hoher Kundenzufriedenheit oder Geldrückgabegarantie oder sogar mit hoher Servicequalität, so erhöht das die Erwartungen des Kunden erst recht.

Denn der Kunde wurde durch Sie geradezu aufgefordert und will nun zu dieser vielseitig versprochenen Entschädigung kommen.

Zu beachten gibt es in diesem Zusammenhang die erschwerende Herausforderung der Subjektivität. Während eine Beschwerde am Produkt nach objektiven Kriterien beurteilt werden kann, an bestimmten messbaren Merkmalen, ist die große Herausforderung bei einer Dienstleistung, dass der Service bzw. die Leistungserbringung am und mit dem Kunden erst entsteht. Und diese Wahrnehmungen sind vorwiegend subjektiv. Während ein Kunde eine Leistung hervorragend findet, kann der andere sie als ungenügend wahrnehmen. In der Produktion zählen die harten Fakten, nicht aber in der Dienstleistung.

Dementsprechend ist es eine Herausforderung, kundennahe Mitarbeiter auf korrekte Kundengespräche zu schulen. Insbesonders, wenn es darum geht, dem Kunden einen wahrnehmbar positiven Umgang mit Kundenbeschwerden zu vermitteln. Ein Grund mehr, dass ein solcher Umgang in der Unternehmungsführung gewollt, geplant und vorgelebt werden muss, damit das Kundengespräch von einer Vorschrift der Führung zu einer selbstverständlichen Umgangsform bzw. Verhaltenskultur wird.

So wie die Führung gegenüber Kunden und Partnern auftritt, so prägt sie auch den Umgang zwischen den Mitarbeitenden untereinander und zwischen Mitarbeitenden und Kunden andererseits.

Wenn sich ein Kunde beschwert, dann mit der Erwartungshaltung, dass die Beschwerdezufriedenheit wiederhergestellt wird. Die Qualität der nun folgenden Leistung ist absolut entscheidend darüber, ob nun Kundenzufriedenheit im Unternehmen wirklich verstanden ist und in welchem Reifegrad Servicequalität (auch Dienstleistungsqualität) tatsächlich besteht. Und häufig geschieht hier der letzte Fehler, den das Unternehmen am Kunden begeht: Serviceversagen.

Missbräuchliche Beschwerden sind in jedem Fall einen Dank wert

Selbstverständlich sind nicht alle Beschwerden berechtigt, manche sind ungerechtfertigt und ein Vorwand, von weitergehenden Leistungen Ihrer Unternehmung als Wiedergutmachung zu profitieren.

Nichtsdestotrotz fällt der Anteil von missbräuchlichen Kundenbeschwerden im Verhältnis von sich abwendenden Kunden mangels eines erfolgreichen

Kundengesprächs bzw. Beschwerdezufriedenheit wohl kaum ins Gewicht und kann deshalb in den allgemeinen Geschäftskosten einkalkuliert werden. Aber auch hier spricht ein weiterer Grund dafür, Beschwerdeinformationen sorgfältig zu nutzen, denn »Wiederholungstäter« können so festgestellt werden.

Häufig reicht ein persönlich geführtes Gespräch, dass diese missbräuchlichen Beschwerdeführenden sich nicht mehr melden. Dieses muss jedoch hinsichtlich der Kompetenzen und Art und Weise der Konfrontation mit dem Kunden klar geregelt werden und professionell erfolgen.

In diesem Zusammenhang werde ich häufig gefragt, ob das nicht andere Kunden motiviert, ähnlich missbräuchlich zu handeln. Vielleicht, aber vielleicht zeigt ein professioneller Umgang auch, dass Kunden ausnahmslos wie Könige behandelt werden und es das gute Recht eines jeden Kunden ist, sich beschweren zu dürfen und dass jede dieser Beschwerden ernst genommen wird.

Im Umkehrschluss kann außerdem gesagt werden, dass auch eine als missbräuchlich vermutete Kundenbeschwerde bis zum Schluss professionell abgewickelt wird und somit der Unternehmung die Chance gibt, einen guten Service zu bieten.

Würde der Kunde den Verdacht der missbräuchlichen Beschwerde bemerken und ein berechtigter Beschwerdeführer sein, so verliert Ihr Unternehmen nicht nur den Kunden für immer, sondern auch seinen Ruf. Denn dieser Kunde wird durchschnittlich elfmal diese Unterstellung mindestens in seinem beruflichen sowie privaten Umfeld weitererzählen oder in Konsumentenblogs kundtun, wobei sich dann das Unternehmen nicht mehr direkt verteidigen kann.

Es gibt unzählige Gründe, warum Sie wertschätzender mit dem Kunden umgehen sollten, ehe das Beschwerdegespräch überhaupt begonnen wird.

> **Beispiel**
>
> Danke, lieber Kunde, dass
>
> ➤ deine Kauf-Wahl auf uns und nicht auf das Mitbewerberprodukt gefallen ist.
>
> ➤ du dir überhaupt die Zeit/nimmst und Mühe machst, mich direkt darauf hinzuweisen, statt irgendwo im World Wide Web öffentlich Dampf abzulassen und meinem Firmenruf nachhaltig zu schaden.
>
> ➤ du nicht einfach schweigend von mir zum Mitbewerber abwanderst, sondern mir eine Chance für eine Er- und Abklärung gibst.
>
> ➤ ich gleich – dank dir – einen mir derzeit unbekannten Fehler erfahren werde.
>
> ➤ ich dank dir auf etwas aufmerksam werde, dessen Ursache ich nachhaltig in meinem Unternehmen beheben kann.
>
> ➤ ich dank deiner Rückmeldung und der dadurch möglich gemachten Ursachenbehebung keine neuen Beschwerden von weiteren Kunden riskiere.
>
> ➤ du mich kostenlos berätst, auf welche künftigen Produktentwicklungen, Trends und Innovationen ich ein Augenmerk haben könnte, die ich sonst für teures Geld über eine Marktforschung hätte analysieren lassen müssen.
>
> **Danke, lieber Kunde.**

Entsprechend wichtig ist die qualifizierte Person, die Beschwerden professionell entgegennimmt und lediglich den Inhalt und nicht den aufgebrachten Ton des Kunden wahrnimmt.

Relevanz für das Qualitätsmanagement

Wie groß die Bedeutung von Kundenbeschwerden ist, zeigt sich auch daran, dass sich gleich mehrere Normen der ISO-Reihe damit befassen. Kundenzufriedenheit bedeutet, dass Beschwerden reduziert und dadurch Kunden langfristig gebunden werden sollen.

Qualitätsmanagement – Kundenzufriedenheit – Leitfaden für die Behandlung von Reklamationen in Organisationen ist unverkennbar ein Mitglied in der ISO-9000:2000-Familie (wurde ab September 2015 in die ISO 9001:2015 integriert).

Der Leitfaden ist mit der ISO 9001:2015 und ISO 9004:2000 kompatibel und unterstützt die Ziele dieser Normen »durch die wirksame und effiziente Anwendung eines Prozesses zur Reklamationsbearbeitung«. Die Norm ist ein guter Leitfaden gerade für Mitarbeitende kleiner und mittlerer Unternehmen, die häufig gewachsene Strukturen im Kundenzufriedenheitsmanagement haben.
Besonders der Anhang des Leitfadens hat seit Veröffentlichung der Norm viele Anhänger gefunden. Denn dieser enthält unter anderem eine spezielle Anleitung für KMUs, eine Reihe von Musterformularen, ein Flussdiagramm und mehrere ergänzende Ausführungen zur Norm.

Die Norm ISO 9001 legt keine Methode zur Messung von Kundenzufriedenheit fest, sondern fordert nur, dass jedes Unternehmen Informationen darüber beschaffen muss, ob und wie die Kundenanforderungen aus der Sicht der Kunden erfüllt wurden.

Die Normreihe ISO 10001 bis 10003 hingegen ist eine Leitlinie für den Umgang mit Kunden, was die Anforderungen der ISO 9001 anbelangt.

> **ISO 10001:2008-07** – Qualitätsmanagement – Kundenzufriedenheit – Leitfaden für Verhaltenskodizes für Organisationen
> Im Vorfeld einer Reklamation bietet der Leitfaden ISO 10001 einen nützlichen Verhaltenskodex. Er zeigt, wie ein effektiver Beschwerdemanagementprozess einzuführen und aufrechtzuerhalten ist. Und es ist zu erfahren, wie vorgegangen werden kann, wenn es zunächst zu keiner Einigung mit dem Kunden kommt.

> **ISO 10002** – Leitfaden für die Behandlung von Reklamationen in Organisationen
> Für das Beschwerdemanagement gibt es einen internationalen Standard bzw. Mindestanforderungen, die in der ISO 10002:2004 zusammengefasst werden. Diese basiert stark auf der ISO 9001, womit das Beschwerdemanagement in vielen Unternehmen dem Qualitätsmanagement zugeordnet wird, wogegen grundsätzlich auch nichts einzuwenden ist. Vorausgesetzt, das Qualitätsmanagement wird im Unternehmen wirksam umgesetzt und gelebt. Demnach ist der Zweck eines effizienten Beschwerdemanagements:

- mögliche Verbesserungen von Produkten und Dienstleistungen;
- das Image einer Unternehmung;
- eine Zunahme von Kundenzufriedenheit und Kundenbindung und
- folglich die Erhöhung der unternehmerischen Wettbewerbsfähigkeit (Differenzierung).

Der Multiplikatoren-Effekt des Beschwerdemanagements aus dem indirekten Beschwerdemanagement-Prozess wird vorwiegend im achten Teil des Leitfadens eingefordert. Darin wird unter anderem verlangt, dass der Beschwerdemanagementprozess sowie die Produktqualität dauerhaftes Ziel der Organisation sein sollen.

> **ISO 10003:2008-07** – Leitfaden für die Konfliktlösung außerhalb von Organisationen
> Der weniger bekannte Leitfaden 10003 regelt den rechtlichen Konfliktfall. Er enthält Anleitungen für Unternehmen, um einen wirksamen und effizienten Prozess zur externen Konfliktlösung für solche Reklamationen, die von der Organisation intern nicht gelöst wurden, zu planen, zu gestalten, auszuführen, aufrechtzuerhalten und zu verbessern. Der Leitfaden ist anwendbar auf Reklamationen, die sich auf Produkte der Organisation beziehen,
> - die für Kunden gedacht sind,
> - die von Kunden angefordert wurden.
>
> Der Leitfaden ist ebenfalls anwendbar auf den Prozess zur Behandlung von Reklamationen, auf den Prozess zur Konfliktlösung, sowie auf die Lösung von inländischen und grenzübergreifenden Konflikten und auch auf die Lösung von solchen, die durch elektronischen Handel entstehen.

> **ISO 10004:2015-01** – Leitfaden zur Überwachung und Messung von Kundenzufriedenheit
> Der Leitfaden 10004 regelt die Überwachung und Messung von Kundenzufriedenheit. Denn eines der Schlüsselelemente für den Erfolg einer Organisation ist die Zufriedenheit des Kunden mit der Organisation und mit ihren Produkten. Daher ist es notwendig, die Kundenzufriedenheit zu überwachen und zu messen. Die daraus erhaltenen Informationen können wiederum helfen, Verbesserungsmöglichkeiten für die Strategien der Organisation sowie für ihre Produkte, Prozesse und Merkmale zu erkennen. Solche Verbesserungen können das Kundenvertrauen weiter stärken und zu wirtschaftlichen und sonstigen Vorteilen führen.

Checkliste für die Grundlagen

- ☐ Sie verfügen über eine Bezeichnung für das Beschwerdemanagement, die zu Ihrem Leitbild bzw. Ihrem Werteverständnis oder dem Kundenversprechen passt. Das Beschwerdemanagement verfolgt Ziele hinsichtlich
  - ☐ Planung der Beschwerde-/Kundenzufriedenheit,
  - ☐ Umsetzung der Beschwerde-/Kundenzufriedenheit,
  - ☐ Ergebnismessung des Beschwerdemanagements,
  - ☐ Steuerung des Beschwerdemanagements,
  - ☐ kontinuierliche Verbesserung durch Beschwerdemanagement-Input.

- ☐ Die Sensibilisierung fand bezüglich folgender Inhalte statt:
  - ☐ Potenzial des Beschwerdemanagements
  - ☐ Es ist primär normal, dass Führung sowie Mitarbeitende Kundenbeschwerden negativ auffassen.
  - ☐ Dieses Empfinden ist um-konditionierbar, sodass auch missbräuchlichen Beschwerden mit Professionalität begegnet wird.

- ☐ Maßnahmen sind getroffen, um einen positiven Ausgang des Beschwerdegespräches zu ermöglichen (Objektivität, Sachlichkeit, vorwurfs- und gewaltfreier Rahmen).

- ☐ Sicherheitsbarrieren bzw. Kontrollpunkte sind in Prozesse eingebaut, um Fehler zu vermeiden.

- ☐ Ziele des Beschwerdemanagements berücksichtigen auch den Umgang mit Bewertungsplattformen.

- ☐ Diverse Normanforderungen hinsichtlich des systematischen Kundenzufriedenheitsmanagements werden durch das Beschwerdemanagement sichergestellt. Das heißt Maßnahmen werden
  - ☐ geplant,
  - ☐ den Vorgaben entsprechend umgesetzt,
  - ☐ auf die Wirksamkeit gemessen und
  - ☐ Maßnahmen zur kontinuierlichen Verbesserung eingeleitet.

2. ★-Strategie: Bringen Sie sich auf Kurs

Das Thema Beschwerdemanagement ist in der Betriebswirtschaft nicht neu. Nach wie vor bleibt jedoch der Eindruck, dass auf dieser Ebene in den meisten Unternehmen im besten Fall experimentiert wird. Somit bleiben nicht nur wiederholt gemachte Erfahrungen für Verbesserungsthemen ungenutzt, sondern auch die Frühwarnindikatoren zur Unternehmungssteuerung sind noch weitestgehend unerkannt. Doch ein gutes Beschwerdemanagement bietet strategische Argumente und wirkt sich auf Aspekte aus, die die Unternehmungsführung aufhorchen lassen. Durch diese zukunftsweisende Rolle gewinnt das Beschwerdemanagement an Führungsattention. Zwischen Beschwerdemanagement und folgenden strategischen Handlungsfeldern besteht eine Wechselwirkung.

1. Compliance Ihrer Prozesse

Compliance bedeutet die Einhaltung der geplanten Prozesse, die sich wiederum auf geltende gesetzliche Vorschriften und interne Regelungen stützen. Die Führung unterliegt der Pflicht, das Unternehmen so zu organisieren, dass Prozesse eingehalten und damit Abweichungen und gesetzliche Verstöße vermieden werden. Es müssen außerdem Prozesse eingeführt werden, um Missbräuche und Verstöße nach Möglichkeit auszuschließen und Risiken einer Haftbarkeit bzw. Strafbarkeit zu vermeiden.

Das Beschwerdemanagement kann Ihnen in spezifischen Kundenrückmeldungen Hinweise auf regelwidriges Verhalten geben. Ein »Sonder-Prozess« sollte sicherstellen, dass diese Fälle unmittelbar nach der Erfassung an den Process Owner und den Compliance-Manager zur Weiterbearbeitung weitergeleitet werden.

Kundenrelevante Beschwerden:

- ➤ Servicebereitschaft (Erreichbarkeit)
- ➤ Produkte (Eignung, Konditionen, Qualität, Sicherheit)

★-Strategie: Bringen Sie sich auf Kurs

ökonomischer Erfolg

Kundenbindung

Kundenzufriedenheit

Kundenorientierung

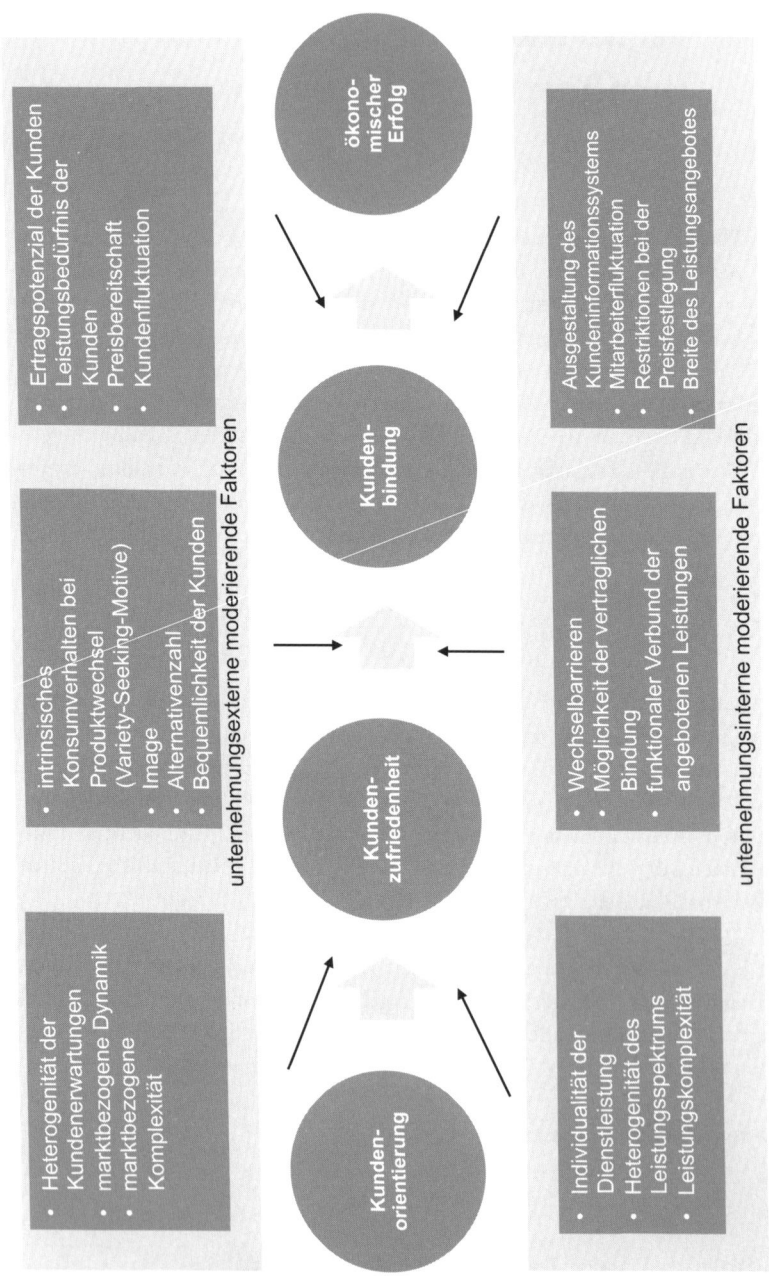

unternehmungsexterne moderierende Faktoren:
- Ertragspotenzial der Kunden
- Leistungsbedürfnis der Kunden
- Preisbereitschaft
- Kundenfluktuation

- intrinsisches Konsumverhalten bei Produktwechsel (Variety-Seeking-Motive)
- Image
- Alternativenzahl
- Bequemlichkeit der Kunden

- Heterogenität der Kundenerwartungen
- marktbezogene Dynamik
- marktbezogene Komplexität

unternehmungsinterne moderierende Faktoren:
- Ausgestaltung des Kundeninformationssystems
- Mitarbeiterfluktuation
- Restriktionen bei der Preisfestlegung
- Breite des Leistungsangebotes

- Wechselbarrieren
- Möglichkeit der vertraglichen Bindung
- funktionaler Verbund der angebotenen Leistungen

- Individualität der Dienstleistung
- Heterogenität des Leistungsspektrums
- Leistungskomplexität

Abbildung 5: Erfolgskette der Kundenorientierung, Brun, 2009

- Kundenberatung, Information
- Vertragsabwicklung

Compliance-relevant:

- Persönliche Interessenkonflikte
- Verletzung des Verhaltenskodex
- Verletzung von Kunden- oder Geschäftspartnerrechten
- Verletzung von Sicherheitsbestimmungen
- Möglicherweise strafbare oder bußgeldbedrohte Vorgänge
- Mögliches Interesse von Aufsichtsbehörden
- Sonstige Rechtsverstöße

Außerdem ist ein systematisches Beschwerdemanagement eine sinnvolle Basis für nachweisbares Kundenzufriedenheitsmanagement. Dieses Unternehmungsziel wird in verschiedensten Regularien auf seine Erfüllung und Konformität auditiert.

2. Effektive Servicequalität für den Kunden

Gehäufte Beschwerden sind ein Indikator zur Analyse von Qualitätsproblemen und deren Ursachen. Sind diese einmal identifiziert, sind systematische Verbesserungen der internen Prozesse einzuleiten.

Beschwerdemanagement erhöht somit die Qualität der Kundenbeziehung, stellt Beschwerdezufriedenheit her und bindet Kunden mit gekonnter Gesprächsführung, indem die Wirkung beim Kunden auf der emotionalen Ebene erfolgt.

3. Effiziente und kostengünstige Bearbeitung

Nicht nur der Aufwand für die Bearbeitung von Beschwerden, die Kosten für die Wiedergutmachung und die Folgekosten von Eskalationen werden reduziert.

Die strukturierte Vorgabe von Kategorien für Beschwerdegründe und deren Ursachen ist ein wirkungsvoller Hebel für die Effizienz. Selbst wenn die Lösung individueller Beschwerden sich nicht standardisieren lässt, wirken bestimmte Vorgaben und Handlungsspielräume für den Sachbearbeiter beschleunigend und verringern die Zahl der Beschwerden, die intern eskaliert werden müssen.

4. Wissen um die eigenen Kunden und Innovationen

Das Beschwerdemanagement liefert außerdem wertvolle Informationen über die Kundenerwartungen und die Markthaltung zum Produkt oder zur Dienstleistung. Nicht nur Prozesse können dadurch verbessert werden, es ist ein Innovationsindikator und eine Alternative zu Aktivitäten zur Kundenbindung. Denn das Zeitalter der Digitalisierung von Geschäftsmodellen ist angebrochen und Ihr Mitbewerber ist nur einen Mausklick entfernt. Da dürfte die Suche nach alternativer Kundenzufriedenheit und Kundenbindung – nebst denen aus dem klassischen Customer Relationship Management – und das Beschwerdemanagement wieder an Interesse gewinnen. Denn beides sind psychologische Variablen für den wirtschaftlichen Erfolg.

Entwicklung und Wahl der Beschwerdestrategie

Die Wahl der Beschwerdestrategie ist komplex in den Überlegungen. Es lohnt sich aber, diese Überlegungen initial zu machen. Denn diese dürften sich, solange Sie Ihre Unternehmungsstrategie nicht grundsätzlich neu schreiben, so schnell nicht ändern. Und ich darf auch daran erinnern, dass das der Masterplan ist, sollte es Ihrem Unternehmen einmal nicht gelungen sein, die Kundenzufriedenheit zu erreichen.

Als ersten Schritt beantworten Sie die Frage, welches primäre Ziel Sie mit dem Beschwerdemanagement verfolgen möchten.

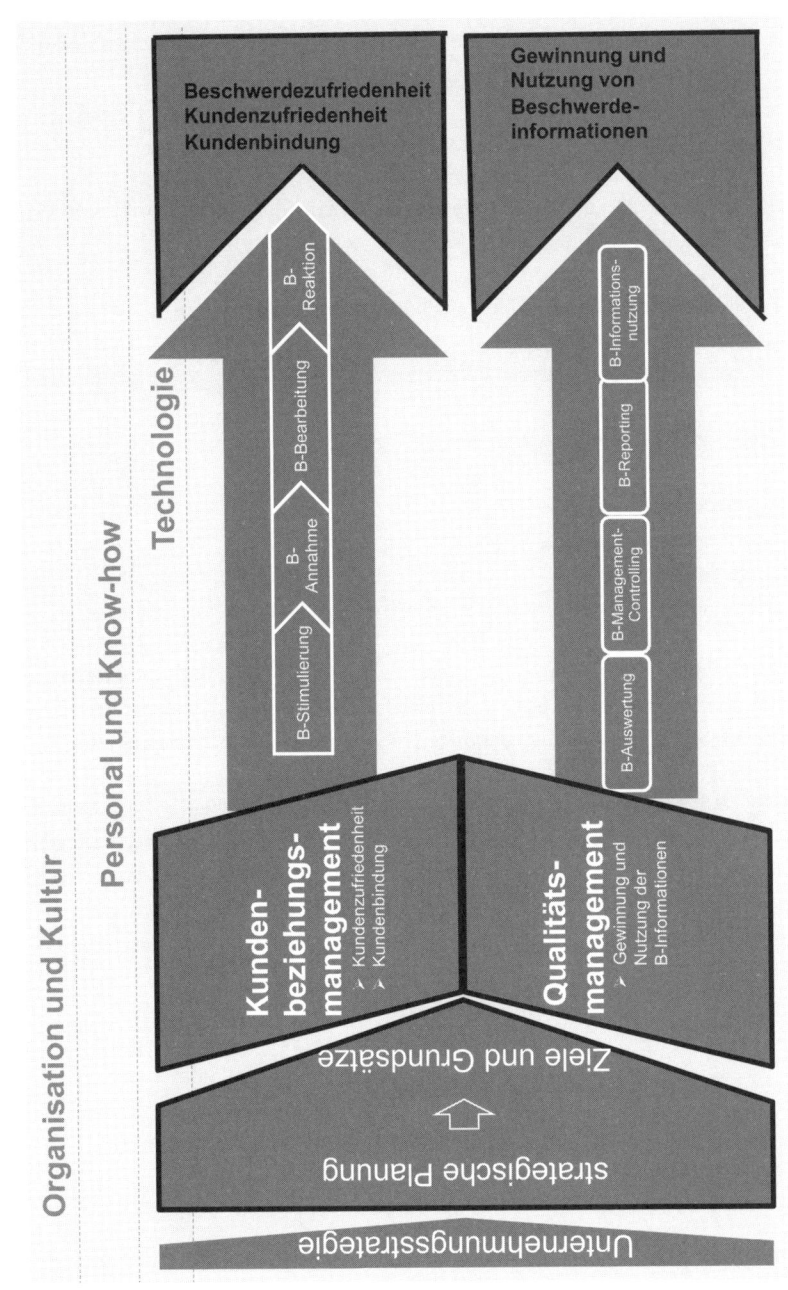

Abbildung 6: Strategischer Bezug des Beschwerdemanagements

> Ist es die Kundenbindung, die Sie damit anstreben (Fokus auf Kunde und Kulanzhandlungen als Standard), **oder**

> eine kosteneffiziente Abwicklung (Fokus auf Effizienz)?

Als Nächstes überlegen Sie sich, wie die Umsetzung bezüglich Priorität und Gewichtung künftig erfolgen soll.

> Liegt der Fokus auf dem Umgang mit Kunden (Fokus extern) **oder**

> auf den internen Prozessen (Fokus intern)?

Daraus ergibt sich die Basisstrategie mit folgenden Optionen:

1. Beschwerdefabrik
2. Beziehungsverstärker
3. Qualitätssicherer
4. Zufriedenheitslabor

Möchten Sie sich nicht nur auf je einen internen und externen Strategietyp beschränken und ziehen Sie es vor, aus jeweils einer extern und einer intern ausgerichteten Strategie zu wählen, benötigen Sie eine sogenannte hybride Strategie.

Die hybride Strategie besteht aus vier Teilen. Sie können die beiden Basisstrategien mit externem Fokus jeweils mit den beiden intern fokussierten Basisstrategien verbinden. Da aber, über das Gesamte betrachtet, ein durchgängiges Strategieziel angestrebt werden soll, empfehle ich, der Einfachheit halber die Wahl entweder auf die effizienzorientierte oder die kundenorientierte Strategie zu beschränken.

	Fokus/Ziel extern	Fokus/Ziel intern
Fokus Effizienz →	**Beschwerdefabrik** • möglichst kosteneffizient • Motivation: nur unternehmerische Gewährleistungs-/Garantiepflicht • kaum Stimulierung oder nur günstige Variantenwahl • Kaum Sammlung von Beschwerdeinformationen • Abwicklung: halbautomatisierte Standardprozesse und Antworten (zwecks Berücksichtigung der gesetzlichen Anforderungen); Verzicht auf Einzelfallprüfungen unterhalb Wertgrenzen • Auswertungen werden standardisiert und an einen kleinen Nutzerkreis generiert • Nutzung der Informationen nur, sofern hohe Kostenfolge droht • Controlling beschränkt sich auf Kosteneinhaltungskontrolle	**Qualitätssicherer** • eher interne Perspektive • Motivation: interne Qualitätssicherung, ergänzende Informationsquelle für Mängel • direkte Beschwerdemanagementschritte haben kaum Priorität, mit Ausnahme der ausführlichen Informationssammlung im Beschwerdegespräch • indirektes Beschwerdemanagement: differenzierte Auswertungen betreffend Qualitätsmängel, Reduzierung von Fehlerkosten • Controlling: Abschätzung des Nutzens aus der Verwendung der Beschwerdeinformationen zu KVP und Kostensenkung.
Fokus Kunde →	**Beziehungsverstärker** • Sicherung der Beziehung im Fokus • Motivation: Erhalt Kundenloyalität und Kundendeckungsbeiträge • verschiedene Kundenstimulierungen • leicht zugängliche Beschwerdewege mit differenzierter Erfassung der Informationen inkl. angepasster Reaktion • Auswertungen stark auf Kunde gerichtet: Kategorisierung und nachhaltige Fehlervermeidung, Innovation • Controlling: Ermittlung von Beschwerdezufriedenheit und wirtschaftlichem Effekt	**Zufriedenheitslabor** • eher interne Perspektive • Motivation: aus Kundeninformationen innovative Impulse gewinnen, Ausrichtung des Unternehmens aufgrund von Innovationen • direkte Beschwerdemanagementschritte haben kaum Priorität, mit Ausnahme der ausführlichen Informationssammlung im Beschwerdegespräch • indirektes Beschwerdemanagement: umfangreiche und komplexe Auswertungen, Reporting als Basis für Innovationsprozesse für den Kunden, Kundenforen und Zufriedenheitsbefragungen

Abbildung 7: Strategietypen des Beschwerdemanagements nach Bernd Stauss und Wolfgang Seidl

	Fokus/Ziel extern	Fokus/Ziel intern	Hybride Strategieoptionen
Fokus Effizienz	→ Beschwerdefabrik +	Qualitätssicherer	Efficiency-First-Strategie
Fokus Kunde	→ Beziehungs-verstärker +	Zufriedenheitslabor	Customer-First-Strategie

Abbildung 8: Hybride Strategietypen des Beschwerdemanagements nach Bernd Stauss und Wolfgang Seidl

Efficiency-First-Strategie

Entscheiden Sie sich für die effizienzorientierte Strategie, legen Sie den Fokus Ihrer Strategie folgendermaßen:
➤ Sie betreiben kosteneffizientes Abwickeln von Beschwerden mit einer auf die Qualitätssicherung begrenzten Informationsnutzung.
➤ Problemlösungs- und Informationsdienstleistungen werden in minimaler Form mit möglichst wenig Aufwand und Kosten betrieben.

Customer-First-Strategie

Entscheiden Sie sich für die kundenorientierte Strategie, legen Sie den Fokus Ihrer Strategie folgendermaßen:
➤ Sie erklären Kundenzufriedenheit zur grundlegenden Zielgröße. Dafür sorgt einerseits die Wiederherstellung der Kundenzufriedenheit aus dem direkten Beschwerdemanagementprozess.
➤ Andererseits möchten Sie wesentliche Impulse für eine kundenorientierte Ausrichtung Ihres Unternehmens aus den Beschwerdeinformationen erhalten und das Unternehmen danach ausrichten.

Das Beschwerdemanagement muss in einen größeren Unternehmungskontext eingegliedert werden.

Nun, da Sie wissen, welche Kriterien für die Wahl Ihrer Strategieform infrage kommen, gleichen Sie diese mit der übergeordneten Unternehmungsstrategie ebenfalls ab. Dafür können Sie die Umfeldanalyse und/oder die Unternehmungsanalyse als

Grundlage heranziehen. Diese geben wertvolle Informationen im Abgleich mit Ihrer getroffen Wahl für die Beschwerdemanagementstrategie.

Dies ist nun der letzte Schritt vor Ihrer finalen Wahl der Beschwerdestrategie. Sie lernten die verschiedenen Basisstrategien kennen und dürfen nun prüfen, ob Ihre aktuelle Wahl die aktuellen und künftigen zu erwartenden Anforderungen erfüllen kann bzw. nirgends entgegengesetzt verläuft.

Nicht selten erlebe ich in Strategieworkshops mit Führungskräften, dass durch den gewonnenen Schwung eine Wahl für das Beschwerdemanagement getroffen wird, die die übergeordnete Unternehmungsstrategie nicht durchgängig mitträgt. Falls sie dies nicht tut, dann müssen Sie Ihre Beschwerdestrategie überdenken. Denn die Unternehmungsstrategie ist der Anker für weitere Ableitungen und darf in diesem Zusammenhang nicht infrage gestellt werden.

Die oben angemerkte Gefahr besteht auch bei der Entwicklung einer neuen Strategie. Durch die SWOT-Analyse, die unzähligen Chancen, Risiken und die daraus abgeleiteten Unternehmungsziele vergessen Teilnehmende nicht selten, diese hinsichtlich der Durchgängigkeit zur übergeordneten Strategie zu prüfen. Sie übertragen sie also direkt in ihr Führungsinstrument wie beispielsweise die Balanced Scorecard.

		Fokus/Ziel extern	Fokus/Ziel intern
Fokus Effizienz	→	❶ Beschwerdefabrik	❸ Qualitätssicherer
Fokus Kunde	→	❷ Beziehungsverstärker	❹ Zufriedenheitslabor
Input	→	Ergebnisse der Umfeldanalyse	Ergebnisse Unternehmungsanalyse
		❶ Beschwerdefabrik und ❷ Beziehungsverstärker: • hohe Kundenerwartungen • hoher Wettbewerb mit gleicher Strategie • hohe verbraucherpolitische Aktivität	❸ Qualitätssicherer • Informationen nur zwecks Kostenführerschaftsstrategie, gleichbleibende Qualität von standardisierten Produkten/Dienstleistungen
		❶ Beschwerdefabrik: • Kostenführerschaftsstrategie • niedrige Kundenerwartungen ❷ Beziehungsverstärker: • Differenzierungsstrategie und starkes Kundenbeziehungsmanagement	❹ Zufriedenheitslabor • klare wettbewerbsstrategische Positionierung zu Differenzierung • überlegene und kundenorientierte Leistungen

Abbildung 9: Kriterien zur Wahl der Strategie für das Beschwerdemanagement

> **Beispiel**
>
> Ihr Unternehmen setzt auf die Beschwerdefabrik-Strategie. Die Bearbeitung von Beschwerden soll möglichst kostengünstig und standardisiert abgewickelt werden. Die Motivation beschränkt sich ausschließlich auf die Gewährleistungs- und die Garantiepflicht.
>
> Ihre übergeordnete Unternehmungsstrategie setzt jedoch auf Differenzierung durch individuelle Leistungen wie Kundenbeziehungsmanagement.
>
> In solchen Fällen empfiehlt es sich, die entgegengesetzt verlaufenden Strategien aufeinander abzustimmen. Die Basis stellt dabei die Unternehmungs-/ bzw. die Kundenstrategie dar, während sich die Strategie für das Beschwerdemanagement danach richten muss.

Die Gestaltung des Beschwerdemanagements

Nun, da Sie wissen, welche Strategie Sie verfolgen werden, wollen Sie das Beschwerdemanagement in Ihr bestehendes System integrieren. Für eine bestmögliche Aufgabenerfüllung in Ihrem Unternehmen bedarf es einer konsistenten Gestaltung der wesentlichen personalpolitischen, informationstechnologischen und organisatorischen Rahmenbedingungen. In diesem Rahmen muss demnach die Frage beantwortet werden, wie Sie den Beschwerdemanagementprozess mit anderen unternehmerischen Prozessen verknüpfen wollen.

Prozesssteckbrief

Ganz in Anlehnung an die entwickelte Stoßrichtung der Strategie sowie der Gestaltung von Geschäftsprozessen empfiehlt es sich nun, einen Steckbrief zu erstellen, der die Basis von weiteren Prozess-Operationalisierungen (Arbeitsanweisungen, Checklisten, softwaregetragene Workflows etc.) sein soll.

Im Prozesssteckbrief werden die in der Abbildung genannten Prozessdaten in zusammengefasster Form dokumentiert. Die Kopfzeile beinhaltet im Fall des nachstehenden Beispiels die folgenden Inhalte

› *Kunde:* interne und oder externe Leistungsempfänger/Prozesskunden

› *Involvierte Funktionen/Rollen:* Anspruchsträger des Prozesses

> *Geltungsbereich des Prozesses:* Abgrenzung des Prozesses zu anderen Teilleistungen

Der mittlere Block dokumentiert den Beschwerdeprozess in seinen Inhalten:

> *Auslöser:* Ereignis, das den Beschwerdeprozess auslöst

> *Prozessaktivitäten:* Hauptaktivitäten, welche im Prozess getätigt werden

> *Process Owner:* Wer für den Beschwerdeprozess übergeordnet verantwortlich ist

> *Prozessergebnis:* (Teil-)Leistungen, welche durch die Haupttätigkeiten des Beschwerdeprozesses generiert werden

Die Fußzeile beinhaltet die folgenden Felder

> *Prozessinput:* Eingaben, die entlang der Kette dieses Prozesses mitgelten/-wirken

> *Externe Prozessvorgaben:* Mitgeltende externe für den Prozess relevante Vorgaben, Richtlinien, Gesetze etc.

> *Prozesskennzahlen/Ziele:* Wie die Wirksamkeit und Leistungsfähigkeit (Effizienz und Effektivität) des Beschwerdeprozesses gemessen und gesteuert wird (z. B. die Kundenzufriedenheit durch die Erfüllung der Beschwerdezufriedenheit)

Sämtliche Felder können je nach Bedarf um weitere Informationen erweitert oder durch andere ersetzt werden. Dieselbe Gliederung des Steckbriefes kann auch bei der Detaillierung der Prozesse, eine Ebene tiefer, verwendet werden.

Der Prozesssteckbrief sollte – spätestens mit der Normrevision der DIN ISO 9001 – einen prozessorientierten Ansatz aufweisen. Das gelingt Ihnen, wenn Sie den Steckbrief von einem stark Organigramm-getriebenen, funktional strukturierten in einen prozessorientierten (Kundenbedürfnis zu Kundenzufriedenheit) fokussierten Ansatz umgestalten. Die leitende Frage ist dabei, was die Leistung für die Kundenzufriedenheit erfordert, und nicht, wie der Prozess durch die organisatorischen Strukturen »durchgezwängt« werden kann.

Um auf Eventualitäten vorbereitet zu sein, die den Prozess beeinträchtigen könnten, sollten Sie auch die sogenannten Risiken im Prozesssteckbrief berücksichtigen. So könnten fehlende Ressourcen, Wissen und ähnliche mögliche Probleme Ihren Beschwerdemanagementprozess stören und sollten deshalb im Vorfeld ermittelt werden. Diese müssen im Rahmen der Umsetzung zu vorbeugenden Maßnahmen führen.

> **Beispiel**
>
> Ein hohes Risiko könnte beispielsweise sein, dass es dem Beschwerdeempfänger nicht gelingt, durch ein qualifiziertes Gespräch die Beschwerdezufriedenheit wiederherzustellen.
>
> Eine denkbare vorbeugende Maßnahme stellt die Schulung und Befähigung des Mitarbeitenden dar. Dies geschieht sinnvollerweise, bevor der Mitarbeitende Beschwerdegespräche führen darf, spätestens jedoch, wenn der Bedarf erkannt wird.

Der Nutzen des Steckbriefes, verglichen mit nicht für jedermann nachvollziehbaren Prozessablaufdiagrammen, liegt darin, dass Sie den Beschwerdeprozess mit geringem Aufwand in seinen Eckdaten dokumentieren können. Es ist somit nicht nur ein Standard, der den Prozessablauf regelt. Die Entwicklung des Steckbriefes mit den Verantwortlichen führt zu vertieften Grundsatzdiskussionen, die es zu führen gilt, um im Sinne eines Entwicklungsprozesses unterschiedliche Aspekte von Anspruchsträgern zu reflektieren und zu berücksichtigen. Die finalisierte Fassung stellt damit auch eine Art Konvention der Beteiligten dar, in der gemeinsames Verständnis über Prozessziel, -zweck etc. gefunden werden konnte. Wenn sie im Falle von späteren Unklarheiten als Standardrichtlinie herangezogen wird, kann sie Ihnen eine aufschlussreiche Hilfestellung zu den ursprünglichen Überlegungen sein.

Die Gestaltung des Beschwerdemanagements

Kunden
- interne oder externe Leistungsempfänger/Prozesskunden

Involvierte Funktionen/Rollen
- z.B. Entwicklung, Vertriebsabteilung, Marketing, Produktion
- z.B. Auftraggeber, Projektleiter, Besteller

Geltungsbereich Prozess
- z.B. bezogen auf Kundenunzufriedenheit (Beschwerden von internen/externen Kunden) betreffende Produkte/Leistungen

Prozesseigner (Owner)
- Name, Abteilung

Prozessaktivitäten
- B-Stimulation
- B-Annahme
- B-Bearbeitung
- B-Reaktion
- B-Auswertung
- B-Controlling
- B-Reporting
- Informationsnutzung von Beschwerden

Prozessergebnis
- Beschwerdezufriedenheit
- materielle Ergebnisse (Geldrückgabe, Umtausch, Preisnachlass, Schadenersatz)
- immaterielle Ergebnisse (Entscheide, Daten)

Prozessauslöser
- Beschwerden
- Feedback
- Verbesserungsvorschlag
- …

Prozess-Input
- Daten
- Informationen
- Material
- …

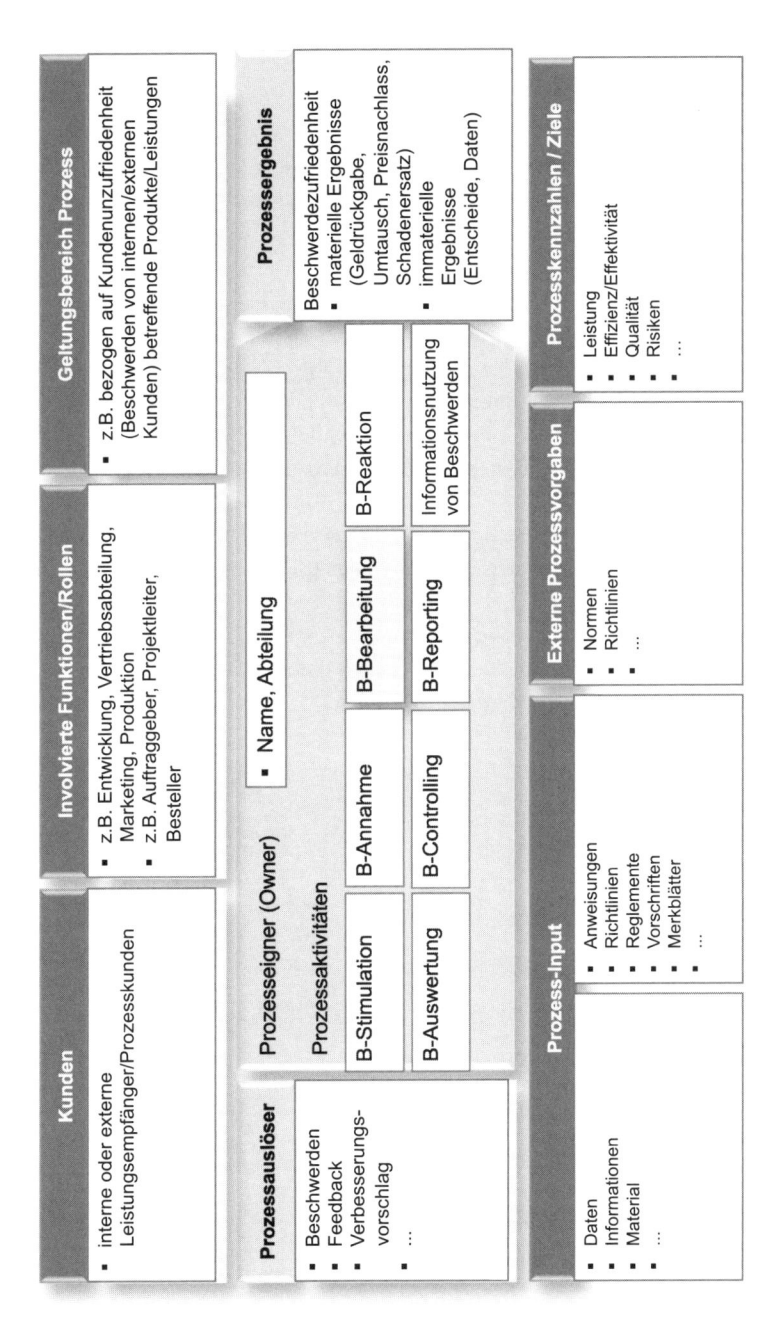

Externe Prozessvorgaben
- Normen
- Richtlinien
- …

Anweisungen, Richtlinien, Reglemente, Vorschriften, Merkblätter, …

Prozesskennzahlen / Ziele
- Leistung
- Effizienz/Effektivität
- Qualität
- Risiken
- …

Abbildung 10: Steckbrief Beschwerdeprozess

Turtle-Diagramm

Die durch die Automobilindustrie abgewandelte Darstellung der Prozessbeschreibung ist das sogenannte Turtle-Diagramm. Es vereinfacht das Verständnis der Prozesseckdaten durch eine bildhafte Darstellung und findet in der Industrie häufig Anwendung.

Der Kopf der Schildkröte steht für die Anforderungen einer Interessengruppe als Input für den Beschwerdeprozess. Am Schwanz steht der Output, also das Ergebnis des Prozesses, welches für die relevanten Anspruchsträger generiert werden soll. Der Torso der Schildkröte stellt die Hauptaktivitäten innerhalb des Beschwerdemanagements dar. Die vier Beine der Schildkröte bilden die Kunden des Prozesses, Geltungsbereich, Prozessinput sowie Prozesskennzahlen ab.

Außerdem sollte der Turtle analog zum Steckbrief ebenfalls die Risiken, den Prozessverantwortlichen, die involvierten Funktionen sowie die externen Prozessvorgaben beinhalten.

Und auch hier gilt, dass sämtliche Felder je nach Relevanz um weitere Informationen erweitert oder durch andere ersetzt werden.

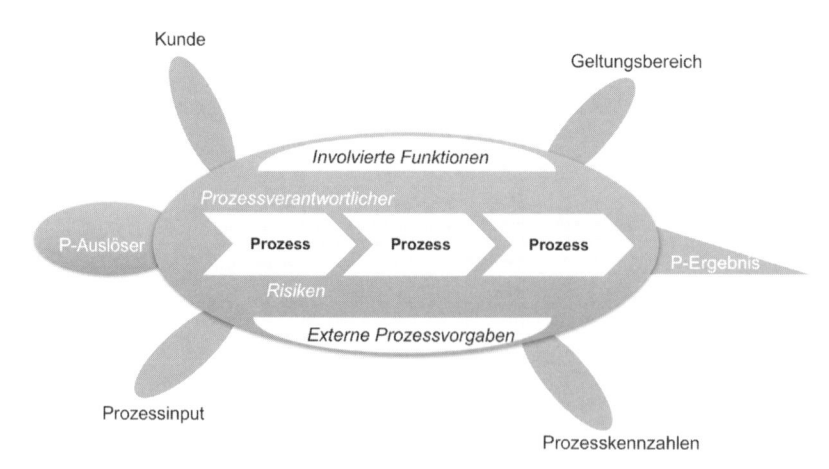

Abbildung 11: Beispiel Turtle-Diagramm

- Maßnahmen zur **Optimierung,** sofern die erwirkten Ergebnisse nicht den geplanten Zielen des Beschwerdemanagements entsprechen.
- Maßnahmen zur **Adaption,** sofern sich die erwirkten Ergebnisse so bewährt haben, dass sie im Sinne der kontinuierlichen Verbesserung ebenfalls Anwendung finden sollen (Erfahrungssicherung).

- Analyse der **Ist-Situation** des Beschwerdemanagements (Gegenwart);
- Planung der **Soll-Situation** des Beschwerdemanagements (Zukunft)

- **Wirkungsmessung** der operativen Umsetzung zur Erreichung der **geplanten Ziele** des Beschwerdemanagements

- **Umsetzung** des Beschwerdemanagements (operativ)

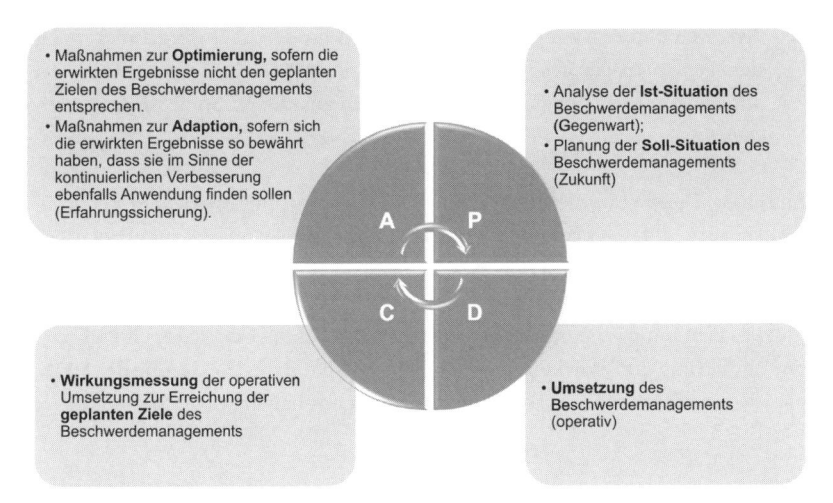

Abbildung 12: Planung des Beschwerdemanagementprozesses als Führungsprozess

Um den oben genannten Beschwerdeprozess zu entwickeln und später einzuführen, ist es eine einfache Hilfestellung, wenn Sie sich des PDCA-Regelkreises nach Edward Deming bedienen.

1. **Plan:** Einschätzung der Ausgangslage mittels einer Ist-Analyse des Beschwerdemanagements; Planung der Soll-Situation des Beschwerdemanagements in Anlehnung an die Unternehmungsstrategie/Kundenerwartungen und operativen Rahmenbedingungen; hier entsteht auch der Prozesssteckbrief für das Beschwerdemanagement.

2. **Do:** Entweder die Implementierung des Projektes gemäß Projektplanung oder Bezug des Do auf die operative Umsetzung des Beschwerdemanagements nach der Einführung, sprich das Tagesgeschäft des Beschwerdemanagements.

3. **Check:** Auswertung der Effektivität und der Effizienz der operativen Ergebnisse gegenüber der diesbezüglich geplanten Zielwerte; Wirkung der Maßnahmen im Zusammenhang mit Kundenzufriedenheit, Kundenorientierung, Kundenbindung usw.

4. **Act:** Maßnahmen zur Optimierung, sofern die erwirkten Ergebnisse nicht dem geplanten Ziel des Beschwerdemanagements entsprechen. Oder die Adaption von bereits bewährten Maßnahmen an anderer Stelle im Unternehmen.

Im obigen Beispiel werden zwei Ebenen des Do erwähnt. Entweder es geht um die Umsetzung des geplanten Projektes, welches im folgenden Kapitel detailliert beschrieben wird. Dann handelt es sich um ein klassisches Projektmanagement.

Oder es geht um das operative Tagesgeschäft des Beschwerdemanagements nach der Einführung des Projektes. Hier handelt es sich um die Umsetzung der Strategie, die Sie sich im vorherigen Kapitel zurechtgelegt haben.

Beschwerdemanagement-Konzept – Projektierung

Wie im vorangegangenen Kapitel einleitend erwähnt, ist die Abwicklung des gesamten Beschwerdemanagements ein klassisches Projektmanagement mit einem zuvor ausgearbeiteten Konzept. Es ist vergleichbar mit einem Bauplan als Grundlage für alle Umsetzungsschritte. Auf diese Weise werden Sie sämtliche noch offenen Fragen zur Einführung des Beschwerdemanagements – zumindest theoretisch – beantworten. Folgende Inhalte und Überlegungen sind dabei für das Beschwerdemanagement-Konzept maßgeblich:

Analyse der Ist-Situation

Mit der Ist-Analyse beabsichtigen Sie, eine Übersicht über die gegenwärtige Ausgangslage zu erhalten. Sie mögen zwar annehmen, dass Sie bisher kein Beschwerdemanagement hatten. Doch in vielen Unternehmen besteht – auch ohne einen Auftrag durch die Führung – bereits eine Abwicklung von Kundenbeschwerden. Diese wird häufig von Ansprechpersonen im Kundendienst mehr oder weniger formalisiert und umgesetzt. Dabei lehnt sie sich meist an den gesunden Menschenverstand, Bewährtes und unternehmungsspezifisch Angemessenes an und kann daher für die künftige Umsetzung berücksichtigt werden.

Die Ist-Analyse ermöglicht der Führung also einen Überblick, wie das Beschwerdemanagement gegenwärtig abgewickelt wird. Auch wenn die Führung diese

Beschwerdemanagement-Konzept – Projektierung

1. Beschluss Strategie Projektorganisation

a
- GL-Entscheid über Einführung systematisches Beschwerdemanagement

b
- Entwicklung **Strategie** des Beschwerdemanagements

c
- **Projektorganisation etablieren**
  - Projektorganisation
  - Projektplan
  - Kommunikation des Projektes

2. Konzeption

d
- **Analyse Ist-/Soll-Situation**
  - Verstehen der Ist-Situation
  - Festlegung der Soll-Situation **(Ziele des Beschwerdemanagements)** inkl. Risiken/Chancen sowie Compliance-Aspekte
  - Budget
  - Definition der künftigen **Organisation, Prozesse, Kennzahlen** zur Steuerung sowie **Wirksamkeitsüberprüfung (interne Audits)**
  - Erarbeiten des Maßnahmenkatalogs
  - Erarbeiten von Beschlussvorlage und Entscheid (GL) einholen

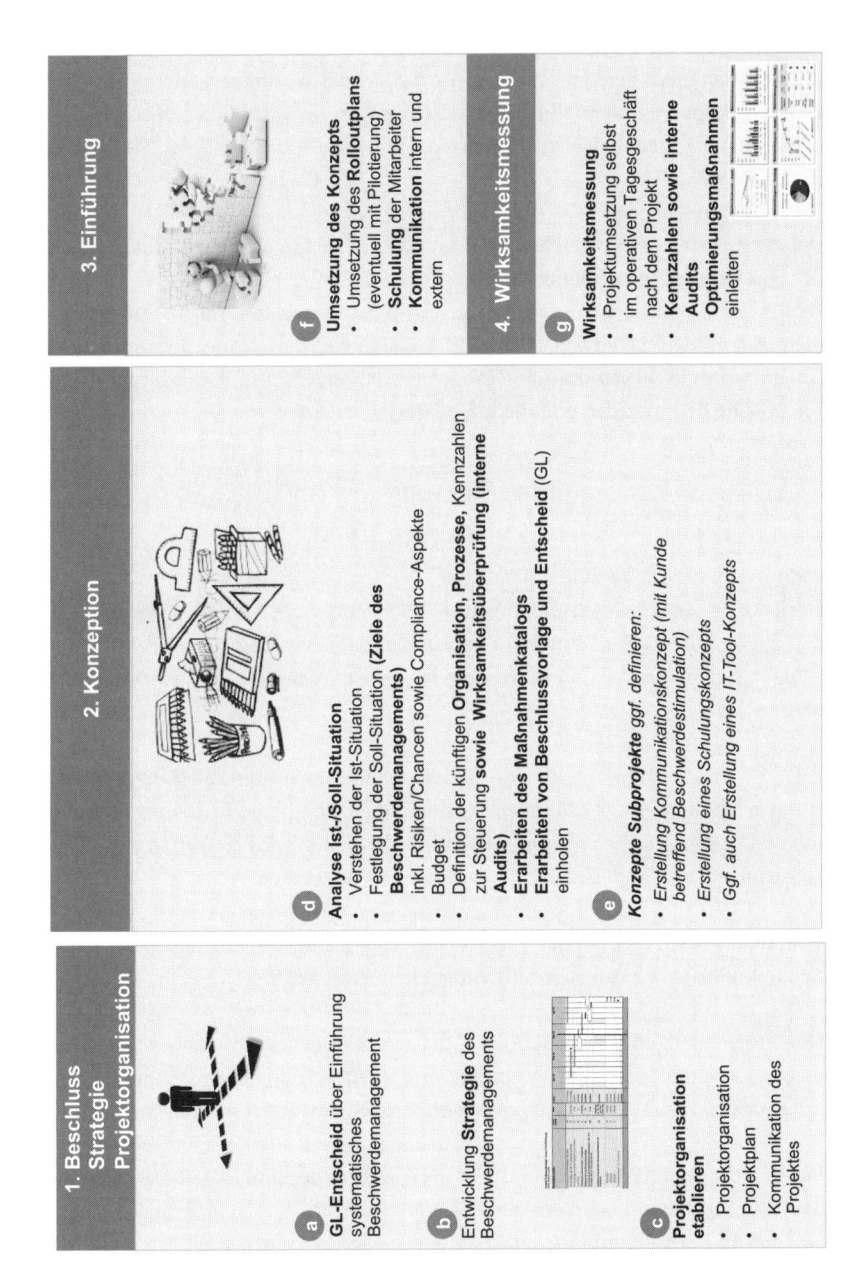

e
- **Konzepte Subprojekte** ggf. definieren:
  - Erstellung Kommunikationskonzept *(mit Kunde betreffend Beschwerdestimulation)*
  - Erstellung eines Schulungskonzepts
  - Ggf. auch Erstellung eines IT-Tool-Konzepts

3. Einführung

f
- **Umsetzung des Konzepts**
  - Umsetzung des **Rolloutplans** (eventuell mit Pilotierung)
  - **Schulung** der Mitarbeiter
  - **Kommunikation** intern und extern

4. Wirksamkeitsmessung

g
- **Wirksamkeitsmessung**
  - Projektumsetzung selbst im operativen Tagesgeschäft nach dem Projekt
  - **Kennzahlen** sowie interne **Audits**
  - **Optimierungsmaßnahmen** einleiten

Abbildung 13: Phasen bei der Einführung des Beschwerdemanagements

nicht systematisch geplant und in Umsetzung weiß, so sind auf operativer Ebene häufig improvisierte Maßnahmen und Vorlagen zu finden, die es nun zu identifizieren und gegebenenfalls zu integrieren gilt. Dies bildet damit den Startpunkt der Phase »Plan«.

Dabei muss eine umfangreiche Umfeld- und Unternehmungsanalyse hinsichtlich des Beschwerdemanagements vorgenommen werden. Dies mit dem Zweck, sämtliche Maßnahmen so auszurichten, dass diese den relevanten Anspruchsgruppen nicht nur einen Nutzen schaffen, sondern auch den Erwartungen entsprechen. Auch müssen in diesem Rahmen die strategischen Kunden, deren aktuelle und vergangene Beschwerden und die Interaktion identifiziert werden.

Führen Sie Gespräche mit bereits verlorenen Kunden.

Nötigenfalls sind auch Gespräche mit bereits verlorenen Kunden aufzunehmen und die Gründe für den Verlust vollumfänglich zu klären. Und wer weiß, vielleicht ist das für den Kunden eine Gelegenheit, seinen Wechsel zum Mitbewerber zu überdenken.

Die Soll-Situation umschreibt, wie diese Kundenerwartungen sowie die internen Anspruchsgruppen, das heißt die Mitarbeitenden, künftig berücksichtigt werden sollen. Die gesamte Abwicklung der Soll-Organisation wird geplant, damit diese Erwartungen und Bedürfnisse standardisiert erfüllt werden.

Wichtig dabei ist, dass bei den Anspruchsgruppen eine mittelfristige bis langfristige Zukunftsbetrachtung bei der Planung herangezogen wird.

Diese Phase umfasst alle Abklärungen, die aufgrund der gegenwärtigen Gegebenheiten oder ihres Nichtvorhandenseins entwickelt werden müssen, damit künftig systematisch Beschwerdemanagement erfolgreich umgesetzt werden kann.

Dieses Vorgehen hat außerdem den Vorteil, dass es gegenüber den Mitarbeitenden Wertschätzung und Vertrauen in ihre Arbeit zum Ausdruck bringt. Es zeigt auf, dass bisherige Bemühungen Anerkennung finden, und erhöht damit die Akzeptanz für künftige Neuerungen.

Da die Betrachtung eine Außen- sowie eine Innenperspektive hat und häufig mehrere Anspruchsgruppenbedürfnisse enthält, stellt die Priorisierung der Anspruchsträger eine Herausforderung für Unternehmen dar.

Eine sinnvolle Hilfestellung kann dabei eine Risikobetrachtung und -abwägung sein. Je höher das Risiko in einer Analyse bezüglich der Nichterfüllung der Erwartungen der Anspruchsgruppe eingeschätzt wird, desto höher ist der Bedarf für vorbeugende Maßnahmen und die Priorität.

Relevante Fragen im Kontext der Ist-Analyse

Werden heute bereits Kundenbeschwerden informell administriert?
Wenn ja, was hat sich bewährt?

Wie wurde der Begriff »Beschwerde« bisher verstanden?

Welche Prozesse und Hilfsdokumente bestehen heute?

Wo wurden Kundenbeschwerden bisher erfasst?
(Medien/Tools, Excel, Datenbank)

Wenn elektronisch: Als wie gut kann die Datenqualität eingeschätzt werden bezüglich Dubletten, nicht geschlossene Fälle etc.?

Wurden bereits Auswertungen durchgeführt?

Welche drei häufigsten Beschwerdeursachen ergaben sich aus den Auswertungen?
Wenn nicht, können Mitarbeitende solche Ursachen nennen?

Gibt es bekannte Fälle von Kunden, die nach wiederholten Beschwerden an den Mitbewerber abgewandert sind?

Wurden Zuständigkeiten und Kompetenzen (inklusive Kulanzfälle) festgelegt?

Wurden je nach Beschwerdekategorie die Zuständigen involviert (z. B. Lieferbeschwerden bei der Logistikabteilung; Rechnungsfehler in der Buchhaltung usw.)? Oder gibt es einen Single-Point-of-Contact-Ansatz?
Wenn ja, wie erfolgte danach die Verteilung und Abwicklung der Beschwerde intern?

Wie war der Vertrieb eingebunden?

> **Relevante Fragen im Kontext der Ist-Analyse**
>
> Gab es eine Eskalationsinstanz (insbesondere bei Matrix-Organisationen)?
>
> Bestanden informell festgelegte Vorgaben zu den Durchlaufzeiten in der Beschwerdebearbeitung?
>
> Wie fand der Know-how-Transfer statt?
>
> Wie wurden die Daten bisher abgelegt bzw. gesichert?
>
> Wurden nach den Beschwerden interne KVP-Maßnahmen angestoßen oder die Beschwerdeinformationen anderweitig verwendet?
>
> Wurde gegebenenfalls die Wirksamkeit dieser KVP-Maßnahmen erneut geprüft?
>
> Flossen Erkenntnisse in beispielsweise Qualitätsgremien wie KVP-Team, Q-Zirkel etc. ein?

Planung der Soll-Situation

Mit der strategischen Haltung der Kundenorientierung wird als Nächstes die Soll-Situation, das heißt die dafür erforderlichen Prozesse, Entscheidungswege, Zuständigkeiten sowie Maßnahmen, festgelegt. Es werden unter anderem die Prozesse und Rollen definiert, die die Umsetzung der strategischen Ziele hinsichtlich Kundenzufriedenheit verfolgen. Auch die Frage nach den dafür erforderlichen Kompetenzen/Fähigkeiten und Tools muss nun in allen Details geplant werden.

Wie schon am Anfang dieses Buches erwähnt, soll die Führung das Committment zum Beschwerdemanagement gleichermaßen festlegen wie zum Kundenzufriedenheitsmanagement. Das Eingliedern des Beschwerdemanagements soll in einem größeren Kontext der Kundenbindungsaufgaben erfolgen.

Hier beginnen Sie anfänglich auch mit der Beantwortung, wie Sie künftig den Begriff »Beschwerdemanagement« verstehen wollen und ob diese Bezeichnung für Ihre Praxis förderlich ist. Wie soll diese Bezeichnung verstanden werden? Davon abgeleitet folgen die Abgrenzung von anderen Begriffen sowie die Festlegung auf einen gemeinsamen Sprachgebrauch.

Fragen zur Soll-Situation Beschwerdestimulierung

Werden Kundenbeschwerden künftig über eine zentrale Stelle (Single Point of Contact) entgegengenommen?

Oder sollen diese dezentral und aufgrund bestehender Kontakte zwischen Kunde und Fachabteilung oder auch Dienstleistungspartner oder Touchpoints eingehen?

Welche sind die zu erhebenden Mindestinformationen im Rahmen der künftigen Beschwerdeannahmen?

Fragen zur Soll-Situation Beschwerdeannahme

Wie soll die Beschwerdeannahme konkret erfolgen?
Welche Hilfsdokumente/Instrumentarien werden benötigt?

Sind für die Informationserfassung Systeme vorhanden/vorgesehen oder soll dies manuell erfolgen?

Wie erfolgt die Ablage sowie Archivierung dieser Informationen?

Welche Schulungen sind für die Befähigung erforderlich?
(Rhetorik, Anwendung der neuen Vorlagen, interne Prozesse etc.)

Fragen zur Soll-Situation Beschwerdebearbeitung

Welche Prozesse sind bzw. welches Prozessmanagement ist erforderlich?

Wo wird das Beschwerdemanagement organisatorisch eingegliedert (beispielsweise in das Qualitätsmanagement, in den Vertrieb oder in einen anderen Bereich)?

Wie viele Ressourcen (Mitarbeiterzahl) sind erforderlich für die Zielerreichung?

Wie sollen die Aufgaben/Kompetenzen der Verantwortlichen ausgestaltet werden?

Wo sehen die Mitarbeiter das höchste Verbesserungspotenzial im gegenwärtigen Prozess?

Bietet – sofern zutreffend – das gegenwärtige CRM auch ein Modul für Kundenbeschwerden an? Wenn ja, wie erfolgt die Integration?

Welche Beschwerdegründe lassen sich wie kategorisieren und welche Bearbeitungsprozesse sind erforderlich?

Welche Lösungsmöglichkeiten für Beschwerden sollen möglich sein (Geldrückgabe, Preisnachlass, Schadenersatz oder Einzelfalllösung)?

Fragen zur Soll-Situation Beschwerdebearbeitung (Fortsetzung)

Wie soll das Beschwerdemanagement künftig gemessen und ausgewertet werden?

Werden Beschwerden prinzipiell mit gleicher Priorität bearbeitet? (Sonderregelungen je nach Kundentyp [A-/B-/C-Kunden])?

Wie definieren wir die Beschwerdebearbeitungsfristen?
Die Führung legt die Bearbeitungszeit (z. B. zwei bis fünf Tage) sowie die qualitative Bearbeitung von Beschwerden fest.

Was ist eine Beschwerde und was ist sie für unser Verständnis nicht?

Sind Reklamationen gleichermaßen wie Beschwerden umzusetzen oder werden diese direkt über die Rechtsabteilung geregelt?

Welche Kultur möchten wir in puncto Kundenzufriedenheit schaffen?

Welche Prozesse und Operationalisierungen sind für die Beschwerdeziele erforderlich?

Welche Anforderungen müssen IT-Systeme erfüllen, um die Regelwerke und Workflows sicherzustellen?

Welche Hilfsdokumente und Vorlagen sind für das gesamte Beschwerdemanagement erforderlich?

Wie müssen die tätigkeitsbezogenen Schulungen gestaltet werden? (Planung/ Konzeption der Schulungen)

Schulung der Mitarbeiter

Welche Schulungen sollen für alle Mitarbeitenden vorgesehen werden, wenn eine positive Fehlerkultur eingeführt werden soll?

Wie soll diese Unterscheidung hinsichtlich Kompetenzen allgemein erfolgen?

Wer verantwortet die Durchlaufzeiten bzw. greift bei Überschreitungen ein?

Wie grenzen sich die Rolle/Aufgabe sowie Kompetenzen des
➤ Beschwerdeprozess-Owners,
➤ des Complaint Owners und
➤ des Task Owners

voneinander ab?

Welche Eskalationswege und -instanzen müssen geschaffen werden?

Frage zur Soll-Situation Beschwerdereaktion
Welche Verhaltensgrundsätze, die von der Basisstrategie abgeleitet werden, sollen dabei mitbestimmend sein?
Fragen zum indirekten Beschwerdemanagement
Welche Mechanismen überwachen die effektive und effiziente Umsetzung der eingeführten Prozesse?
Welcher Bereich benötigt welche Auswertungen? (stufengerechte Empfänger der Auswertungen)
In welchen Gremien sollen die Ergebnisse als Input für Maßnahmen, Innovationen, Ursachenbehebung etc. regelmäßig einfließen?
Erfolgskontrolle des BM: der Ursachen, der Häufigkeit, des Benchmark, der Zielwerte?

Ebenfalls ist in der Soll-Planung festzuhalten, welche operativen Ergebnisse des Beschwerdemanagements angestrebt werden, wie die Messungen der Ergebnisse erfolgen (Check) und, wie auch später beschrieben, wie daraus verbessernde Maßnahmen eingeleitet bzw. Beschwerdeinformationen weiter genutzt werden. Es handelt sich also um Instrumentarien, Methoden und Prozesse, damit die Wirkung sämtlicher Aktivitäten hinsichtlich der Zielerreichung gemessen werden kann.

Erst danach folgt die Validierung, womit sämtliche Aktivitäten des Beschwerdemanagements einen Kreislauf schließen und einen Sinn ergeben.

> Wurden die geplanten Ziele beispielsweise in puncto Artikulationsquote und Beschwerdezufriedenheit erreicht?

> Werden Sie mit den Zwischenergebnissen die geplanten Zielwerte erreichen können?

> Steht der Aufwand des Beschwerdemanagements im Verhältnis zu den unternehmerischen Erträgen?

Schließlich haben Sie den ganzen Aufwand mit der Systematisierung und Institutionalisierung nicht nur zu Werbezwecken betrieben. Das ginge sicherlich preiswerter. Nein, Sie betreiben diese Systematisierung nebst der Absicht zur

Kundenbindung auch, um mehr Nutzen aus den wertvollen Informationen für das Unternehmen zu ziehen, sei dies für Marketingzwecke, Innovation oder um Ihre Leistungen kontinuierlich zu verbessern.

Projektorganisation

Man sollte meinen, dass es doch sehr einfach sein sollte, die Projektorganisation aufzustellen und damit das Projekt umzusetzen. Ganz so leicht ist es leider in der Praxis nicht.

Schon die Projektmitarbeitenden zu Projektbeginn zugesprochen zu bekommen, kann zu einer Überzeugungsarbeit werden. Die positive Wirkung des Projektes möchten alle Beteiligten, das Mitspracherecht auch. Aber wehe dem, der nach Ressourcen für das Projekt fragt. Schon beginnen unaufhörliche Aufzählungen, wie überlastet der Bereich mit seinen Ressourcenengpässen ist. Ist dieser Kraftakt einmal geschafft, erhält jedes Projektmitglied seine Rolle und damit auch seine Verantwortung.

Auftraggeber (Geschäftsleitung)

Sie sind die Auftraggeber zur Einführung des Beschwerdemanagements, die sogenannten Sponsoren und oberste Entscheidungsinstanz im Projekt. Als Auftraggeber committen sie sich vollumfänglich im Unternehmen zum Nutzen und Bedarf des Beschwerdemanagements. Sie verantworten nebst dem Projektauftrag die Bereitstellung von Projektressourcen.

»Typisches Merkmal«: Sie wünschen maximale Ergebnisse bei der Freigabe von minimalen Ressourcen.

Projektleiter

Der Projektleiter ist gesamtverantwortlich für die Erreichung der im Projektauftrag fixierten Beschwerdemanagementziele. Er ist der erste Ansprechpartner des Auftraggebers (in der nachstehenden Grafik die Geschäftsleitung [GL]); Seine Aufgaben, Verantwortungen und Befugnisse sollten vorgängig festgelegt und unternehmensweit bekannt sein.

»Typisches Merkmal«: Es fehlt immer an Zeit und Geld.

Projektkernteam

Sie sind für die Einführung und Abwicklung des Projektes verantwortlich und rapportieren an den Projektleiter. Bei der Wahl der Projektmitarbeitenden ist der Projektleiter einerseits auf ihr Expertenwissen aus, er setzt aber auch auf ihre Botschafteraufgabe für das einzuführende Beschwerdemanagement.

Die Größe dieses Projektkernteams hängt jedoch auch vom Umfang Ihres Beschwerdemanagementprojektes ab. Und entsprechend wichtig ist es, dass die Teammitglieder die Planung bezüglich Umsetzung, Kommunikation, Eskalation und Entscheidungsfindung und die Projektterminierung kennen. Nur so kann das Projektteam als eingespieltes Team das Projekt erfolgreich umsetzen.

»Typisches Merkmal«: Während ihr Expertenwissen beigezogen wird, fallen Entscheidungen häufig nach politischen Entscheidungskriterien.

Erweitertes Projektkernteam

Im Falle einer umfangreichen Einführung des Beschwerdemanagements mit Software und umfangreichen Schulungskonzepten ist es ratsam, Mitglieder von diesen Schnittstellen in die Projektabstimmung einzubeziehen. Sie erbringen meist nur dedizierte Projektaufgaben. Dazu kann z. B. das Einbringen von Erfahrungen aus parallel laufenden Projekten wie das der Softwareeinführung für das Beschwerdemanagement gehören.

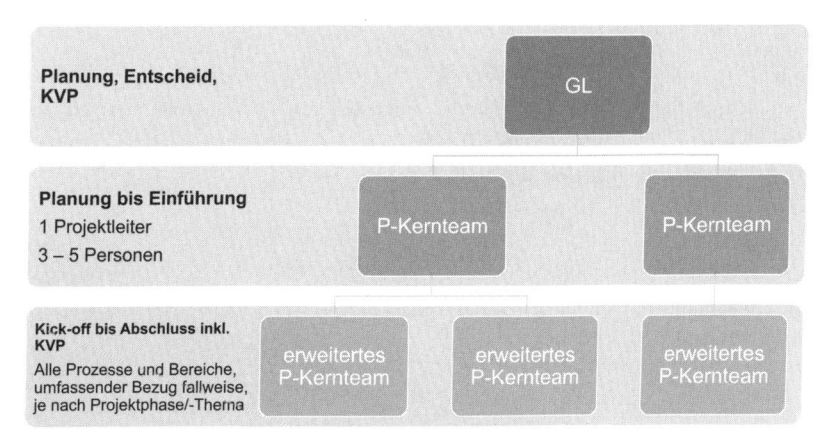

Abbildung 14: Projektorganisation bei der Einführung

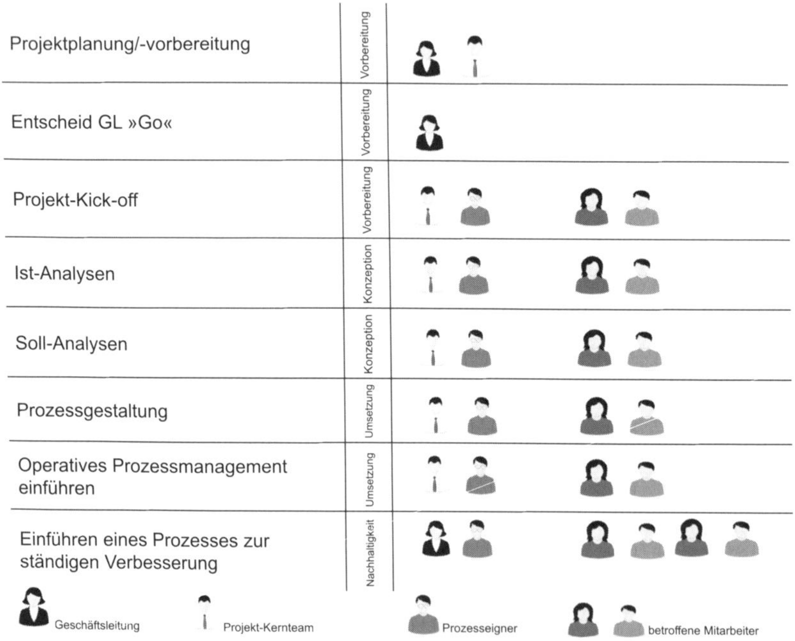

★-Strategie: Bringen Sie sich auf Kurs

Phase	Schritt	GL	Kernteam	Prozesseigner	Mitarbeiter
Vorbereitung	Projektplanung/-vorbereitung	●	●		
Vorbereitung	Entscheid GL »Go«	●			
Vorbereitung	Projekt-Kick-off		● ●	●	●
Konzeption	Ist-Analysen		● ●	●	●
Konzeption	Soll-Analysen		● ●	●	●
Umsetzung	Prozessgestaltung		● ●	●	●
Umsetzung	Operatives Prozessmanagement einführen		● ●	●	●
Nachhaltigkeit	Einführen eines Prozesses zur ständigen Verbesserung	● ●		● ● ●	●

Legende: Geschäftsleitung · Projekt-Kernteam · Prozesseigner · betroffene Mitarbeiter

Abbildung 15: Beteiligungsgrad von verschiedenen Rollen im Projekt

Projektplan

Nachdem Sie die Anfangsüberlegungen zu den Projektzielen abgeschlossen haben, ist es an der Zeit, einen Projektplan aufzustellen. Der Projektplan darf jedoch nicht zu einer Wissenschaft werden. »Wer macht was bis wann?« ist die Kernfrage. Dazu bedienen sich viele der 6-W-Technik:

1. Wer?
2. Was?
3. Warum?
4. Wann?
5. Wie?
6. Wie viel?

Wichtig dabei ist, dass eine sinnvolle Projektstrukturierung vorgenommen wird und bei größeren Projekten die Gliederung des Projekts in Teilprojekte erfolgt. Abgebildet werden die Fertigstellungsfristen.

Dies ist die Voraussetzung für eine transparente Projektplanung und Projektüberwachung. Dazu kann beispielsweise ein sogenanntes Gantt-Diagramm erstellt werden.

Hinsichtlich der Wahl des Formates sind Ihnen keine Grenzen gesetzt, von der einfachen Liste auf einer SharePoint-Website, in Microsoft Project, in Excel, kostenlosen Downloads im Internet etc. Berücksichtigen Sie lediglich dabei, wie vertraut andere mit der Form des Projektplans sind. Vielleicht wird das Projekt-Setup verlangen, dass mehrere Projektmitarbeitende Bearbeitungsrechte für den Projektplan benötigen. Ihre Wahl des Werkzeugs muss diesen Anwendern Rechnung tragen.

In den frühen Phasen der Projekterstellung fehlt es Ihrem Projekt vielleicht an Klarheit, ab wann die nächste Aufgabe anfällt. Schätzen Sie diese trotzdem möglichst genau ein und kennzeichnen Sie diese Termine als provisorisch bzw. rollend. Ein häufig anzutreffender Fehler ist auch, dass Feiertage (inklusive Brückentage, die schnell eine Woche ausmachen) oder Ferienzeiten im Projekt nicht berücksichtigt werden und der weitere Verlauf beispielsweise kontinuierlich eine Woche verspätet erfolgt. Fügen Sie außerdem Reservetage zwischendurch ein. Etwa bei einem Ausfall eines Mitarbeiters stellen diese Tage einen Puffer für die Einhaltung des Planes dar. Aktualisieren Sie also kontinuierlich den Projektplan auf die aktuellen Gegebenheiten. Zu guter Letzt kommunizieren Sie Ihren Projektplan in einem sinnvollen Rahmen und weisen die Empfänger darauf hin, wo dieser jederzeit eingesehen werden kann.

★-Strategie: Bringen Sie sich auf Kurs

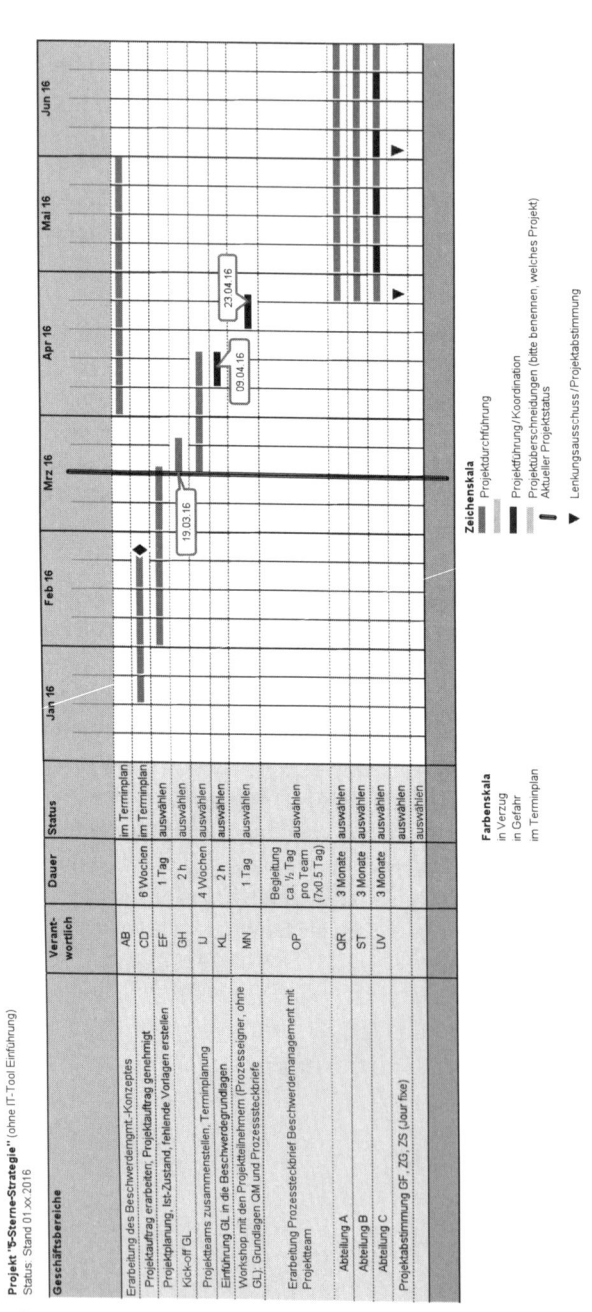

Projekt "5-Sterne-Strategie" (ohne IT-Tool Einführung)
Status: Stand 01.xx.2016

Geschäftsbereiche	Verant-wortlich	Dauer	Status	Jan 16	Feb 16	Mrz 16	Apr 16	Mai 16	Jun 16
Erarbeitung des Beschwerdemgmt.-Konzeptes	AB		im Terminplan						
Projektauftrag erarbeiten, Projektauftrag genehmigt	CD	6 Wochen	im Terminplan						
Projektplanung, Ist-Zustand, fehlende Vorlagen erstellen	EF	1 Tag	auswählen						
Kick-off GL	GH	2 h	auswählen						
Projektteams zusammenstellen, Terminplanung	IJ	4 Wochen	auswählen						
Einführung GL in die Beschwerdegrundlagen	KL	2 h	auswählen						
Workshop mit den Projektteilnehmern (Prozesseigner, ohne GL), Grundlagen QM und Prozesssteckbriefe	MN	1 Tag	auswählen						
Erarbeitung Prozesssteckbrief Beschwerdemanagement mit Projektteam	OP	Begleitung ca. ½ Tag pro Team (7x0,5 Tag)	auswählen						
Abteilung A	QR	3 Monate	auswählen						
Abteilung B	ST	3 Monate	auswählen						
Abteilung C	UV	3 Monate	auswählen						
Projektabstimmung GF, ZG, ZS (jour fixe)			auswählen						

Farbenskala
in Verzug
in Gefahr
im Terminplan

Zeichenskala
Projektdurchführung
Projektführung/Koordination
Projektüberschneidungen (bitte benennen, welches Projekt)
Aktueller Projektstatus
▶ Lenkungsausschuss/Projektabstimmung

Abbildung 16: Beispiel Projektplan

Evaluation eines IT-Tools

Es ist keine Frage, ob eine IT-unterstützte Abwicklung lohnend ist. Die Investition führt nebst den nachstehenden Vorteilen zur Reduktion von Schadenersatzleistungen oder abgewanderten Kunden.

Sie verhilft zu einer schnelleren Abwicklung der Beschwerden, insbesondere durch die einheitliche Handhabung (z. B. Entschädigungshöhe bei Kulanz) durch kategorisierte Beschwerden.

Die Auswertungsmöglichkeiten sind – vorausgesetzt, die Datenqualität ist gut und belastbar – beinahe unermesslich. Sie helfen so dem Unternehmen, durch diese Transparenzschaffung Tendenzen, Häufungen und Muster zu erkennen und unter Abwägung des Risikos priorisiert mit Maßnahmen zu Verbesserungen zu führen.

Ein in diesem Zusammenhang häufig anzutreffender Fehler ist, dass aufgrund der geringen Systematisierung des Beschwerdemanagements, dessen Informationen auch nicht im bestehenden ERP- oder CRM-System integriert werden. Das heißt, dass beispielsweise die Beschwerde nicht direkt an die Kundenstammdaten geknüpft wird.

Es werden bestenfalls preiswerte Insellösungen gekauft, die weder im ERP integriert werden können noch Schnittstellen enthalten. Diese manuelle Übertragung von Daten, sogenannte Medienbrüche, beeinträchtigt die Datenqualität durch das Risiko von Fehleingaben und reduziert so die Effizienz im Umgang mit ein und derselben Information.

Diese Hürde kann durch die Involvierung von IT-Koordinatoren, die die Schnittstelle zwischen Business und IT abstimmen, vermieden werden. Der Zeitpunkt für die Involvierung von solchen Koordinatoren sollte entsprechend möglichst früh während der Evaluierung folgen. Diese sind in der Lage, auch technische Anforderungen und die Frage nach dem Automatisierungsgrad für einen Anforderungskatalog an das Beschwerdemanagement-Tool angemessen sicherzustellen.

Die fachlichen Anforderungen an ein Beschwerdemanagement sind nicht auf den Teilprozess der Abwicklung zu beschränken, da sie zahlreiche Schnittstellen innerhalb der Unternehmung enthalten. So z. B. im Fakturierungs- und Mahnwesen. Denn möglicherweise begleicht der Kunde die Rechnung aufgrund einer anhängigen Beschwerde nicht. Wenn diese Information die relevanten Systeme nicht erreicht, besteht eine hohe Gefahr, dass der Kunde angemahnt wird, was nicht zur Erhöhung seiner Zufriedenheit beitragen dürfte.

Sollten Sie im Rahmen der Konzeption entscheiden, dass das Beschwerdemanagement mittels eines Tools unterstützt wird, so betrachten Sie dies als ein Subprojekt zur Einführung des Beschwerdemanagements. Behandeln Sie dieses losgelöst von Ihrem initiierten Projekt. Nicht selten sind Softwareprojekte eine Bremse für das eigentliche Prozessmanagement-Projekt.

Sie können nicht früh genug mit der Evaluation beginnen, damit das IT-Subprojekt zu einem sinnvollen Zeitpunkt mit der Einführung des Beschwerdemanagements zusammentrifft und parallel bis zur Einführung weiterverläuft. Dies hat unterschiedliche Gründe.

Lassen Sie sich Zeit bei der Einführung des Beschwerdemanagement-Tools

Am Anfang eines Auswahlprojektes steht zunächst die Überlegung, in welchen Bereichen des Unternehmens das Tool überhaupt genutzt werden soll. Alle Tool-Anforderungen der Anspruchsgruppen müssen in einem Anforderungskatalog erfasst werden. Unter Anforderungen verstehen sich auch Neuerungen im aktuellen Prozess, die dadurch eine Verbesserung der Abwicklung herbeiführen. Außerdem muss zu Befähigungszwecken der Mitarbeitenden ein Schulungskonzept erarbeitet werden. Während die Befähigung selbst verhältnismäßig wenig Zeit einnimmt, ist den Mitarbeitenden genüg Zeit einzuräumen, sich an das neue Tool zu gewöhnen.

Bei späteren Auswertungen ist außerdem an diese initiale Angewöhnungszeit und die deshalb schlechtere Datenqualität zu denken. Ein mögliches Vorgehen kann folgende Eckpunkte beinhalten:

> ➤ Ist der Bedarf und Nutzen des Beschwerdemanagements den Mitarbeitenden verständlich gemacht und soll damit schon begonnen werden, dann etabliert sich der Umgang des Beschwerdemanagements.

> ➤ Dann kann die Beschwerdeerfassung auch mittels einer Checkliste oder eines bestehenden (CRM)-Systems umgesetzt werden.

> Parallel dazu können auf der Basis des IT-Tool-Konzeptes die Informationsflüsse z. B. für die Eskalation, die Ansteuerung von Verantwortlichen, die Kategorie-Typen von Beschwerden, die Ansteuerung der Finanzbuchhaltung usw. aufgebaut und anhand verschiedener Fallbeispiele getestet werden.

> Erlauben es die Ressourcen, lohnt es sich, in der Testphase mit richtigen Anwendern aus der Praxis oder Key-Usern aus dem kundennahen Umfeld zu arbeiten. Dies ermöglicht auf eine unverfängliche Art, sich an das Tool zu gewöhnen und mögliche Verbesserungswünsche einfließen zu lassen.

> Die Toolschulung schließt an die Testphase an und sollte so geplant werden, dass zwischen der Schulung und der Einführung des Tools nicht zu viel Zeit verstreicht. Zu hoch ist die Gefahr, das Gelernte zu vergessen und die Motivation für dessen Anwendung dadurch zu verlieren.

> Es folgt das Announcement über die Ablösung des Tools in der Organisation. In diesem Zusammenhang ist es zweckmäßig, das bestehende Tool zwar einzufrieren, den Anwendern jedoch noch zugänglich zu lassen. Sie werden danach noch über Leserechte für vergangene Fälle verfügen, jedoch keine neuen Fälle erfassen können.

> Auswertungen sollten Sie anfänglich hinsichtlich Informationsvolumen (Quantität der Daten) und nicht über die Aussagekraft der Daten vornehmen. Dabei möchten Sie primär in Erfahrung bringen, wie das System genutzt und mit Daten befüllt wird. Belastbare Analysen bzw. Aussagen aufgrund des neu eingeführten Tools sollten Sie frühestens nach einem Jahr machen. Nicht selten wird aufgrund des Erfolgsdrucks dieses stufenweise Auswerten von Informationen nicht beachtet. Kaum läuft ein Tool drei Monate, erlaubt man sich Auswertungen über Beschwerdearten, die zu diesem Zeitpunkt kaum repräsentativ sind. Die Mitarbeitenden geraten unter Druck und das Unternehmen läuft Gefahr, dass die Daten beschönigt oder gar nicht erfasst werden.

Nehmen Sie sich also die Zeit, die Anforderungen genauestens oder zumindest so genau wie möglich abzuklären und zu beschreiben, bevor Sie das IT-Projekt initialisieren. Mit einem Anforderungskatalog halten Sie außerdem alles schriftlich fest, womit auch nachträgliche Missverständnisse und falsche Erwartungshaltungen vermieden werden können.

Alles in allem sparen Sie sich damit Zeit, Geld, Nerven und verzögern nicht unnötig das übergeordnete Projekt zur Einführung des Beschwerdemanagements.

In der Praxis spricht man beim Anforderungskatalog, der die Gesamtheit aller Anforderungen an das Tool betrifft, von einem IT-Lastenheft. Die IT-Experten prüfen dieses auf die Machbarkeit, wonach es zu einem Pflichtenheft wird.

> **Beispiel**
>
> Soll das Beschwerdemanagement-Tool andere Prozesse wie beispielsweise einen Mahnstopp anstoßen, müssen mit der Finanzbuchhaltung ebenfalls die technischen Machbarkeiten geprüft und Anforderungen abgeklärt werden.
>
> Oder:
>
> In einem Unternehmen mit einem hohen Augenmerk auf Informationsnutzung spielen Auswertungsmöglichkeiten eine große Rolle. Das Controlling sollte Ihre Bedürfnisse hinsichtlich der Reportingmöglichkeiten (in Anlehnung an Ihre internen Kundenbedürfnisse) ebenfalls spezifizieren.
>
> Je mehr Schnittstellen und Prozesse durch das Beschwerdemanagement angesteuert werden, desto eher empfiehlt es sich, einen Anbieter zu favorisieren, der möglichst alles aus einer Hand bietet. Alternativ kann nach dem Best-of-Breed-Ansatz vorgegangen werden, also die jeweils beste Anwendung für jeden Bereich ausgewählt werden.

Alle diese Aspekte im Überblick zu behalten und dabei dem Wunsch der Geschäftsleitung nachzukommen, mindestens drei Softwareanbieter in Erwägung zu ziehen, sind weitere zeitverzögernde Faktoren.

Das Angebot an IT-Tools für das Beschwerdemanagement ist sehr groß. Prüfen Sie als Erstes, ob Ihr ERP (z. B. SAP-Modul QM/NCM) nicht über ein entsprechendes Modul verfügt und ob dieses den Bedürfnissen gerecht wird. So oder so sind Ihre Anforderungen vorgängig ausreichend zu spezifizieren, damit Sie künftig den Prozess auch so umsetzen können, wie er geplant ist.

Sofern das Einführungsprojekt schon läuft und die Frage nach dem richtigen Tool erst zu einem Zeitpunkt ins Spiel kommt, bei dem von vornherein bekannt ist, dass es nicht parallel zu den Schulungen abgehalten wird, führen Sie die Einführung des

Evaluation eines IT-Tools

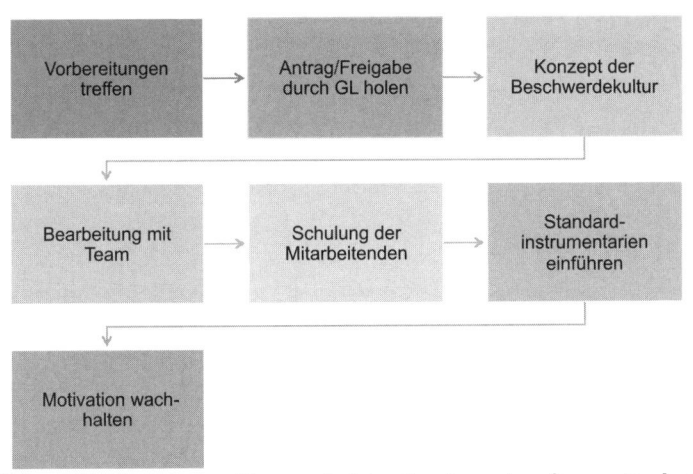

```
┌─────────────────┐    ┌─────────────────┐    ┌─────────────────┐
│ Vorbereitungen  │───▶│ Antrag/Freigabe │───▶│ Konzept der     │
│ treffen         │    │ durch GL holen  │    │ Beschwerdekultur│
└─────────────────┘    └─────────────────┘    └─────────────────┘
                                                       │
                                                       ▼
┌─────────────────┐    ┌─────────────────┐    ┌─────────────────┐
│ Bearbeitung mit │◀───│ Schulung der    │◀───│ Standard-       │
│ Team            │    │ Mitarbeitenden  │    │ instrumentarien │
│                 │    │                 │    │ einführen       │
└─────────────────┘    └─────────────────┘    └─────────────────┘
         │
         ▼
┌─────────────────┐
│ Motivation wach-│
│ halten          │
└─────────────────┘
```

Abbildung 17: Generischer Prozess bei der Beschwerdesoftware-Evaluation

Beschwerdemanagements gemäß Projektplan weiter und stellen Sie lieber sicher, dass die Abstimmung mit dem IT-Projektteam eng verläuft (siehe auch erweitertes Projektteam). Dies hat unterschiedliche Gründe. Zum einen ist es sehr demotivierend für das Projektteam, das auf Kosten ihres Einführungsprojektes das Tool abwarten darf – das wirkt wie das Einstellen des Projektes zugunsten eines anderen. Zum anderen ist auch die Wirkung in der Organisation nicht günstig. Schnell könnte der Eindruck entstehen, die eine Hand wisse nicht, was die andere macht.

Beispiel-Anforderungen Beschwerdemanagement-Tool
1. Multichannel Aufnahme von Beschwerden (E-Mail, Fax, Brief, Telefon)
2. 100-prozentige Browseranwendung, Cloundanwendung oder On Premise
3. Integriertes Dokumentenmanagement
4. Integrierte E-Mail mit Funktionspostfächern
5. Dynamische Clusterung der Beschwerden inklusive Auswertbarkeit (Preise, Lieferungen, Beeinträchtigungen, Einspeisung, Netzanschluss, Wechselmanagement)
6. Churn-Management
7. Abgabe monetärer und nicht monetärer Entschädigungen »Give-aways«

Beispiel-Anforderungen Beschwerdemanagement-Tool (Fortsetzung)
8. Gruppierung nach verschiedenen Kriterien (z. B. über CEO)
9. Integration in das SAP bzw. CRM
10. Eskalationsmanagement und laufende Terminüberwachung
11. Laufende Überwachung der Beschwerden
12. Wiedervorlagen mit Terminüberwachung
13. Fristenüberwachung mit Werkskalender
14. Beschwerdeverhinderung identifizierbar
15. Brief- und E-Mail-Vorlagen (z. B. spezielle Vorlagen für Rechtsanwaltsschreiben, Empfangsbestätigung)
16. Volle Nachverfolgbarkeit durch Logging jeden Vorgangs
17. Zuordnung zu speziellen Services oder Produkten (auch von Sublieferanten)
18. Multimandantenfähigkeit
19. Einteilung nach Bearbeitungsgruppen und Bearbeitungsteams
20. Permanente Auswertungen nach Arbeitsanfall, Schwierigkeitsgraden, Bearbeitungsdauer, Vorherschau der Fristeinhaltung usw.

Eine Applikation für das Beschwerdemanagement im Unternehmen ist erst dann effektiv, wenn es von den Mitarbeitern akzeptiert wird. Damit das möglich wird, muss die Bedienung und Pflege mit geringem Aufwand verbunden sein. Wichtig ist auch, dass die Mitarbeiter nur die Informationen erhalten, die sie im Rahmen ihrer Tätigkeit benötigen.

Eine intuitive Bedienbarkeit und eine übersichtliche Darstellung aller Teilprozesse und Dokumente sind wichtige Erfolgsfaktoren für die Akzeptanz des Beschwerdemanagement-Tools. Außerdem sind klare Schnittstellen und Verknüpfungen zu anderen Dokumenten sinnvoll. Um den Pflegeaufwand gering zu halten, sollte man mit hohen Automatismen arbeiten. Je einfacher das Tool für Mitarbeiter erscheint, desto höher ist die Motivation, damit zu arbeiten und so die wertvollen Beschwerdeinformationen zu generieren.

Anforderungs-kennzeichnung	Anforderung	Verbindlichkeit • Muss-Anforderung • Nice to have Anforderung (nth)	Fachbereich	Bemerkungen
BM_FA_001	Eskalations-management und laufende Terminüberwachung muss möglich sein.	Muss	Kundendienst	
BA_FA_002	laufende Überwachung der Beschwerden	Muss	Kundendienst	Status über Ampelsystem wünschenswert
BA_FA_003	Anforderung 3	Nice to have	IT	
BA_FA_004	Anforderung 4	Muss	Finanzabteilung	
⋮				

Abbildung 18: Beispiel Lastenheft für Anforderungen an das Beschwerdemangement-Tool

Nicht selten treffe ich Tools bzw. Ansichten an, die nicht stufenweise eingeführt wurden, sondern gleich mit allen Möglichkeiten dem Anwender frei eingeblendet und so überlassen wurden. Für die Implementationsmanager aus der IT mag dies eine Spielwiese sein. Für ungeübte Anwender hingegen ist es einfach nur eine Überforderung. Hier ist es empfehlenswert, benutzergerecht zugeschnittene Ansichten mit nur den Informationen einzublenden, die anfänglich für beispielsweise die Erfassung der Beschwerde relevant sind. Eine einfache Navigation, wie sie heutzutage jedermann aus dem Internet kennt, oder die Meldung, was sich seit der letzten Anmeldung geändert hat, sind weitere Erfolgsfaktoren für eine hohe Akzeptanz.

Checkliste für Ihren ⭐ Stern

☐ Ihr Beschwerdemanagement deckt Risiken hinsichtlich der Kundenzufriedenheit ab (Compliance).

☐ Das Beschwerdemanagement unterstützt und verbessert die Servicequalität und Kundenbindungsaktivitäten Ihrer Unternehmung.

☐ Das Beschwerdemanagement unterstützt und verbessert die Servicequalität und Kundenbindungsaktivitäten Ihrer Unternehmung.

☐ Die Abwicklung des Beschwerdemanagements erfolgt strukturiert und wirkungsvoll und hält dadurch Aufwand und (Folge-)Kosten geringer.

- ☐ Informationen über Kundenerwartungen und Markthaltung der Produkte/Dienstleistungen werden ausgewertet und für nachhaltige Verbesserungen sowie Innovationen verwendet.

- ☐ Ihre Bemühungen hinsichtlich des Beschwerdemanagements verfolgen klare Ziele wie Kundenbindung oder eine kosteneffiziente Abwicklung.

- ☐ Die Aufgaben und Entscheidungen werden so getroffen, dass der Fokus auf die Kundenzufriedenheit bzw. Beschwerdezufriedenheit gelegt wird.

- ☐ Die Basisstrategie zum Beschwerdemanagement ist dabei konsistent mit Ihrer übergeordneten Unternehmungsstrategie.

- ☐ Die Prozesse des Beschwerdemanagements sind identifiziert, hinsichtlich der Inhalte und Kompetenzen geregelt, standardisiert, eingeführt und mit anderen unternehmerischen Prozessen verknüpft.

- ☐ Die Prozesse verfügen über Kennzahlen, die die Wirkung des Beschwerdemanagements messen und als Steuerungsinstrument nutzbringend sind.

- ☐ Aus dem Beschwerdemanagement werden Maßnahmen zur Verbesserung eingeleitet und Bewährtes wird für andere Prozesse adaptiert.

- ☐ Der PDCA-Regelkreis ist eine etablierte Methode im systematischen Umgang mit dem Beschwerdemanagement.

- ☐ Eine ausreichend umfassende Analyse der Ist-Situation, die eine Übersicht über die Ausgangslage des Beschwerdemanagements schafft, liegt vor.

- ☐ Ein Konzept für eine realistische Soll-Situation, das kongruent mit den angestrebten Zielen ist, liegt vor.

- ☐ Eine Risikoanalyse wurde für die Priorisierung der Anspruchsgruppen (Umfeldanalyse) durchgeführt.
  Die Umsetzung des Beschwerdemanagements erfolgt durch
  - ☐ Befähigung der Mitarbeitenden,
  - ☐ standardisierte und systematische Prozesse und Hilfsdokumente/Systeme, deren Ergebnisse hinsichtlich der Zielerreichung gegenübergestellt werden,
  - ☐ und nötigenfalls Korrekturmaßnahmen, die eingeleitet werden, um Abweichungen zu korrigieren.

- ☐ Steht die Unternehmungsleitung hinter den strategischen Zielen?
- ☐ Wird eine kundenorientierte Geisteshaltung von der Unternehmungsführung vorgelebt?
- ☐ Wurden ein Kernteam und ein Projektleiter bestimmt?
- ☐ Ist die Unterstützung des Kernteams von der Unternehmungsleitung z. B. durch ein KVP-Team gegeben?
- ☐ Ist das Kernteam mit ausreichenden Ressourcen (zeitlich, personell, finanziell) versehen worden?
- ☐ Hat das Kernteam einen Projektplan mit Meilensteinen erstellt?
- ☐ Hat das Kernteam Zugang zu allen relevanten Informationen des Unternehmens?
- ☐ Haben Sie eine Vision, Mission und Strategie formuliert bzw. ist das Kundenzufriedenheitsmanagement darin berücksichtigt?
- ☐ Wurden strategische Ziele entsprechend den normativen Grundlagen abgeleitet und formuliert?
- ☐ Wurden die vom Projekt betroffenen Mitarbeitenden über diese Ziele informiert? (Ausweitung auf alle Mitarbeiter, wenn inklusive Fehlerkultur)
- ☐ Wurde der Vertriebsrat/Vorstand/Betriebsrat ausreichend informiert?
- ☐ Haben Sie den Anwendungsbereich des Beschwerdemanagements abgegrenzt und analysiert?
- ☐ Gibt es einen Pilotbereich, in dem die Umsetzung gestartet werden soll?
- ☐ Sind die Mitarbeiter in den Methoden zur Identifizierung und Formulierung von Kennzahlen geschult worden?
- ☐ Haben Sie Prozess-Owner und Mitarbeiter zur Datenermittlung bestimmt?

- ☐ Kann mit jeder Kennzahl das Erreichen des gewünschten Ziels abgerufen werden?
- ☐ Kann die Zahl mit vertretbarem Aufwand gemessen werden?
- ☐ Kann das mit der Kennzahl verbundene Ziel auch von den Mitarbeitern erreicht werden?
- ☐ Gibt es Benchmarks für die Zielerreichung?
- ☐ Ist die Kennzahl im Berichtswesen verankert?
- ☐ Werden die Kennzahlen regelmäßig an veränderte Gegebenheiten angepasst?
- ☐ Ist der PDCA-Regelkreis oder Prozess festgelegt, der Maßnahmen zur Steuerung des Beschwerdemanagements ableitet (Verantwortlichkeiten inklusive)?
- ☐ Wurde das IT-Tool für die Berichterstattung erstellt (auch für Abwicklung z. B. im ERP)?
- ☐ Erhielt der Projektleiter einen klaren Projektauftrag (Strategien, Projektziele und Prioritäten, Termine etc.)?
- ☐ Wurden die organisatorischen Rahmenbedingungen mit dem Projektleiter vereinbart?
- ☐ Genießt der Projektleiter die volle Unterstützung des Auftraggebers, auch bei Problemen und Krisen?
    - ☐ Trifft der Auftraggeber die strategischen Entscheidungen im Projekt?
    - ☐ Trifft der Auftraggeber die Budget-Entscheidungen im Projekt?
    - ☐ Nimmt der Auftraggeber zumindest einmal monatlich an Projektmeetings teil?

3. ★★-Strategie: Stellen Sie Kundenorientierung nun unter Beweis

In diesem Kapitel geht es um den direkten Beschwerdemanagementprozess. Und wie es das Wort schon sagt, handelt es sich um den direkten Kontakt mit dem Kunden bzw. die damit verbundenen operativen Prozesse und Aufgaben. Und genau in dieser Phase können Sie auch die Kundenorientierung unter Beweis stellen.

Direkter Beschwerdemanagementprozess (operativ)

Der Fokus des direkten Beschwerdemanagementprozesses liegt im Ziel, wieder eine hohe Beschwerdezufriedenheit herzustellen. Schließlich ist das das Versprechen an Ihren Kunden und Ihr erklärtes Ziel, nicht wahr? Oder sind in Ihren normativen Grundlagen wie beispielsweise dem Leitbild nicht Aussagen wie Kundenzufriedenheit zu finden?

Es wird jedoch mit dem richtigen Umgang nicht nur die Zufriedenheit des einzelnen Beschwerdeführers angestrebt. Das wahrnehmbare Interesse, für ihn eine Lösung finden zu wollen, löst bei vielen Kunden bereits das Gefühl von Überraschung und auch Begeisterung aus. Und Begeisterung ist bekanntlich der Schlüssel zur längerfristigen Kundenbindung.

Zunächst aber Ausführungen zur nachstehenden Übersicht. Sie zeigt die einzelnen Schritte innerhalb eines Beschwerdeprozesses. Der direkte Beschwerdeprozess baut die Schritte weitestgehend aufeinander auf, aber insbesondere der erste Teil *Beschwerde stimulieren* ist eine Aufgabe, die nicht zwingend als ein fester Bestandteil des Beschwerdegespräches mit dem Kunden betrachtet werden muss. Er kann als ein Prozess gesondert und in sich geschlossen behandelt werden. »Stimulieren« beantwortet die Frage, welche Kommunikationskanäle und Touchpoints vorhanden sind, damit sich der Kunde mit seiner Beschwerde direkt an das Unternehmen wenden kann. Welche Medien dabei zum Zug kommen, spielt hierbei kaum eine Rolle, solange es diejenigen sind, die der Kunde vorzieht und die Ihr Unternehmen entsprechend evaluiert und eingeführt hat.

Danach folgt das eigentliche Kundengespräch im Schritt *Beschwerde-Annahme*, das iterativ zu verstehen ist. Kaum ein Konfliktgespräch führt ganz ohne Rückfälle von einer Phase zum anderen. Manchmal fällt man in den Argumenten einen Schritt zurück, um von dort aus erneut den Weg zur nächsten Phase anzustreben. Alles in allem muss das Gespräch mit gekonnten Gesprächstechniken zu einem Abschluss und der Kunde zu seiner Beschwerdezufriedenheit gelangen.

Der Abschluss kann eine Lösung und Einigung bedeuten. Manchmal erfordert er vorgängig jedoch unternehmungsinterne Abklärungen, Analysen und eine sogenannte *Beschwerde-Bearbeitung*. Und erst danach wird der Kunde über das weitere Vorgehen informiert und der Prozess abgeschlossen – das ist dann die *Beschwerde-Reaktion*.

Beschwerde stimulieren

Wie in der Einleitung zu diesem Kapitel erwähnt, geht es in diesem Teilschritt darum, verschiedene Kanäle wie eine Servicehotline, Kundendienst-Mailadressen, eine Onlineplattform etc. einzurichten, damit sich Ihr Kunde mit seiner Beschwerde einfach, direkt und schnell mit dem von ihm bevorzugten Kommunikationskanal an das Unternehmen wenden kann.

Viele Unternehmen sparen bereits daran – und wo soll der enttäuschte Kunde mit seinem Ärger nun hin? Demnach kann auch nicht geschlossen werden, dass eine niedrigere Beschwerdezahl auch eine hohe Kundenzufriedenheit bedeuten muss.

Man kann davon ausgehen, dass sich, je nach Branche, 50 bis 90 Prozent aller Kunden nicht beim Unternehmen beschweren, sondern sich bei Bekannten und Freunden negativ über das Unternehmen äußern. Wie in vorherigen Kapiteln erwähnt, nutzen Kunden immer häufiger Bewertungsplattformen im World Wide Web – so beispielsweise TripAdvisor, Holidaycheck, Beschwerde.ch und viele mehr. Auch die Social-Media-Plattformen wie Twitter, Facebook etc. sind selbstverständliche Instrumentarien, wenn man seine Enttäuschung mit der Welt teilen möchte.

Riskieren Sie keinen Shitstorm!

Beschwerde stimulieren

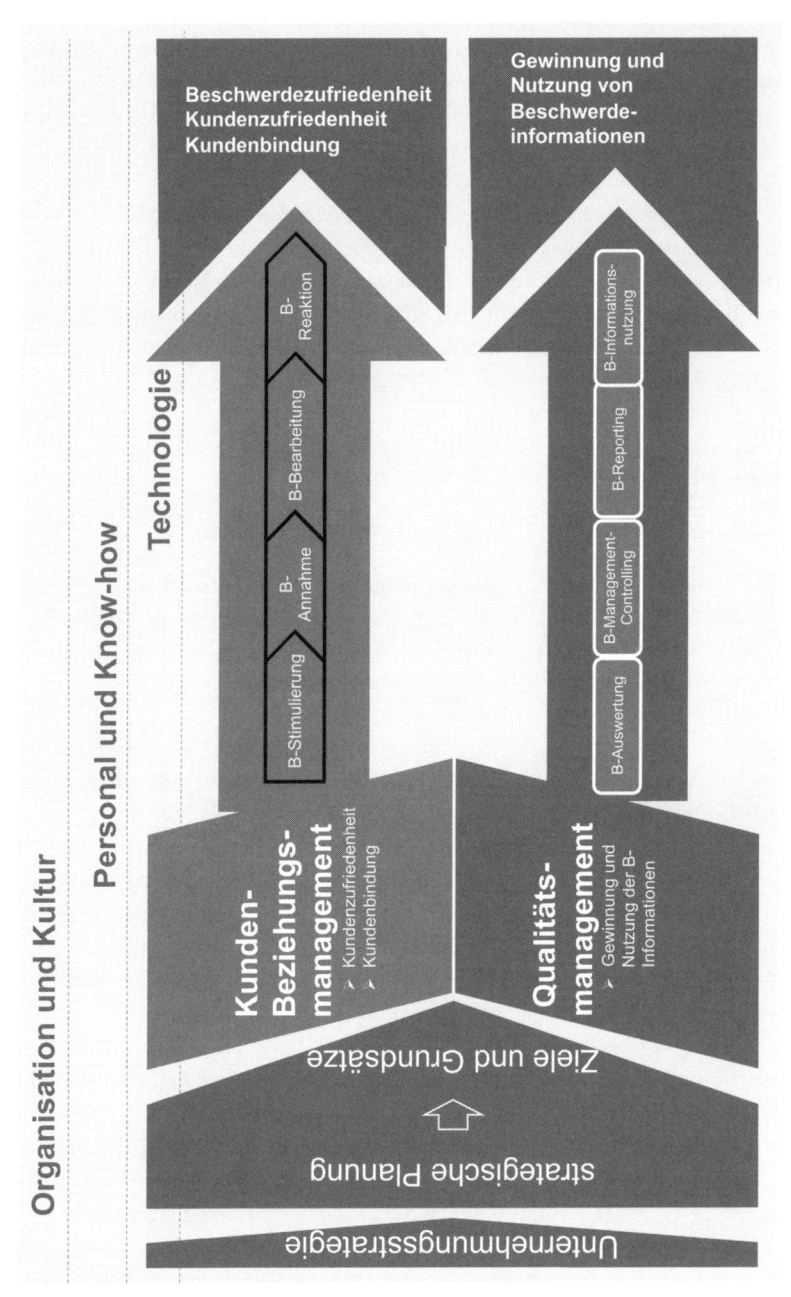

Abbildung 19: Teilprozesse des direkten Beschwerdemanagementprozesses

Die Folgen sind bei allen genannten Beispielmedien dieselben. Unzählige Leser, potenzielle Kunden und Kaufinteressenten nehmen Kenntnis von den meist einseitig dargestellten und subjektiven Beschreibungen und sehen im Zweifelsfalle von einem Kauf ab.

Damit nicht genug, kann durch weitergehende Leserkommentare zu den Bewertungen eine riskante Dynamik entstehen. Die Rede ist von vernichtenden, sogenannten Shitstorms. Die Konsequenz für das Unternehmen ist ein massiver Reputationsschaden. Deshalb empfehle ich in meinen Beratungsmandanten, dass besonders bekannte internationale Marken und deren Repräsentanten gut daran tun, sich in Toleranz zu üben.

> **Beispiel**
>
> 2011 beschwerte sich ein Blogger bei o2 über Netzprobleme.
>
> Die Antwort des Telekommunikationsunternehmens: Es handle sich um einen Einzelfall. Das wollte der Blogger nicht auf sich sitzen lassen und schuf die Seite www.wir-sind-einzelfall.de, auf der sich Tausende Betroffene meldeten. Später reagierte o2 und versprach, sein Netz weiter auszubauen.

Eine Beschwerde des Kunden direkt bei Ihrem Unternehmen ist damit eindeutig noch die beste Variante.

Aber zurück zur Beschwerde-Stimulierung. Es geht also darum, die enttäuschten Kunden mit ihrer negativen Erfahrung dazu zu motivieren, ihre Enttäuschung und Beschwerde an das Unternehmen direkt zu richten. Umso wichtiger ist es da, durch gezielte Maßnahmen und Botschaften Vertrauen aufzubauen, damit der Dialog überhaupt entstehen und gelingen kann.

Doch bevor Sie sich mit dem Aufbau und der Einführung der Beschwerdestimulation befassen, sollten Sie spätestens jetzt die Frage beantworten können, welchen Umgang Sie künftig mit Kunden anstreben, wenn die Kundenzufriedenheit aus Sicht des Kunden nicht gelungen ist. Auch könnte dabei die Frage rückblickend wegweisend sein, warum Ihre Kunden bislang keine Rückmeldungen an Ihr Unternehmen richteten. Denn wie Sie schon in der Einleitung erfahren haben, sind fehlende Kundenrückmeldungen keine Garantie dafür, dass Ihre Kunden zufrieden sind.

In der Konzepterarbeitung des Teils Beschwerdestimulation können Sie dann auch diesen Punkt regeln und Maßnahmen definieren. Damit sichern Sie einen der wichtigsten Erfolgsfaktoren für das Gelingen. Sie lösen eine der Hauptursachen auf, die den Kunden bisher hinderte, sich zu beschweren.

Dabei nehmen die Abteilungen Marketing und Vertrieb eine federführende Rolle ein. Denn sie haben die Aufgabe, den relevanten Markt, die Kunden- und Anspruchsgruppenbedürfnisse zu identifizieren, damit die strategische Planung diese auch im Beschwerdemanagement berücksichtigen kann.

Zur Festlegung der Beschwerdestimulation ist die Frage sinnvoll, welche Kommunikationskanäle die Kunden im Kontakt mit Ihrem Unternehmen bisher vorgezogen haben. Sind es Onlineshopper, die eher ein Onlinetool für Beschwerden benötigen? Oder ist ein Telefonsystem angebracht, weil sie die Bestellungen telefonisch bei Ihnen aufgeben? Oder vielleicht doch ein gut organisierter Kundendienst, der in der Lage ist, auf die aufwendig schriftlich verfassten Beschwerdebriefe ebenfalls schriftlich einzugehen? Ein Weg, diese Evaluation vorzunehmen, sind Umfragen und Interviews bei Ihren Stammkunden oder sogar bei einem Ihrem Unternehmen bekannten notorischen »Nörgler-Kunden«. Deren Einbezug, repräsentativ für Ihre Zielgruppe, kann nicht nur bei der Evaluation der Kommunikationskanäle wertvoll sein. Sie dürften sich durch Ihre Anfrage auch wertgeschätzt fühlen.

Konzeptinhalte für Beschwerdestimulation:

➤ Ist-/Soll-Analyse der Beschwerdestimulation

➤ Ressourcenplanung (Mitarbeitende, Know-how, Zeit, Kooperationspartner etc.)

➤ Prozesse der Beschwerdestimulierung (Kanäle, Rollen/Verantwortungen, Schnittstellen etc.)

➤ Evaluation von Technologien zur Umsetzung

➤ Information und Kommunikation der Kunden

➤ Wirkungsmessung der Beschwerdestimulation (Kennzahlen)

★★-Strategie: Stellen Sie Kundenorientierung nun unter Beweis

**VERWENDETE KOMMUNIKATIONSKANÄLE
20XX**

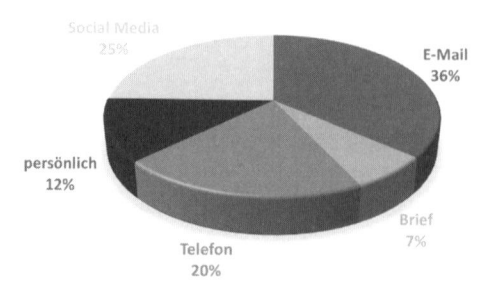

- Social Media 25%
- E-Mail 36%
- persönlich 12%
- Telefon 20%
- Brief 7%

Abbildung 20: Auswertung zur Analyse der von Kunden genutzten Kommunikationskanäle

Zu guter Letzt stellen Sie sicher, dass Ihr Kunde vom Bestehen dieser Kanäle erfährt, und Sie informieren ihn, warum diese Kundenrückmeldungen wertvoll für Sie als Unternehmen sind.

Beispiel 1 – Beschwerdeformular

Der Klassiker unter den Maßnahmen. Stellen Sie Ihren Kunden ein gut strukturiertes Beschwerdeformular zur Verfügung. Dieses soll schnell und leicht zugänglich sein.

Die Möglichkeit der Abgabe von schriftlichen Beschwerden sollte dem Kunden ebenfalls bekannt gemacht werden: eine zentrale Adresse (zentrales Postfach) oder direkt im Unternehmen mittels eines sogenannten Meckerkastens. Manchen Kunden ist es besonders anfänglich lieber, auch anonym Beschwerden adressieren zu dürfen. In einem solchen Fall sollten Ihre Bemühungen darauf abzielen, dass der Kunde nicht nur seine Enttäuschung, sondern auch seine nicht erfüllte Erwartungshaltung dokumentiert.

Beispiel 2 – Webforum

Ihre Kunden besuchen regelmäßig Ihre Webseite und bestellen dort täglich.

Laden Sie Ihre Kunden dazu ein, bei Ihrer Kampagne mitzumachen, wobei es darum geht, die Leistungsqualität durch Kundenrückmeldungen (positiver und negativer Art) zu verbessern.

Schaffen Sie dafür Anreize. Jeder, der mitmacht, erhält bei der nächsten Bestellung x Prozent Preisnachlass, bei jeder durch das Unternehmen realisierten Verbesserungsmaßnahme sogar y Prozent.

Beispiel 3 – Präsenz in Netzwerken und Touchpoints

Machen Sie sich mit den modernen Medien vertraut. Seien Sie in den sozialen Netzwerken präsent. Vor allem auf Facebook und Twitter geben Kunden schnelles und ehrliches Feedback. Sollten Sie dafür keine Ressourcen haben, überlegen Sie sich, diese Dienstleistung einzukaufen. Berücksichtigen Sie dabei Anbieter, die bereit sind, Ihr Produkt/Ihre Dienstleistung zu verstehen, und die Ihnen die wertvollen Informationen aus einem Beschwerdegespräch zugänglich machen, damit Sie daraus Verbesserungsmaßnahmen ableiten können.

Beispiel 4 – Newsletter

Verfügen Sie über ein Magazin oder einen halbjährlichen Newsletter, so stellen Sie dort Ihr internes Projekt zum Aufbau des Beschwerdemanagements vor. Geben Sie dieser Kampagne ein persönliches Gesicht und bilden Sie dafür einen tatsächlich im Kundendienst tätigen Mitarbeitenden ab. Dieser erzählt in einem knackigen Interview von seinen Erfahrungen mit Kunden und den dadurch entstandenen wertvollen Maßnahmen.

> **Beispiel 5 – Telefonhotlines**
>
> Führen Sie kostenlose Telefonhotlines ein. Diese Kundenfreundlichkeit beginnt bereits mit einer einfachen Telefonnummer, nötigenfalls mit dem Hinweis, dass es eine Gratisnummer ist.
>
> Sorgen Sie dafür, dass Ihre Mitarbeiter fachlich kompetent sind und das Profil (Bedürfnisse/Erwartungen/Verhalten) Ihrer Kunden kennen. Dazu gehört gegebenenfalls auch die Mehrsprachigkeit. Ihre Mitarbeitenden sollten – so unglaublich das manchmal klingt – das Produkt/die Dienstleistung besser als nur dem Namen nach kennen. Und lassen Sie Kunden nicht in sinnlosen Warteschleifen warten, sondern bieten Sie einen automatischen Rückruf an.
>
> **Beispiel 6 – Verkaufsgespräch**
>
> Auch in beschwerdeunabhängigen Kundengesprächen kann die Gelegenheit durch Mitarbeitende genutzt werden, die Zufriedenheit mit der letzten Bestellung abzufragen und gleichzeitig auf das Interesse hinzuweisen, dass Kundenfeedback künftig stärker zur Qualitätssicherung verwendet werden soll. Und dazu würden Kunden aufgefordert, Lob sowie Kritik gleichermaßen zurückzumelden.

Außerdem stellt sich mit dem Tool auch die Frage nach dem Unterhalt dieser Kanäle. Hierfür sind im Rahmen der Konzeption Tool- und Prozesseigner zu bestimmen, die je nach Prozessorientierungsgrad Ihres Unternehmens unterschiedliche Verantwortung tragen und im Kapitel »Beschwerdereaktion« näher vorgestellt werden.

Häufig werde ich im Zusammenhang mit der Stimulation gefragt, ob es denn wirklich sinnvoll sein kann, möglichst viele Kunden zur Beschwerde anzuregen. Nein, selbstverständlich nicht.

Aber schweigende und unzufriedene Kunden sind unberechenbarer als diejenigen, die ihren bevorstehenden Wechsel zum Mitbewerber Ihrem Unternehmen mitteilen. Wenn gearbeitet wird und Fehler geschehen, ist eine direkt an das Unternehmen gerichtete Beschwerde beherrschbarer in puncto Risiko als eine unkontrollierte, mit Eigendynamik im World Wide Web herumirrende. Außerdem geht es nicht nur darum, dem Kunden die wohltuende Möglichkeit zu schaffen, Dampf abzulassen.

Sollten Ihnen einige dieser Maßnahmen zu aufwendig erscheinen, greifen Sie auf den Klassiker zurück und orientieren Sie sich an Beispiel Nummer 6. Überprüfen Sie regelmäßig, wie zufrieden Kunden nach einem Einkauf sind. Eine mögliche Option: Sobald der Kunde im Onlineshop etwas erworben hat, senden Sie ihm eine Nachricht und laden ihn ein, das Produkt (mittels eines einfachen Formulars) zu bewerten.

Und seien Sie unbesorgt, wenn kurz nach der Einführung der Beschwerdestimulation die Beschwerdezahl außerordentlich zunimmt. Das ist kein Indikator für verschlechterte Qualität, sondern zeigt, dass Ihnen die Beschwerdestimulation gelungen ist. Schließlich haben Sie bei Ihren Kunden eine Erwartungshaltung geschürt. Arbeiten Sie die Beschwerden professionell ab, begeistern Sie Ihre Kunden und beweisen Sie, dass Sie in der Lage sind, Ihr Versprechen bezüglich Kundenorientierung einzuhalten. Die Zahl wird sich von alleine normalisieren.

Beispiele Beschwerdestimulation

Sie möchten gerne ein Feedbackformular auf Ihrer Website einbauen? Hier finden Sie einige Umsetzungsbeispiele aus der Praxis.

Beispiel 1: Beschwerdestimulation E-Mail

> Ihre Kritik ist unsere Chance!
>
> Sie haben Feedback, Anregungen, Verbesserungsvorschläge, konstruktive Kritik zu unseren Produkten, Services oder unserer Website? Wir freuen uns, von Ihnen zu hören.
>
> mailto: info@beispiel.com

⭐⭐ -Strategie: Stellen Sie Kundenorientierung nun unter Beweis

Beispiel 2: Beschwerdestimulation mittels Zufriedenheitsumfrage auf der Website

Die Zufriedenheit unserer Kunden steht bei uns im Zentrum. Wir investieren permanent in unseren Service, in die Ausbildung unserer Mitarbeitenden und in die Infrastruktur unserer Unternehmung.

Teilen Sie uns Ihre Meinung mit und helfen Sie damit, uns weiter zu verbessern.

Herzlichen Dank für Ihr Feedback.

Name _____

Vorname _____

Straße _____

☐ E-Mail ☐ Brief ☐ Telefon ☐ persönlich_____

PLZ/Ort _____

E-Mail Adresse   ☐ Vertrieb ☐ Kundenbetreuung ☐ Geschäftsleitung

Ich möchte Ihnen mitteilen …

☐ Kompliment

☐ Anregung

☐ Beschwerde

☐ anderes Anliegen

Im Detail handelt es sich um …

_____
_____
_____
_____

Beispiel 3: Beschwerdestimulation mittels Feedbackfragebogen

[Standard-Feedback-Formular...]				
Wir freuen uns, wenn Sie sich einen Moment Zeit nehmen und uns zu spezifischen Punkten Feedback geben. [Themen können beliebig angepasst werden. In diesem Beispiel wird der Webauftritt thematisiert ...]				
	😊	🙂	😐	☹️
Wie gefällt Ihnen der optische Auftritt unserer Website im Allgemeinen?	○	○	○	○
Konnten Sie die gewünschten Informationen einfach und schnell finden?	○	○	○	○
Sind Sie mit der Geschwindigkeit der Website zufrieden?	○	○	○	○
Ist der Download-Bereich hilfreich?	○	○	○	○
Weitere Bemerkungen, Anregungen oder Kritik				
_____				

Beschwerdeannahme(-gespräch)

Jeder Mensch reagiert anders auf Enttäuschungen. Dies hängt von seinen Eigenschaften, seiner emotionalen Intelligenz, der Dringlichkeit seiner Erwartung usw. ab. Wenn der Kunde sich beschwert, hat er ein Produkt oder eine Leistung bezogen. Bevor er dies tat, hat er möglicherweise sehr aufwendig evaluiert, verglichen und sich dann für dieses eine Produkt entschieden. Vielleicht hatte er noch während des Kaufs Restzweifel, wagte dann aber trotzdem die Entscheidung.

Nachdem der Kunde festgestellt hat, dass das Produkt oder die Dienstleistung nicht seinen Qualitätsansprüchen entspricht, wird er ein weiteres Mal mit sich ringen, bis er sich beschwert. Enttäuschung ist die Basis jeder weiteren Handlung. Viele zögern mit einer Beschwerde und wenn Produkt oder Leistung klein waren, fragen sie sich, ob es den Aufwand überhaupt wert ist. Möglicherweise lohnt sich nicht einmal der Weg oder die Anrufzeit. Und manchmal zweifelt der Kunde auch, ob die Beschwerde berechtigt ist. Wenn man sich dort schon mal beschwert hat, fürchtet man auch, als chronischer Nörgler betrachtet zu werden.

Landet man nach all diesen Erwägungen trotzdem in einer Warteschlange oder Telefonwarteschleife, werden durch jede weitere Minute Wartezeit diese Emotionen weiter aufgebaut. Es ist, emotional betrachtet, kein kurzer Weg, bis der Kunde als energischer Beschwerdeführer auftritt.

Nun begegnen sich Beschwerdeführer und Beschwerdeempfänger. Der Kunde hat sich zwischenzeitlich warmgelaufen, informiert sich vielleicht sogar, während er in der Warteschleife ist, über ähnliche Kundenbeschwerden, die vor ihm geäußert wurden. Der Beschwerdeempfänger hingegen ist möglicherweise ahnungslos oder auch von unzähligen vorangegangenen Beschwerden entnervt. Die Voraussetzungen bzw. Zutaten für einen explosiven Cocktail namens Beschwerdegespräch sind in bester Qualität geschaffen.

Auch wenn es eine Herausforderung ist: Es ist sehr wichtig, dass der Beschwerdeempfänger sich nun emotional zurücknimmt. Die geforderte Fähigkeit heißt Empathie, das Ziel ist Vertrauen. Er muss die aufgebaute Anspannung erkennen und nun in der Lage sein, den Druck beim Gegenüber gekonnt zu reduzieren. Erst dann ist ein sachliches Gespräch auf einer sachlichen Ebene überhaupt möglich.

Dies zeigt aber auch, dass ein Teil der Emotionalität durchaus in einem Beschwerdegespräch akzeptiert und zugelassen werden sollte. Der aus der Didaktik bekannte Ansatz »Störungen gehen vor«, das heißt zuerst der Störung den Vorrang geben und diese beseitigen, ist entsprechend auch für das Beschwerdemanagement richtig und wichtig.

Was müssen Sie also Ihren Kunden bieten? Was trägt zur Verbesserung der Kundenzufriedenheit bei? Wie gelingt eine Differenzierung im Wettbewerb und wie begeistern Sie Kunden und auch Nicht-Kunden? Und worauf sollten Sie verzichten? Ein gängiges Instrument zur Messung der Erfüllung der Kundenwünsche ist das Kano-Modell. Auch die Zufriedenheit wird damit messbar gemacht.

Kano-Modell

Wie viele in diesem Buch erwähnte Methoden stammt auch dieses Modell aus Japan. Professor Noriaki Kano entwickelte 1978 den auch Kundenzufriedenheitsmodell genannten Ansatz weiter, der seinen Ursprung in der Arbeitsmotivationstheorie hat. Das Modell stellt Kundenwünsche und -forderungen den Leistungsmerkmalen eines Angebots gegenüber. Dabei wird von den folgenden fünf verschiedenen Merkmalen der Kundenanforderungen ausgegangen:

1. Basismerkmale
2. Leistungsmerkmale
3. Begeisterungsmerkmale
4. Unerhebliche Merkmale
5. Rückweisungsmerkmale

1. Basismerkmale (Grundforderungen)

Dies sind Merkmale, die vom Kunden unbewusst vorausgesetzt werden. Deswegen spricht er diese Erwartungshaltung auch nicht ausdrücklich aus. Fehlen die Merkmale aber, sind die Kunden unzufrieden. Sind sie vorhanden, entsteht jedoch noch keine Zufriedenheit.

> **Beispiel**
>
> Basisanforderungen sind z. B. die Rückspiegel im Auto oder die Innenbeleuchtung beim Kühlschrank.

2. Leistungsmerkmale (Qualitätsmerkmale)
Diese werden nicht nur erwartet, sie werden auch ausdrücklich zur Sprache gebracht, womit sie einen direkten Einfluss auf die Zufriedenheit haben.

Werden diese nicht erfüllt, entsteht daraus die Unzufriedenheit. Werden diese Merkmale übertroffen, steigt entsprechend die Zufriedenheit. Diese Merkmale sind beispielsweise durch Marktuntersuchungen, Marktbeobachtungen und Marktbefragungen ermittelbar.

> **Beispiel**
>
> Leistungsanforderungen sind z. B. die Bildschirmauflösung beim Fernseher und das Nutzvolumen beim Kühlschrank.

3. Begeisterungsmerkmale
   Wie es bereits das Wort ausdrückt, können diese die Kunden begeistern. Sie haben die Eigenschaft, zumindest einen gefühlten Nutzen zu erzeugen. Begeisterungsmerkmale werden nicht erwartet und ein Fehlen entsprechender Merkmale schafft auch keine Unzufriedenheit. Sind sie aber vorhanden, kann bereits eine kleine Leistungssteigerung zu einem überproportionalen Nutzen führen.

> **Beispiel**
>
> Begeisterungsmerkmale sind z. B. ein Autopilot für das Auto oder eine Überwachung des Mindesthaltbarkeitsdatums der Lebensmittel im Kühlschrank. Sehr häufig reicht auch ein unerwartet schönes Design eines Produktes aus, um als Begeisterungsmerkmal zu gelten.

4. Unerhebliche Merkmale
   Sie führen weder zur Zufriedenheit noch zur Unzufriedenheit – unabhängig davon, ob sie vorhanden sind oder nicht.

> **Beispiel**
>
> Ein unerhebliches Merkmal kann z. B. die Farbe der Bettwäsche und des Teppichs im Hotel sein oder eine vegetarische Pizza im Angebot bei Nicht-Vegetariern.

5. Rückweisungsmerkmale
   Existieren Rückweisungsmerkmale, führen sie zur direkten Unzufriedenheit. Sind sie nicht vorhanden, führt das trotzdem nicht zu Zufriedenheit.

> **Beispiel**
>
> Ein Rückweisungsmerkmal kann z. B. die Marke oder das Design eines Autos oder die laute Umgebung eines Hotels sein.

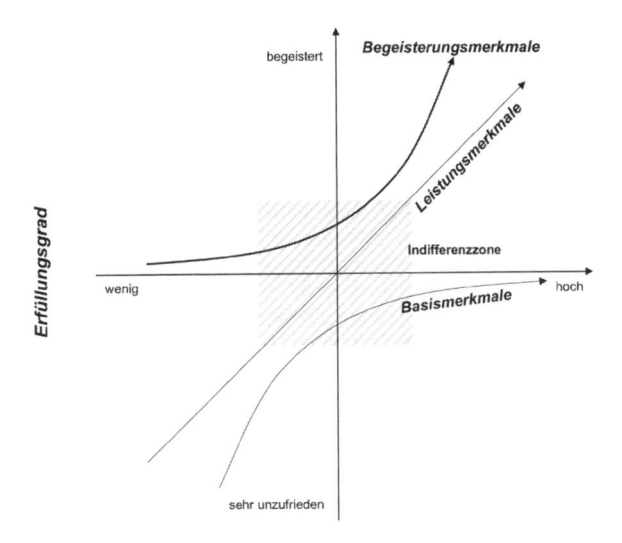

Abbildung 21: Kano-Modell: Kundenzufriedenheit und Erfüllungsgrad von Merkmalen

Insgesamt zeigt das Kano-Modell,

> dass Leistungsmerkmale sich ermitteln lassen und das Vorhandensein oder das Fehlen entsprechender Merkmale einen direkten Einfluss auf die Zufriedenheit der Kunden hat.

> dass an Produkte/Leistungen Anforderungen verschiedener Merkmale gestellt werden können, die die Kundenzufriedenheit beeinflussen. Setzen Sie etwa in Ihren Produkten/Dienstleistungen auf eine hohe Anzahl von Basismerkmalen, wird eine erfolgreiche Differenzierung gegenüber den Wettbewerbern ausbleiben.

> dass Sie auf Begeisterungsmerkmale setzen sollten, wenn Sie sich vom Mitbewerber differenzieren wollen. Diese bieten die größte Chance. Da sie aber vom Kunden nicht erwartet oder explizit gefordert werden, sind sie nicht leicht zu ermitteln und ein Stück weit ein Experimentieren. Wenn Sie als Erster diese Experimentieraufgabe übernehmen, bedeutet dies nicht zwingend, dass Sie Erfolg damit haben werden. Und ein Experimentieren ist es

heutzutage. Denn wäre es früher eine verlorene Investition gewesen, eine Anhängerkupplung an einem Kleinwagen anzubieten, ist es heute nicht selten der Fall, dass dies für Radfahrer ein Argument ist, sich für diesen Kleinwagen zu entscheiden, weil sie den Fahrradträger montieren können.

- dass Sie Rückweisungsmerkmale nicht dem Zufall überlassen, sondern dass Sie sie transparent machen und zu vermeiden versuchen sollten. Denn sie führen zur direkten Ablehnung und schaden Ihrem Image.

- dass Begeisterungsmerkmale im Lauf der Zeit zu selbstverständlichen Leistungsmerkmalen und schließlich zu Basismerkmalen werden.
Die Schweizerischen Bundesbahnen haben im Vergleich zum europäischen Ausland die höchste Pünktlichkeit (87 Prozent, 2015). Das ist eine exzellente Leistung, die den Titel der pünktlichsten Bahn verdient. Für andere Bahnbetreiber stellt dies immer noch ein erstrebenswertes Ziel dar. Durch diese Dauerpünktlichkeit schleicht sich jedoch der Gewöhnungseffekt bei den Zugfahrern ein. Die Erwartungshaltung wandelt sich zunehmend. So wird das Begeisterungsmerkmal zu einem Qualitätsmerkmal der SBB und hat sogar schon Tendenzen, zu einer selbstverständlichen Basiserwartung zu werden. Und kommt es ausnahmsweise zu einer Verspätung, reichen wenige Minuten schon aus, um eine hohe Unzufriedenheit auszulösen.

- dass der umgekehrte Weg möglich ist, wie es die Fluggesellschaften bei Kurzflügen zeigen. Basismerkmale werden zu Begeisterungsmerkmalen, wenn beispielsweise die Verpflegung im Flugpreis enthalten ist und nicht extra bezahlt werden muss. Das Essen und der Service werden ein Aspekt im Vergleich der Fluglinien und zu einem Faktor der Kundenzufriedenheit.

- dass, wenn Begeisterungsmerkmale nur bei bestimmten Produkten und Leistungen vorkommen, dies andere Geschäftsvorfälle beeinträchtigen kann. Welche Wirkung die Begeisterung hinsichtlich der Bereitschaft zur Weiterempfehlung des Unternehmens auslöst und wie man dies errechnet, erfahren Sie im Kapitel »Beschwerdemanagement-Controlling«.

Nun aber zurück zur Fortsetzung nach der Stimulation. Nachdem der Kontakt zum Kunden geschaffen ist, geht es darum, das Gespräch so professionell und individuell wie möglich zu führen. Höchstes Ziel dabei: Beschwerdezufriedenheit zu erreichen und das Vertrauen zurückzugewinnen.

In diesem Teil des Beschwerdemanagements entscheidet sich der gesamte weitere Verlauf der Kundenbeziehung. Studien belegen, dass 75 Prozent der Kunden, die drohen abzuwandern, dies bei der ersten Gelegenheit auch tun. Der Kontakt mit Ihrem Unternehmen muss so positiv empfunden werden, dass der Kunde das Bedürfnis hat, Ihnen nochmals für das Interesse an der Lösung seines Problems zu danken.

Verschiedene Typen von Beschwerdeführern

Kommen wir nun zurück zu dem alles entscheidenden Moment der Beschwerdeannahme. Bei der Beschwerdeannahme kann verschiedenen Typen von Kunden und ihrer Ausdrucksweise begegnet werden. Die einen sind zwar enttäuscht, aber durchaus versöhnlich. Andere fangen versöhnlich an, werden aber aufgrund einer Fehlaussage durch den Beschwerdeempfänger, sofort verärgert. Das nachstehende Beispiel zeigt die drei typischen Gesprächsverläufe bzw. den Grad der Emotionalität.

Idealtypischer Gesprächsverlauf

In vielen Beschwerdegesprächen ist der Grad der Emotionalität des Beschwerdeführers hoch. Je besser Ihr Mitarbeitender mit der Beschwerde umgehen kann, desto höher ist die Wahrscheinlichkeit, dass das Beschwerdegespräch positiv

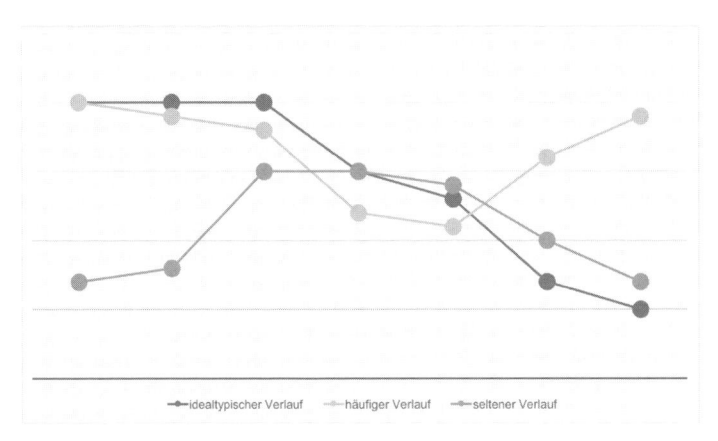

Abbildung 22: Typische Gesprächsverläufe

verläuft und damit die Emotionalität in Rationalität gewandelt wird. Betrachtet man dabei die vielfältig existierenden Statistiken, ist der Anteil wütender oder leicht wütend werdender Kunden eher gering.

Häufiger Gesprächsverlauf

Der zweite Fall ist, dass ein Gespräch – ähnlich wie der Idealfall – leicht emotional beginnt, dann aber durch einen Auslöser beim Beschwerdeführer zur Erhöhung seines Ärgernisses führt. Die Emotionalität steigt zu dem Zeitpunkt, an dem sie abnehmen müsste.

Dies ist sehr häufig bei Inkompetenz zu beobachten oder wenn nach Schema F direkt ein Vorschlag gemacht wird, ohne sich gemeinsam mit der Beschwerde auseinanderzusetzen.

Diesen Zwischenschritt wollen die meisten Kunden berechtigterweise gemeinsam gehen. Denn das ist der gemeinsame Startpunkt, nachdem aus unterschiedlichen Perspektiven argumentiert wurde. Startet man nicht von diesem gemeinsam geschaffenen Startpunkt bzw. fühlt sich der Kunde in seinem Problem nicht verstanden, sondern nach einem bestimmten Vorgehen möglichst schnell abgefertigt, wird er nach dem Gespräch nicht zufrieden sein.

Seltener Gesprächsverlauf

Der dritte und letzte Fall ist der weniger häufige Fall. Das Gespräch beginnt seitens des Beschwerdeführers eher wohlwollend. Der Grad des Ärgernisses liegt noch niedrig. Durch einen Fehltritt des Beschwerdeempfängers während der Beschwerdeannahme baut sich die Gereiztheit und Emotionalität zwischendurch auf. Höchstes Ziel ist in einem solchen Fall, die Kurve zu kriegen.

Ein Grund für diesen Gesprächsverlauf kann sein, dass eine bestimmte Erwartungshaltung des Beschwerdeführers bestanden hat, deren Ablehnung durch gute Argumentation des Mitarbeiters verständlich werden muss. Sind die Gründe für die Ablehnung der Kundenerwartung nicht ausreichend überzeugend oder kann keine gute Alternativlösung aufgezeigt werden, tritt dieser Fall ein. Ein weiterer typischer Grund für diesen Fall ist für den Beschwerdeführer eine spürbare Gleichgültigkeit oder Unhöflichkeit seitens des Beschwerdeempfängers.

Fazit bezüglich des Beschwerdemanagements: Gesprächsführung bedeutet die Beherrschung von Methoden und Techniken, die dem Beschwerdeführer und seiner individuellen Art der Kommunikation angepasst werden müssen.

Auch für den Mitarbeiter selbst ist es keine angenehme Aufgabe, sich wiederholt wechselnder Konfrontation auszusetzen. Und als solche werden diese Gespräche seitens Ihres Mitarbeiters empfunden und fordern ihn ebenfalls heraus.

Insbesondere, wenn die Beschwerdestimulation durch eine zentrale Anlaufstelle wie beispielsweise ein Callcenter oder einen Kundendienst erfolgt, die ausschließlich Beschwerden entgegennehmen und bearbeiten müssen, ist der Stressfaktor bzw. die Frustration nach Kundenbeschwerdegesprächen hoch.

Den Beschwerdeführern ein hohes Maß an Interesse zu zeigen und die Emotionen trotzdem nicht an sich herankommen lassen, ist für jeden Mitarbeiter eine auf die Dauer herausfordernde Aufgabe, die geschult und immer wieder trainiert werden muss.

Streiten Sie nie mit einem Kunden.
Entweder Sie verlieren den Streit
oder den Kunden oder beides.

Ihre Gedanken werden zu Ihren Worten ...

Stellen Sie sich vor, noch bis vor wenigen Sekunden stand ein Arbeitskollege bei Ihnen und sprach über ein internes Projekt. Während Sie ihm zuhören, schweift Ihr Blick über Ihren Arbeitstisch, wo ein Post-it mit einem Namen draufklebt. Eine Rückruferinnerung, die Sie beinahe vergessen hätten. Und während Sie sich überlegen, wie Sie Ihren Kollegen höflich loswerden, klingelt das Telefon und ein Beschwerdeführer ist dran. Eine Situation, die viele, insbesondere kundennahe Mitarbeitende, tagtäglich erleben. Der Kunde überrascht Sie und überfordert Sie vielleicht sogar mit dieser Situation.

Forscher haben herausgefunden, dass wir ca. 60.000 Gedanken am Tag denken. Das ist eine unglaublich hohe Zahl, wenn man dann noch bedenkt, dass nur 3.000

davon neu sind. Das heißt 95 Prozent unserer Gedanken drehen sich einfach nur im Kreis.

Die Frage ist also: Wie kommen wir aus diesen gedanklichen Loops raus, zumal wir sie von einem auf den anderen Augenblick ausblenden können sollen?

Es gibt unzählige Techniken, wie ein Konfliktgespräch begonnen und phasenweise bis zum Abschluss geführt werden kann. Um aus der oben geschilderten Situation auf das Anliegen des Kunden einzugehen und in das Gespräch einzusteigen, empfehle ich meinen Seminarteilnehmenden, eine Absicht zu entwickeln.

Eine Absicht ist der Grund für eine Handlung. Die Absicht ist der Wille, etwas zu tun bzw. etwas in einer bestimmten Art zu tun. Eine bewusste Absicht dient dazu, Kräfte und Energien zu bündeln, und findet in vielen Kulturkreisen Anwendung.

Wenn das Ihnen zu spirituell klingt, dann bedienen Sie sich einfach der Methode, sich das Ziel des Beschwerdegespräches bewusst vor Augen zu führen. Oder nochmals anders gesagt: Halten Sie für einen Augenblick inne, tun Sie nichts, auch wenn der Kunde schon am Telefon ist. Fragen Sie sich in Gedanken kurz, was das Ziel eines Kundengesprächs ist.

Denn etwas anderes ist die Absicht auch nicht und alle drei Arten führen zu einem zielgerichteten Tun: *ein positives Gespräch für beide Seiten zu führen.*

Phasen des Beschwerdegesprächs

Die Strukturierung des Gespräches in Phasen kann dabei behilflich sein, eine Beschwerde so anzunehmen, dass das Gespräch analog einem Trichter immer enger geführt und mit möglichst wenig Iterationen im Sinne des Beschwerdeführers zum Schluss gebracht werden kann. Es sind also nicht voneinander abgegrenzte Phasen, sondern ein spiralförmiges Gespräch, bei dem es durchaus der Fall sein kann, dass der Beschwerdeempfänger in die Vorphase zurückfällt. Alles in allem ist das Ziel jedoch, durch dieses schrittweise Vorgehen das Gespräch ohne Fehltritte zum Abschluss zu bringen und die Zufriedenheit des Kunden wiederherzustellen.

Phase 1: Begrüßung/Abbau Emotionalität

Stellen Sie sich vor, ein Kunde hat sich nach sorgfältiger Evaluation für Ihr Produkt oder Ihre Dienstleistung entschieden und gekauft. Möglicherweise spielt der Termin eine wichtige Rolle (z. B. Bratwürste für ein Grillfest am 04. April 2017 oder eine Hochzeitsfrisur am 05. Mai 2017).

Wenn das Produkt oder die Dienstleistung nicht genau zu diesem Zeitpunkt in erwarteter Qualität zur Verfügung steht, wird sich der Kunde bei Ihnen in eher unmissverständlichen Worten beschweren.

Deshalb sollte am Anfang des Gespräches auf keinen Fall versucht werden, den Kunden zu unterbrechen. Stellen Sie sich vor, hier donnert ein schwer beladener Güterzug auf Sie zu. Würden Sie sich auf das Gleis stellen und ihn zu stoppen versuchen? Oder würden Sie zuerst einen Schritt zur Seite treten und den Zug vorbeiziehen lassen? Vielleicht auf eine gute Gelegenheit warten, bis er Schritttempo erreicht, und dann versuchen, drauf aufzuspringen? Dieses Vorgehen nennt sich auch Olé-Methode, weil das Verhalten an einen Torero erinnert: Haltung annehmen, ganz präsent sein und augenblicklich einen Schritt zur Seite und – olé – stürmt der Stier an ihm vorbei.

Ähnlich verhält es sich mit dem Beschwerdegespräch. Nachdem Sie sich kurz auf das Gesprächsziel (Absicht) besonnen haben, sollten Sie zu erkennen versuchen, mit welchem »Grad des Ärgers« Sie zu tun haben.

Lassen Sie in diesem Fall den Beschwerdeführer zu Wort kommen, sich mitteilen und hören Sie aufmerksam zu. Außerdem ist die Großartigkeit des Schweigens nicht zu unterschätzen. Es ist nicht nur mächtig in der Irritation, es wird den Beschwerdeführer früher oder später im Gesprächstempo entschleunigen.

Gewisse zustimmende Körpersignale seitens des Beschwerdeempfängers wie Gestik (Nicken) und Mimik (Augenkontakt) inklusive Tonalität (zustimmendes Bestätigen) wird der Beschwerdeführer trotz seines Monologs unbewusst wahrnehmen und sogar seine Denkmuster halbwegs unterbrechen. Nimmt er da gerade jemanden wahr, der Verständnis für seine Enttäuschung hat? Er wird sich unbewusst vornehmen, diese Zeichen näher zu beobachten. Und tatsächlich, der Beschwerdeempfänger scheint zuzuhören und schon erste Zeichen von Verständnis zu zeigen.

Da der Gegendruck aus Sicht des Beschwerdeführers fehlt, wird er auch automatisch das Sprechtempo verlangsamen und Sprechpausen einlegen.

Das ist ein guter Hinweis, dass der Zeitpunkt reif ist, behutsam in das Gespräch einzusteigen und den Willen zu demonstrieren, eine Lösung zu finden. Um beim vorherigen Beispiel zu bleiben: Der Zeitpunkt ist gekommen, auf den langsam an Schwung verlierenden Zug aufzuspringen.

In der Zeit, in der der Kunde sein Anliegen – mehr oder weniger verärgert – ausführt, baut er außerdem aufgestauten Druck ab.

Nutzen Sie diese Gelegenheit, die für die Bearbeitung erforderlichen Informationen aus den Mitteilungen zu filtern.

> **Beispiel**
>
> Stellen Sie sich selber als energischen Beschwerdeführer vor. Sie werden zu Wort kommen gelassen und nicht unterbrochen mit Fragen nach der Kundennummer oder Ähnlichem.
>
> Sie stellen zu einem späteren Zeitpunkt des Gespräches fest, dass während Sie energisch auf den Beschwerdeempfänger einredeten, dieser die relevanten Informationen bereits aufmerksam herausgefiltert hat und diese im weiteren Verlauf des Gespräches mit Selbstverständlichkeit erwähnt.
>
> Ist das nicht das, was wir uns alle von einem Beschwerdeempfänger wünschen und nicht oft antreffen: kluges Handeln?

Phase 2: Konfliktbereinigungsphase

Um die fehlenden Teile für die Bearbeitung der Beschwerde zu vervollständigen, können nun gezielte Fragen gestellt werden. Dabei ist es sehr wichtig, dass der Beschwerdeempfänger das Gespräch gelassen und freundlich fortführt. Denn jede noch so geringste Anspannung, Desinteresse oder Körpersprache (Mimik oder Stimmlage), mehr oder weniger bewusst, wird wahrgenommen, interpretiert und darauf reagiert – auch am Telefon.

Es ist ratsam, zuerst den Grund für die folgenden Fragen zu erläutern und sie dann erst zu stellen. Vielleicht möchten Sie auch dem Beschwerdeführer die

Gelegenheit geben, sich darauf vorzubereiten, indem Sie ihn fragen, ob er bereit für die nächste Frage ist. Dass Sie ihn so schrittweise auf einen gemeinsamen Standpunkt holen, wird ihm angenehm in Erinnerung bleiben. Eine bereits gute Ausgangslage für Sie, denn das nächste Mal, wenn der Kunde sich bei Ihnen melden möchte, werden diese abgespeicherten Gefühle und Erinnerungen sein Verhalten maßgeblich vorprägen.

Die Fragetechnik der offenen Fragen wird Ihnen dabei helfen, den Kunden wieder zu Wort kommen zu lassen, sodass Sie in der Zwischenzeit die noch erforderlichen Informationen sammeln können. Damit wird auf einfache Weise auch vermieden, dass der Beschwerdeführer die Antworten auf ein kurzes »Ja« oder »Nein« beschränkt und das Gespräch unnötig erschwert.

Bis zu diesem Zeitpunkt des Gespräches befinden Sie sich immer noch auf der Sachebene und haben den Kunden noch nicht für sich gewonnen.

Beispiel

Dass auf Druck Gegendruck folgt, lässt sich ganz einfach testen. Wichtig dabei ist, dass Sie Ihrem Gegenüber nicht vorgängig erklären, worum es geht.

Treten Sie an jemanden heran und fordern Sie Ihr Gegenüber auf, Ihnen die Hand offen hinzuhalten. Drücken Sie nun Ihre Handinnenfläche auf die Ihres Gegenübers.

Dieses wird unverzüglich und reflexartig dagegendrücken, und zwar mindestens so stark, wie Sie es tun, ohne dafür einen erklärbaren Grund zu haben.

Nun wiederholen Sie diese Übung – diesmal ganz ohne zu drücken. Legen Sie einfach Ihre Handfläche auf die Ihres Gegenübers. Ihr Gegenüber wird auch nicht drücken, weil es keinen Widerstand wahrnimmt.

Ein drittes Mal können Sie dann versuchen, zuerst leichten Druck aufzubauen, um es dann auszubalancieren. Das wird deutlich anspruchsvoller und erfordert deutlich mehr Feingefühl und Aufmerksamkeit.

Und genau gleich verhält es sich im Gespräch. Der Beschwerdeführer drückt als Reaktion auf eine unerfüllte Erwartung. Es ist Ihre Aufgabe als Beschwerdeempfänger, diesen Druck auszubalancieren, nachzugeben, bis am Schluss der Druck nicht erwidert wird und auch keiner reflexartig erzeugt wird.

Diese Übung funktioniert übrigens immer. Ob aus der Psychologie, Physik, oder Pädagogik erklärt, das Prinzip geht immer auf dasselbe hinaus.

Phase 3: Gemeinsame Lösungssuche

Ehrliches Interesse und der Wille für eine gemeinsame Lösungsfindung, Teilnahme an der Enttäuschung, kombiniert mit ersten Ansätzen von möglichen Lösungen – das sind die Inhalte dieser Phase des Beschwerdegespräches.

Spätestens in dieser Phase führen Sie als Beschwerdeempfänger jedoch das Gespräch. Ruhig, freundlich, klar, nicht ausschweifend und in keinem Fall standardisiert. Bleiben Sie immer persönlich, authentisch und gehen Sie individuell auf den Fall ein.

Fragen Sie den Kunden doch einmal,
was er sich als Wiedergutmachung vorstellt.

Auch wenn die Standardbeschwerdefälle im Unternehmen klar geregelt sind, fragen Sie den Kunden doch einmal, was sich der Beschwerdeführer denn für eine Wiedergutmachung vorstellt, womit Sie seine Enttäuschung denn wiedergutmachen können. Möglicherweise wünscht er sich weniger, als es die Standardlösung zulässt, und Sie können auf seinen Wunsch nicht nur eingehen, sondern darüber hinausgehen und auf seinen bisher positiv verlaufenen Gesprächswahrnehmungen aufbauen.

Und selbstverständlich besteht auch die Gefahr, dass man die Antwort erhält, dass das Aufgabe des Mitarbeiters ist, ihm Lösungswege aufzuzeigen und anzubieten. Ganz wichtig an dieser Stelle ist, absolut nachsichtig zu bleiben und sich nicht provozieren zu lassen. Sparen Sie sich auch belehrende Erklärungen, warum Sie diese Frage gestellt haben. Bleiben Sie auf dem Pfad der absoluten Professionalität. Gehen Sie sogar einen Schritt weiter als er und stimmen Sie seinen Worten zu und bieten Sie ihm nun ohne große Ausschweifungen eine Lösung aus Ihrem Standardrepertoire, ausgeschmückt mit individualisierenden Worten.

Bis zu diesem Zeitpunkt des Gespräches befinden Sie sich auf sehr dünnem Eis. Es wird zwar immer dicker, aber noch ist es nicht geschafft.

> **Beispiel**
>
> »Ich verstehe Ihre Enttäuschung durchaus und möchte den Fall unverzüglich in Ihrem Interesse lösen. Ich habe verstanden dass, … Schön, dass Sie sich noch die Mühe machen, uns darauf hinzuweisen. Danke nochmals dafür. Also, Herr X, was halten Sie von folgendem Vorschlag: …«

So oder so beweisen Sie damit Professionalität und dass es das Unternehmen ernst meinte, als es Kundenzufriedenheit versprach. Bleiben Sie dabei authentisch, denn auch hier gilt wieder: Eingeübte Sätze sind genauso wahrnehmbar wie das echte Interesse am Kundenanliegen.

Das ist aus unternehmerischer Sicht einer der häufigsten Fehler in dieser Phase des Gespräches. Und ebenso wichtig: Bitte machen Sie Kunden keine Zusagen über Termine, Lösungsansätze wie Kulanz, die Sie nicht einhalten können oder die Ihre Kompetenzen überschreiten. Auch nicht, wenn der Druck kundenseits hoch ist.

Phase 4: Gesprächsabschluss

Im letzten Teil sollen nun nochmals letzte Missverständnisse in der vereinbarten Vorgehensweise vermieden werden. Haben Sie es noch nicht getan, fassen Sie jetzt den vereinbarten Lösungsansatz in Ihren Worten zusammen (paraphrasieren). Und auch hier gilt das Prinzip, den Grund für die darauffolgende Handlung zu erläutern. Erklären Sie dem Beschwerdeführer, dass Sie Missverständnisse vermeiden möchten, weil der Fehler so inakzeptabel genug war. Deshalb würden Sie jetzt das Gespräch und das Vorgehen zusammenfassen.

Zeigen Sie ruhig auch Ihre Zufriedenheit über den positiven Verlauf des Gespräches und die Wertschätzung, da das Unternehmen davon schließlich am meisten profitiert. Denn das tut es de facto auch. Je nach Kunde kann der Teil sogar in einen »informellen Teil« übergehen, indem Sie erläutern, dass durch diese Beschwerde gerade eine kostenlose Beratung stattgefunden habe, wovon das Unternehmen sehr profitiere.

Sollte die Lösung noch nicht vorliegen, sind die nächsten Schritte sowie eine realistische und verbindliche Rückmeldung an den Beschwerdeführer in Aussicht zu stellen.

Es sollte an dieser Stelle nicht erwähnt werden müssen, dass nur verbindliche Terminzusagen gemacht werden und diese Frist auf gar keinen Fall ungenutzt verstreichen darf. Sollte die Beschwerdebearbeitung noch mehr Zeit erfordern als angenommen, dann informieren Sie den Kunden. Er darf nicht auf den Verdacht kommen, dass der Fall vergessen wurde oder nun versandet, bis sich der Kunde wieder meldet. Geben Sie ihm den Zwischenstand genau so bekannt, wie er ist, und stellen Sie ihm einen neuen realistischen Termin in Aussicht.

Bevor Sie das Gespräch beenden, bedanken Sie sich für die Bemühungen seitens des Beschwerdeführers. Je nach Gesprächspartner dürfen Sie ihn auch nach seinem aktuellen Befinden und seiner Zufriedenheit mit der gefundenen Lösung fragen. Signalisieren Sie ihm auch Ihre persönliche Zufriedenheit darüber, dass Sie gemeinsam eine Lösung finden konnten.

Auf jeden Fall schließen Sie das Gespräch positiv und persönlich ab.

Beispiel

»Ich bin wirklich froh, dass wir eine Lösung gefunden haben, die in Ihrem Sinne ist. Wie geht es Ihnen jetzt?

Es ist wirklich bedauerlich, dass Sie sich die Mühe machen mussten, um uns darauf hinzuweisen. Absicht war es nicht, aber trotzdem dürfte es nicht sein. Danke, Herr X, für das gute Gespräch, und wenn wir künftig etwas für Sie tun können, dann wäre es schön, wenn Sie uns erneut Ihr Vertrauen schenken.«

Tipps für die Gesprächsführung

1. Danken Sie und erwarten Sie kein Lob

Der Kunde macht sich die Mühe, Sie auf eine Verbesserung hinzuweisen. Er hat sich außerdem schon für Ihr Produkt/Ihre Leistung entschieden. Danken Sie als Einstieg ins Gespräch zuerst dafür.

Beschwerdeannahme(-gespräch)

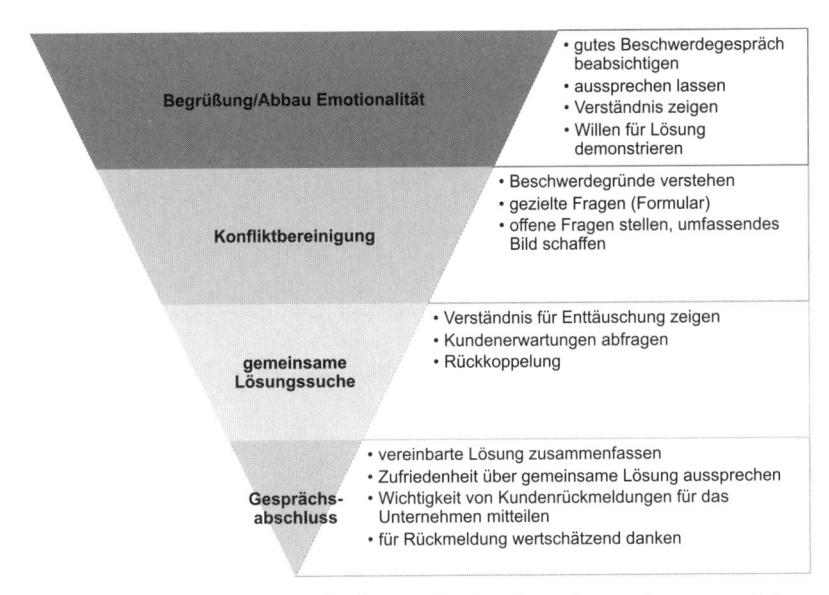

Begrüßung/Abbau Emotionalität
- gutes Beschwerdegespräch beabsichtigen
- aussprechen lassen
- Verständnis zeigen
- Willen für Lösung demonstrieren

Konfliktbereinigung
- Beschwerdegründe verstehen
- gezielte Fragen (Formular)
- offene Fragen stellen, umfassendes Bild schaffen

gemeinsame Lösungssuche
- Verständnis für Enttäuschung zeigen
- Kundenerwartungen abfragen
- Rückkoppelung

Gesprächsabschluss
- vereinbarte Lösung zusammenfassen
- Zufriedenheit über gemeinsame Lösung aussprechen
- Wichtigkeit von Kundenrückmeldungen für das Unternehmen mitteilen
- für Rückmeldung wertschätzend danken

Abbildung 23: Trichtermodell: Phasen des Beschwerdeannahmegesprächs

Und bitte erwarten Sie kein Lob. Ist in Ihrem Unternehmen ein Fehler unterlaufen, muss ohnehin eine Lösung gefunden werden. Insofern gibt es kein Lob zu erwarten, sondern die Lösungssuche steht im Vordergrund.

2. Unterbrechen Sie Ihren Gesprächspartner nicht

Unterbrechen Sie Ihren Gesprächspartner anfänglich nicht mit Fragen nach Kundennummern oder Buchstabieren seines Namens. Er baut im ungestörten Monolog Druck ab.

3. Widersprechen Sie nicht

Jede Beschwerde ist wichtig für Ihre Kundenbindung und kontinuierliche Verbesserung. Wenn sich diese verhältnismäßig wenigen Kunden schon beschweren, nehmen Sie daher jede Beschwerde ernst und betrachten Sie diese als Geschenk.

4. Der Kunde will hören, was geht

Rechtfertigen Sie sich nicht – es geht nicht um die Schuldigenfrage. Erzählen Sie dem Kunden auch nicht, was nicht geht. Den Kunden interessieren ausschließlich nur die Lösungen/Möglichkeiten.

5. Halten Sie Ihre Kundenversprechen

Was auch immer Sie Ihrem Kunden in Aussicht stellen: Halten Sie Ihr Wort und melden Sie sich beim Kunden gemäß Absprache zurück, auch wenn die Lösung noch nicht gefunden ist.

6. Bleiben Sie glaubwürdig

Bleiben Sie bei Ihren Aussagen authentisch, weder eingeübt noch unpersönlich. Nur wer dem Kunden auf Augenhöhe begegnet, erreicht auch einen Zugang zu dessen Vertrauen.

7. Zu voreilige Lösungsvorschläge vermeiden

Hören Sie sich den Kunden an. Er möchte Ihnen den Sachverhalt nach seinem Gutdünken erzählen. Während Sie auf der Sachebene sind, ist er noch auf der emotionalen. Lassen Sie ihn seine Emotionen verarbeiten und abschließen. Erst dann und mit der richtigen Gesprächstechnik wird sich der Kunde verstanden fühlen.

8. Achten Sie auf Ihre Körperhaltung

Sollten Sie am Telefon sein, ist es ratsam aufzustehen. Ihre Stimme wird klarer, Sie atmen stehend tiefer in den Bauch als auf einem Stuhl, vorgebeugt auf einen Bildschirm. Die Klarheit in Ihrer Stimme wird gleichermaßen wahrgenommen wie die Gelassenheit durch das Stehen.

Ist es ein persönliches Gespräch, achten Sie auf ein aufgerichtetes Brustbein und locker zusammengeführte Schulterblätter. Dies signalisiert eine offene Persönlichkeit und offenes Interesse für das Thema.

9. Lächeln Sie beim Sprechen

Nicht, dass Sie in ein Dauergrinsen verfallen oder die Worte unverständlich werden, nur weil Sie versuchen, einen lächelnden Mund zu behalten.

Aber eine freundliche Person wird durch ein freundliches und entspanntes Gesicht wahrgenommen. Das setzt aber auch voraus, dass Sie eine positive Grundhaltung zum Leben haben.

10. Sprechen Sie langsam

Je emotionaler und schneller ein wütender Kunde spricht, desto ruhiger müssen Sie bleiben. Je erhöhter die Gefühlslage, desto höher wird auch die Stimme. Umso wichtiger ist nebst der langsameren Sprechweise, die eigene Stimme (normal) tief zu halten.

Sprechen Sie langsamer. Das wird Ihr Gesprächspartner unbewusst wahrnehmen und er wird sich deshalb eher beruhigen oder zumindest wird er sich dem Gesprächstakt anpassen.

11. Wenn es zu schwierig wird

Und wenn es mal sehr schwierig oder persönlich wird im Beschwerdegespräch, dann sprechen Sie die Situation und Ihre Gefühle an. Teilen Sie sich nun mit Ich-Botschaften mit, indem Sie dem Beschwerdeführer verständlich machen, wie es Ihnen gerade geht. »Ich möchte Sie wirklich gerne als Kunden behalten. Bitte sagen Sie mir doch ganz offen, was Sie von uns erwarten und was wir noch tun können.«

Wenn auch dies nichts nützt, dann können Sie auch diese Situation ansprechen und das Gespräch abbrechen: »Ich bedaure die Angespanntheit, aber so wird es zu keinem Ziel führen. Ich schlage Ihnen vor, wir beenden das Gespräch und ich melde mich morgen bei Ihnen …«

★★ -Strategie: Stellen Sie Kundenorientierung nun unter Beweis

Sagen Sie es besser …

Don't	Do
Jetzt beruhigen Sie sich zuerst mal.	Die Macht des Schweigens wirken lassen, nichts sagen, nur zuhören.
Das hat ja nichts mit der Sache zu tun.	Aber um auf Ihr Anliegen zurückzukommen …
Das ist ein Riesenproblem.	➤ eine Frage, ➤ eine Aufgabe, ➤ ein Anliegen
Das will die Chefetage so.	➤ Ich muss mich an die Vorgaben halten. Aber ich werde mich für Sie bei meinem Vorgesetzten einsetzen.
Darf ich bitte auch etwas sagen?	➤ Bitte lassen Sie es mich erklären …
Regen Sie sich bloß nicht so auf.	Ich kann
	➤ verstehen … ➤ Ihre Situation nachvollziehen … ➤ Ihnen nachfühlen, dass …
So schlimm ist das auch wieder nicht.	Ich kann mir vorstellen, dass Sie das ärgert.
Da haben Sie etwas falsch verstanden.	➤ Nun habe ich mich missverständlich ausgedrückt. ➤ Da habe ich mich unklar ausgedrückt.
Dafür bin ich nicht zuständig.	Ich kümmere mich sofort darum.
Das geht nicht, weil …	Ich werde mein Möglichstes tun …
Das können Sie gleich vergessen, weil …	
Völlig ausgeschlossen, weil …	

Beschwerdeannahme(-gespräch)

Don't	Do
Sie müssen … Sie dürfen nicht …	➤ Ist es Ihnen recht …? ➤ Darf ich vorschlagen …? ➤ Wäre es in Ihrem Sinne …?
Sie irren sich. Das ist komplett falsch.	Da liegt wohl leider ein Missverständnis vor.
Ich versuche, Ihnen gerade zu erklären …	Mit anderen Worten …
Also nochmals … Wie ich Ihnen schon einmal sagte …	Wie gut, dass Sie noch einmal danach fragen.
Ja gut, das kann ja mal vorkommen.	Das tut mir leid. Bitte entschuldigen Sie.
Wir haben schon Schlimmeres erlebt.	Bitte, ich brauche da Ihre Hilfe …
Da kann ich Ihnen auch nicht helfen. Das ist Ihr Problem.	Das ist wichtig. Ich rufe sofort Herrn XY …
Dann hat mein Kollege was Falsches gesagt.	Ich gebe/hole Ihnen sofort die richtigen Informationen.
Das passiert bei uns ständig.	Weil …, ist das leider passiert.
Darüber hat sich noch nie jemand beschwert.	Ich informiere mich sofort und rufe bis … zurück.
Ja gut, das ist unsere unfähigste Abteilung.	Ich kümmere mich persönlich darum.
Sie sind nicht der Einzige, der hier …	Es tut mir leid, dass ausgerechnet Ihnen das zugestoßen ist.

Instrumente für die Beschwerdeannahme schaffen

Nach den wichtigen Aspekten für die erfolgreiche Gesprächsannahme müssen auch die Instrumentarien für den Mitarbeitenden geschaffen werden. Einheitliche Formulare oder Erfassungsmasken müssen die abzufragenden Mindestinformationen vordefinieren, damit der Beschwerdeempfänger alle relevanten Daten vollständig, korrekt und strukturiert erfassen kann. Andernfalls führt dieser Mangel zu vermeidbaren Iterationen bei der Bearbeitung einer Beschwerde. Deshalb ist es auch ratsam, die Daten im Laufe einer Beschwerdebearbeitung kontinuierlich zu ergänzen und zu aktualisieren.

Je nachdem, was Sie für eine Strategie hinsichtlich der Kundenzufriedenheit verfolgen, können die Daten unterschiedlich ausfallen. Im Nachstehenden die entsprechende Unterteilung.

Beispiel von Mindestinformationen bei der Beschwerdeerfassung
- Identität des Kunden
- bemängeltes Produkt/bemängelte Dienstleistung
- Eingangsdatum der Beschwerde
- Beschwerdekategorie
- Einschätzung des Verärgerungsgrades, z. B. von 1 bis 5
- Beschwerdegrund (eventuell auch bekannte Ursache)
- wann/wo gekauft/bezogen, eventuell Fallbeschreibung
- Erst-/Folgebeschwerde
- Dringlichkeit
- Maßnahme (Kundenwunsch und vereinbarte Lösung)
- nächste Schritte: Wer macht was bis wann?
- Wie möchte der Kunde diesbezüglich kontaktiert werden?
- Name, Abteilung des Beschwerdeempfängers inklusive Ort/Zeit/Datum

Weitergehende Beschwerdeinformationen (zu Marketingzwecken)
- interner/externer Kunde?
- Kundenklassifizierung (beispielsweise A-Kunde)?
- Erst- oder Folgebeschwerde?
- Wie ist der Kunde auf uns aufmerksam geworden?

Beschwerdeannahme-Formular

1) Annahme der Beschwerde	
Eingangsdatum	_____
Empfangende/r Mitarbeiter/in	_____
Eingangskanal	☐ E-Mail ☐ Brief ☐ Telefon ☐ persönlich ☐ _____
Interne Zuständigkeit	☐ Vertrieb ☐ Kundenbetreuung ☐ Geschäftsleitung
2) Details zum Beschwerdeführer	
Vorname, Nachname	_____
Unternehmung (falls relevant)	_____
Straße	_____
PLZ/Ort	_____ / _____
Kundenkategorie	☐ intern ☐ extern
Betroffenheit des Beschwerdeführers	☐ selbst ☐ Angestellte/r ☐ Vorgesetzte/r ☐ Verwandte/r oder Bekannte/r
Grad der Verärgerung (subjektive Einschätzung)	1 (leicht verärgert) bis 4 (sehr verärgert) ☐ ☐ ☐ ☐
3) Objekt der Beschwerde	
Produkt/Dienstleistung	_____
Angebot/Marketing-Mix	☐ Produkt ☐ Preis ☐ Belegschaft ☐ Prozess ☐ Kommunikation ☐ Distribution

4) Grund der Beschwerde	
Problemschilderung	_____
	_____
	☐ Erstbeschwerde ☐ Folgebeschwerde
Ort/Zeitpunkt des Vorfalls	_____/_____
Kundenwunsch bezüglich Lösung des Falls	_____
Dringlichkeitsstufe	☐ tief ☐ mittel ☐ hoch
Maßnahmenkategorie	☐ Garantie ☐ Gewährleistung ☐ Kulanz
5) Maßnahme zur Lösung des Falls	
realisierte Problemlösung	_____
	_____
Zusagen gegenüber dem Kunden	_____
6) interne Zuständigkeiten	
Complaint Owner 1: *Name*	Process Owner 1: *Name*
Complaint Owner 2: *Name*	Process Owner 2: *Name*

Beschwerdebearbeitung

Der Prozess der Beschwerdebearbeitung behandelt all die Vorgänge in Ihrem Unternehmen, die zur internen (Weiter-)Bearbeitung der Beschwerde erforderlich sind. Aufgrund der unterschiedlichen Bearbeitungsanforderungen und Komplexität der Beschwerdefälle kommt es vor, dass beispielsweise eine telefonische Beschwerde nicht unmittelbar mit dem Gespräch abgeschlossen werden konnte. In der Praxis gehört dazu auch der Beschwerdeentscheid als kundenbezogener Output des Prozesses.

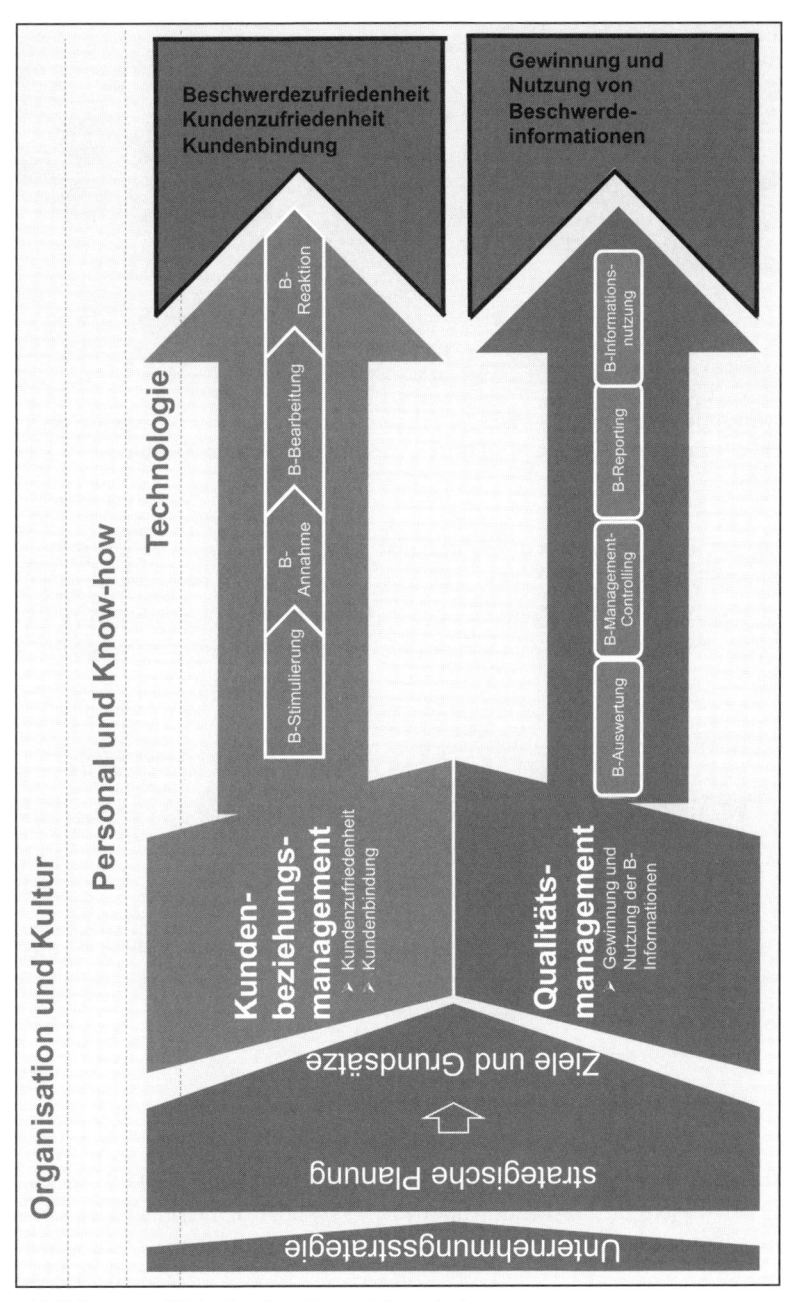

Abbildung 24: Ziele der Beschwerdebearbeitung

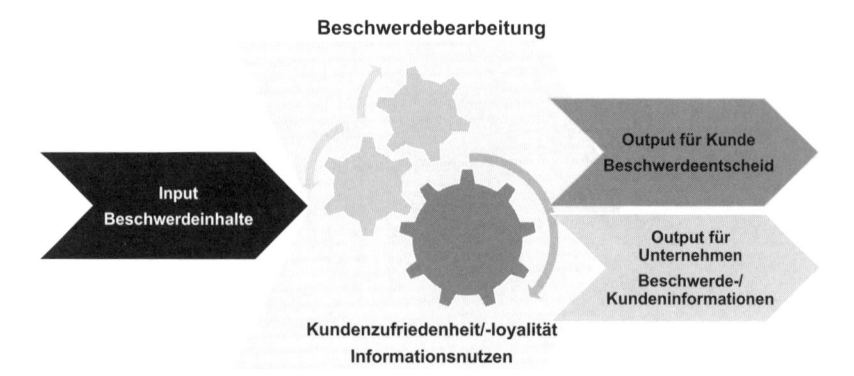

Abbildung 25: Beschwerdebearbeitungsprozess inklusive Input, Wertschöpfung sowie kunden- und unternehmungsbezogener Output

Ganz im klassischen Sinn des Prozessmanagements enthält dieses einen Input (Kundenbeschwerde/-Anliegen) und einen Output (Beschwerdeentscheid sowie erhöhter Informationsnutzen) und gestaltet sich aus den Fragestellungen, die es zur Bearbeitung der Beschwerde braucht. Kernfragen zu deren Bearbeitung sind folgende:

▸ Worum geht es bei der Beschwerde (Produkt/Dienstleistung)?

▸ Wie hoch ist dementsprechend der Komplexitätsgrad der Bearbeitung?

▸ Wie dringend muss nun was von wem gemacht und/oder involviert werden?

Für ein einheitliches Vorgehen erfordert der Prozess Verantwortlichkeiten, Fristen (z. B. Durchlaufzeit der gesamten Bearbeitung), deren Messungen sowie Überwachungen.

Zuständigkeiten für das Beschwerdemanagement

Wer welche Kompetenz im Rahmen der Beschwerdebearbeitung hat, ist vorgängig festzulegen, entsprechende Mitarbeitende darüber zu informieren, zu schulen/befähigen und deren effektive und effiziente Arbeitsweise im Aufgabencontrolling zu messen.

Wenn diese Rollenprofile auch in die Leistungsbeurteilung einbezogen werden, wird ein hohes Interesse seitens Ihres Mitarbeitenden bestehen, diese Aufgabe ganz im Sinne der Beschwerde- und damit Kundenzufriedenheit zu erfüllen.

Die nachstehenden drei Hauptrollen sind für größere Unternehmungen mit einem gewissen Maß an Komplexität angemessen. Kleineren reicht eine zuständige Person, die sämtliche Aufgaben/Verantwortung wahrnimmt bzw. umsetzt. Dementsprechend sind in der nachstehenden Aufgabentabelle die Aufgaben der Einzelperson detaillierter dargestellt als die der anderen beiden, die Teilaufgaben übernehmen.

Rolle	Zuständigkeit für	Kernaufgaben
Prozesseigner/ Process Owner	Gesamter Beschwerdemanagement-Prozess Umfassende Verantwortung und Rechenschaftspflicht	➤ Verantwortung für den ordentlichen Ablauf des Beschwerdeprozesses ➤ Kontrolle und gegebenenfalls Freigabe des Ergebnisses ➤ Absprachen mit vor- und nachgelagerten Schnittstellen ➤ In stark prozessorientierten Organisationen: • Personaleinsatz für Prozess koordinieren (Krankheitsfall, Urlaubsvertretung) • Koordination/Information über Änderungen im Beschwerdeprozess • Freigeben von notwendigen Dokumenten (Checklisten, Anweisungen usw.) • Sicherstellung des Know-hows: Refresher, Transfer und Erweiterung • Prozess-Ergebnisverantwortung

Rolle	Zuständigkeit für	Kernaufgaben
Complaint Owner Beschwerdefall Eigentümer	Einzelfallbearbeitung	➤ Erstkontakt zum Kunden ➤ Qualifiziert Kundenbeschwerde als solches ➤ Verantwortlich für die ➤ Erfassung ➤ Bearbeitung ➤ Koordination der Bearbeitung intern ➤ Schließung
Task Owner	Bearbeitungsschritt	➤ Ausführung von Einzelaufgaben im Rahmen der Beschwerdeabwicklung ➤ Fallprüfung ➤ Erstellung von Zwischenbescheiden an vor- und nachgelagerte Schnittstellen sowie an Complaint Owner

Es ist das Kernstück zur Weiterbearbeitung der Beschwerdeinformationen im indirekten Beschwerdemanagementprozess.

Bearbeitungszeiträume

Die Beschwerdereaktion setzt auch voraus, dass Sie vorgängig die Fristen für die Bearbeitung und Reaktion auf die Kundenbeschwerden festgelegt haben und im Aufgabencontrolling messen.

Branchenübergreifend und erfahrungsgemäß empfehle ich Ihnen folgende Eckfristen:

Aktivität	Frist/Dauer	Bemerkung
Kundenanruf	drei- bis maximal fünfmal klingeln	Statt danach in die Warteschleife zu legen, empfehle ich, die Rückrufmöglichkeit einzuführen. Vorausgesetzt, der Kunde hinterlässt Telefonnummer per Tastenwahl.
Eingangsbestätigung	Unverzüglich, spätestens nach zwei Tagen	In Fällen, wo weiterhin Handlungsbedarf besteht und der Fall nicht schon im Erstkontakt gelöst werden konnte.
		Per E-Mail oder Briefpost, auch wenn der Kunde angerufen hat. Es vermittelt das Gefühl, registriert worden zu sein und dass der Fall bearbeitet wird.
Zwischenbescheide		Es bewähren sich analog Bestellstatus-Meldungen. Sie vermitteln dem Kunden das Gefühl, nicht vergessen worden zu sein. Für kleinere Fälle ist ein persönlicher Anruf durchaus angemessen. In komplexeren Fällen empfiehlt sich ein weitestgehend individualisierter Zwischenbescheid.
Abschlussbescheid	Unverzüglich nach der Entscheidung der Falllösung	Darin teilen Sie dem Kunden den Lösungsvorschlag mit und dass ohne seinen Gegenbescheid innerhalb zehn Tagen der Beschwerdefall als abgeschlossen betrachtet würde.

Standardfall, Einzelfallprüfung oder missbräuchlicher Beschwerdefall

Standardfall

Der vom Kunden genannte Mangel ist bereits vorher in Ihrem Beschwerdemanagementsystem klassifiziert und kann routinemäßig abgewickelt werden. Weder muss die Ursache näher abgeklärt werden noch fallen sonstige Eskalationsschritte zur Einzelfallprüfung an. Die Mitarbeiter sind diesbezüglich geschult und können gemäß ihren ebenfalls vorgängig festgelegten Kompetenzen handeln.

> **Beispiel**
>
> Anschrift enthält Tippfehler beim Firmennamen:
> »Size Consus AG« statt »Size Consens AG«

Beweisen Sie jetzt, dass sich Ihr Kunde mit Ihnen den richtigen Partner ausgesucht hat.

Einzelfallprüfung

Handelt es sich um einen strategischen Kunden, der für Ihr Portfolio von existenzieller Bedeutung ist und trotzdem keinen Anspruch auf eine Entschädigung hätte, ist es ratsam, den Einzelfall zu prüfen. Und warten Sie in diesem Fall nicht, bis der Kunde Ihnen droht, zum Mitbewerber abzuwandern. Beweisen Sie jetzt, dass sich Ihr Kunde mit Ihnen den richtigen Partner ausgesucht hat. Geben Sie ihm aber zu verstehen, dass im Sinne einer Kulanz auf seinen Wunsch eingegangen wird.

> **Beispiel**
>
> Für Ihre Bemühung betr. Rückmeldung zu unserem Produkt/zu unserer Dienstleistung, danken wir Ihnen. Wir bedauern, dass wir Ihrer Erwartung nicht genügen konnten.

> Nach eingehender Prüfung des Sachverhaltes konnten wir aus folgenden Gründen keine Verletzung der Gewährleistungspflicht feststellen: Gründe für die Ablehnung: a, b, c.
>
> Im Interesse einer langfristigen Zusammenarbeit freuen wir uns, Ihnen folgendes Entgegenkommen anbieten zu können. Gerne übernehmen wir den Großteil der Ihnen entstandenen Umstände und die Materialkosten.
>
> Sind Sie mit diesem Vorgehen einverstanden, sind alle Ansprüche abgegolten.
>
> Wir hoffen auf Ihr Verständnis, wenn wir im Sinne der Gleichbehandlung unserer Kunden von unseren Grundsätzen nicht abweichen möchten.
>
> Sollten Sie weitere Fragen haben, steht Ihnen unser Kundendienst gerne zur Verfügung.
>
> Wir danken für Ihr Verständnis und freuen uns auf weiterhin gute Zusammenarbeit.

Missbräuchliche/unberechtigte Beschwerdefälle

Die Differenzierung zwischen missbräuchlichen und unberechtigten Beschwerden ist, auf die Sache reduziert, folgendermaßen zu verstehen: Ein Kunde beschwert sich, wissend, dass er keinen Anspruch auf Ersatz hat. Die Möglichkeit missbrauchend, tut er es trotzdem. Seine Beschwerde ist also unberechtigt und wird im Folgenden dieser Kategorie unterstellt.

Fragen Sie sich hier im Sinne einer Begriffshygiene: Wann ist denn eine Beschwerde unberechtigt? Diese Klassifizierung gehört ebenfalls in Ihr Konzept zur Implementierung und Schulung. Auch die Rückmeldung von Beschwerdeablehnungen bzw. unberechtigten Beschwerden ist hier geregelt und wird entsprechend umgesetzt. Sie trifft grundsätzlich in folgenden Fällen zu:

Die Beschwerde konnte von Ihrem Kunden nicht belegt oder nachgewiesen werden; noch ist sie intern nachvollziehbar. Oder der Kunde ist Ihrem Unternehmen bereits als »notorischer Beschwerdeführer« bekannt.

Wie in welchen Fällen umgegangen werden muss, beschreibt die nachstehende Übersicht nach Tinnefeldt. Darin wird empfohlen, dem Beschwerdeführer – mit

	A: Problemlösung einfach	B: Problemlösung mittel	C: Problemlösung schwer	D: Problemlösung nicht/kaum möglich
Beschwerde berechtigt	handeln	handeln und aufklären	handeln und/oder aufklären	aufklären
Beschwerde unberechtigt	handeln (evtl. Kulanzfall)	aufklären	aufklären	aufklären

Abbildung 26: Beschwerdebearbeitung in unberechtigten Fällen nach Gerhard Tinnefeldt

Ausnahme von sehr einfachen Fällen – aufklärend mitzuteilen, dass kein berechtigter Anspruch besteht. Danken Sie trotzdem für die Bemühungen des Kunden, sich an das Unternehmen gewendet zu haben. Führen Sie die Hauptgründe für die Ablehnung an und schließen Sie mit positiven Worten ab.

Schaffen Sie dem Kunden trotz Ablehnung die Möglichkeit, sich an eine Kontaktstelle zu wenden. Bleiben Sie hinsichtlich Ihrer Entscheidung jedoch auch nachträglich konsequent und machen Sie keinen Rückzieher, weil der Kunde mit der Abwanderung zum Mitbewerber droht.

In sehr einfachen Fällen und sofern es kein Wiederholungsfall ist, zeigen Sie sich großzügig und behandeln Sie den Vorgang als Kulanzfall. Geben Sie dennoch dem Beschwerdeführer schriftlich zu verstehen, dass sein Fall nicht in die Gewährleistungspflicht fällt und, im Sinne einer Kulanz, einmalig entschädigt wird.

Kundenspezifische Beschwerdereaktionen

Jedes Unternehmen hat wichtige und weniger wichtige Kunden. Damit können Sie unterschiedlich umgehen. Entweder Sie sind überzeugt, dass Sie erst durch den richtigen Umgang mit der Beschwerde eine Kundenbindung langfristig unter Beweis stellen, festigen und sogar ausbauen. Dann brauchen Sie nichts weiter zu tun, als Ihre Beschwerden nach Eingang zu bearbeiten.

Oder Sie wägen Ihr unternehmerisches Risiko dabei ab. Wie schon im vorangegangenen Kapitel beschrieben, ist es nicht immer sinnvoll, alle Kunden mit der gleichen Priorität und, ich wage es auszusprechen, sogar Servicequalität zu behandeln.

Das mag auf den ersten Blick widersprüchlich klingen, nachdem bisher so ausführlich die Kundenzufriedenheit und -orientierung im Vordergrund stand. Aber wenn Ihre Ressourcen ohnehin begrenzt sind und Sie sie bündeln müssen, dann ist die Erwägung nicht ganz unberechtigt, wo Sie diese einsetzen möchten: bei der Beschwerdeabwicklung Ihres Kleinstkunden oder bei der Abwicklung und Bearbeitung neuer Bestelleingänge – vielleicht eines strategisch bedeutsameren Kunden?

Beispiel

Ein Kleinstkunde beschwert sich über die zu spät gelieferten Schrauben. Deswegen hätte er einen Auftrag erst nach Erhalt der verspäteten Lieferung weiterführen können. Sein Kunde wiederum hätte sich aufgrund der verspäteten Lieferung beschwert und die Zusammenarbeit nach Jahren gekündigt.

Ihr Kunde fordert Sie daraufhin zu einer aufwendigen Entschädigung auf. Sie sollen ihm ein halbes Jahr kostenlos diese eine bestimmte Schraube liefern und den ausfallenden Umsatz seines Kunden für das Folgejahr begleichen.

Ohne auf das Beispiel weiter eingehen zu wollen, folgender finaler Gedanke dazu: Der Kunde Ihres Kunden wird kaum nur aufgrund dieser einen verspäteten Lieferung die Zusammenarbeit gekündigt haben. Es wird viel eher der das Fass zum Überlaufen bringende letzte Tropfen gewesen sein.

Zurück zum Thema Entscheidungskriterien. Wie würden Sie diesen oder vergleichbare künftige Fälle entscheiden wollen? Möglicherweise wurde in Ihrem Unternehmen unbewusst richtig gehandelt und die richtigen Kriterien naheliegenderweise herangezogen. Falls nicht, sind es die folgenden Kriterien aus der klassischen Theorie zum Beschwerdemanagement:

➤ Umsatz Ihres (Kleinst-)Kunden

➤ Deckungsbeitrag

➤ Dauer der Kundenbeziehung

➤ Strategische Relevanz

Eskalationsinstanz

Sollten alle im Unternehmen vorgesehenen Prozesse und Standards die Abwicklung eines Beschwerdefalles nicht ermöglichen, weil eine Erwartungshaltung des Beschwerdeführers außerordentliche Maßnahmen erfordert, dann sollten Sie die Eskalationsstufe einschalten.

Die dafür erforderlichen Stufen, Zuständigkeiten, Rahmenbedingungen für die operative Umsetzung und insbesondere deren Prozess haben Sie vorgängig im Beschwerdemanagementkonzept geplant und für solche Fälle eingeführt. Während die Eskalationsstufe über die Linie (z. B. Teamleiter) oder den Prozessverantwortlichen (Process Owner) erfolgen kann, ist insbesondere zu regeln,

> wie die interne Abwicklung an diese Stufe adressiert werden und wieder zurückfließen kann,

> nach welchen Kriterien Entscheidungen gefällt werden und

> innert welcher Frist

> und ob und wie der Workflow im Beschwerdemanagement-Tool getragen wird.

Die Außerordentlichkeit besteht darin, dass vom Standard (Prozesse, Zuständigkeiten, Fälle etc.) abweichende Maßnahmen seitens des Beschwerdeführers gefordert werden und deren Entscheidungen die Kompetenzen des Beschwerdeempfängers überschreiten. Deshalb muss die Eskalation auch von einer höheren Instanz übernommen werden.

> **Beispiel**
>
> Der Beschwerdefall sieht standardmäßig vor, dass entweder eine Geldrückgabe oder Umtausch erfolgt. Der Kunde fordert jedoch zusätzlichen Schadenersatz als Wiedergutmachung.
>
> Der Mitarbeitende des Kundendienstes möchte die Entscheidung nicht alleine treffen und damit seine Kompetenzen überschreiten. Er reicht den Fall zur Einzelfallprüfung an die dafür vorgesehene Instanz weiter.

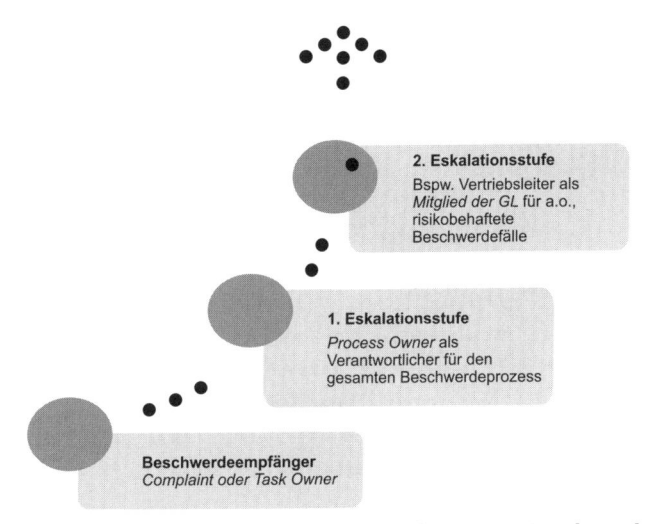

Abbildung 27: Beispiel von stufenweisem Eskalieren von Beschwerdefällen

Messung und Überwachung der Bearbeitung

Sorgen Sie dafür, dass die Beschwerdebearbeitung immer so schnell wie möglich erfolgt. Es ist eines der Haupterfolgskriterien für die Beschwerdezufriedenheit.

In der Praxis begegne ich häufig auch dem Fall, dass keine Zielwerte hinsichtlich der Bearbeitungsfristen festgelegt wurden. Und so lautet die Antwort nach den Vorgaben von Bearbeitungsfristen: »*Ist der Fall weniger komplex, versuchen wir, ihn zeitnah zu erledigen. Die komplexeren Fälle aber brauchen mehr Zeit und bleiben deshalb nicht selten mal länger liegen.*« Das klingt auf den ersten Blick nachvollziehbar, aber wäre es nicht viel sinnvoller, die komplexen Fälle unverzüglich zu initialisieren und dann die kleineren Fälle sofort zu bearbeiten?

Die Kundenerwartung bestimmt die Bearbeitungsfrist und nicht Ihre internen Möglichkeiten und Ressourcen.

Im Rahmen der Konzipierung des Beschwerdemanagements müssen die Durchlaufzeiten zwingend definiert und den operativen Mitarbeitenden als Zielvorgabe mitgeteilt werden. Die Zielwerte sollten einen realistischen Zeitraum für die

Bearbeitung erlauben, jedoch nie die durchschnittlichen Benchmarks überschreiten. Der Kunde in seiner Erwartungshaltung bestimmt die Bearbeitungsfrist und nicht Ihre internen Möglichkeiten und Ressourcen. Wenn Sie nicht erwartungsgemäß schnell sind, riskieren Sie das Urteil, zu langsam zu sein, im schlimmsten Fall wandert der Kunde sogar zum Mitbewerber, der schneller ist.

Sind die Bearbeitungsfristen festgelegt und den Mitarbeitenden vorgegeben, wird der tatsächliche Zeitaufwand gemessen und den angestrebten Zielwerten gegenübergestellt. Die Überwachung bezweckt dann die Feststellung, ob diese erreicht wurden oder ob es Abweichungen in den Teilprozessen gibt, die behoben werden müssen, damit die Zielfrist eingehalten wird. Dass für die Messung auch Messmechanismen, Tools, Messperiodizität und Verantwortliche vorgängig eingeführt werden müssen, dürfte sich von alleine verstehen. Je nach Detaillierungsgrad der Messung sind insbesondere der Prozess- oder Complaint Owner verantwortlich.

Beschwerdereaktion

Der Begriff »Beschwerdereaktion« wird je nach Fachliteratur unterschiedlich ausgelegt. Einige betrachten ihn als Zusammenfassung aller Aktivitäten des Beschwerdemanagements, andere beschränken ihn ausschließlich auf die Fälle, die nicht anlässlich des Beschwerdegesprächs abgeschlossen werden konnten und nach einer internen Abklärung und Bearbeitung fortgeführt werden.

In meinen Beratungstätigkeiten wende ich meine eigene Interpretation dafür an, indem ich keinen der Ansätze ausschließe, solange er inhaltlich logisch ist und mir für das Unternehmen angemessen erscheint.

Sie haben die operativen Rahmenbedingungen der Beschwerdebearbeitung eingeführt und setzen diese um. Die Beschwerdereaktion regelt nun die Rückkoppelung vom Unternehmen zum Kunden und bedient damit die Erwartungen des Beschwerdeführers mit jeder noch erforderlichen Tätigkeit vor Abschluss der Beschwerde.

Während die Beschwerdebearbeitung für Ihren Kunden also nicht direkt wahrnehmbar war, ist dieser Prozessschritt direkt wahrnehmbar und wirkt sich auf seine Beschwerdezufriedenheit aus.

Der letzte Schritt im direkten Beschwerdeprozess enthält demnach folgende Kernelemente:

➤ Korrektes Verhalten im direkten Kundengespräch

➤ Kommunikation mit dem Beschwerdeführer

➤ Lösungsansätze

➤ Abwicklung und Abschluss des Beschwerdefalls gemäß den vorgesehenen Vorgaben, Kriterien und Zielen

Kernfragen zur Umsetzung der Beschwerdereaktion
1. Welche ist die Grundlage (das Leitbild) aller Verhaltensformen in Ihrem Unternehmen?
2. Unterscheidung zwischen Standardfall, Einzelfallprüfung oder missbräuchlichem Beschwerdefall
3. Kundenspezifische Beschwerdereaktionen
4. Wie ist die Kommunikation während der Beschwerdebearbeitungszeit gestaltet (Kommunikationsinstrumente sowie die Art und Weise)?
5. Welche Bearbeitungszeiträume und Fristen sind dabei zu beachten?

Sofern dies nicht im Beschwerdebearbeitungsprozess bereits erfolgt ist, können Sie aus diesem Prozessschritt bzw. dem Ende des direkten Kundenkontaktes auch weitere Prozesse und den Input zu anderen Abteilungen anstoßen. So können Sie zugunsten des Kunden eine Rückerstattung bei der Buchhaltung initialisieren lassen.

Das Leitbild als Grundlage für den Umgang mit Beschwerden

Dass Kundenzufriedenheit das höchste Gebot für und in Unternehmen ist, ist soweit klar. Wo aber verpflichtet sich ein Unternehmen dazu öffentlich und wie erfährt der Kunde davon? Im Leitbild.

Ein Leitbild definiert sich als eine schriftliche Erklärung einer Organisation über ihr Selbstverständnis und ihre Grundprinzipien. Es soll ein realistisches Idealbild formulieren, nach innen Orientierung geben und somit handlungsleitend und motivierend für die Organisation sein.

Nach außen (Öffentlichkeit, Kunden und Anspruchsgruppen) soll es deutlich machen, wofür eine Organisation steht und mit welchen Grundsätzen und Werten sie die Vision erreichen will. So viel zur Theorie.

Wie viele Führungskräfte sind sich des Zwecks eines Leitbilds bewusst?

Sehen wir uns die daraus entstehende tiefere Bedeutung genauer an. Das Leitbild beschreibt also die angestrebte Organisationskultur und ist der Ausgangspunkt der künftigen Planungen und Neuerungen – auch für das Beschwerdemanagement.

Außerdem möchten sich immer mehr Unternehmen nebst der Präsentation der Produkte und Dienstleistungen über ihre Werte und Haltung gegenüber dem Markt und ihren Anspruchsgruppen positionieren. Das Leitbild kann damit auch als die »Seele Ihrer Organisation« oder weiteres Marketinginstrument bezeichnet werden.

Viele Unternehmen und insbesondere Führungskräfte sind sich dieses Zwecks (und nicht der formalen Definition) tatsächlich nicht bewusst.

Dementsprechend treffe ich in meinen Beratungsaufträgen – im Besonderen KMU – Führungskräfte an, die mir erklären, dass sie über ein funktionierendes Unternehmen verfügen, dass einst ein Leitbild mit der Hilfe eines Beraters oder dem Internet erstellt wurde und dass sie nun keines mehr benötigten.

Gegen diese Aussage ist auch nichts einzuwenden, solange das Unternehmen funktioniert. Das Leitbild wird aber zur Hauptorientierungshilfe, vergleichbar mit einem Leuchtturm, wenn es darum geht, das Unternehmen aus der Krise zu steuern – sei dies aufgrund von bevorstehenden Änderungen und den damit entstandenen Unsicherheiten im Unternehmen, die sich nun auf die Leistungsfähigkeit auswirken, oder sei es, dass die Mitarbeiterzufriedenheit hinsichtlich der gelebten Werte deutlich abnimmt.

Im Zusammenhang mit dem Beschwerdemanagement wird im Leitbild eine Leistung versprochen und der Kundenzufriedenheit zuliebe implizit die Erwartungshaltung geschürt, sich beschweren zu dürfen. Weil das kaum rechtliche Folgen nach sich zieht, wird dem Bestehen dieser impliziten Beziehung kaum Beachtung geschenkt.

Möchten Sie also ein Beschwerdemanagement aufbauen, nehmen Sie Ihr Unternehmungsleitbild zu Hilfe. Welche Versprechungen machen Sie hinsichtlich der Kundenzufriedenheit, Kundenorientierung oder kontinuierlichen Verbesserung (Qualitätsmanagement)? Verfügen Sie über Verhaltenskodizes, worin sich Mitarbeitende zur Meldung verpflichten? Diese Antworten einmal in den Mittelpunkt gestellt, können nun handlungsleitend die Ziele und die Art und Weise des Beschwerdemanagements abgeleitet und weiter ausgearbeitet werden. Falls die oben genannten Begriffe im Leitbild nicht vorkommen oder Sie das Leitbild nicht mehr in Ihrer Schublade finden, dann ist spätestens jetzt der Zeitpunkt dafür reif, sich auch über dessen Über- oder Erarbeitung Gedanken zu machen.

Beispiele für implizite Leistungsversprechungen aus Leitbildern oder Verhaltensgrundsätzen:

> »Auf allen Ebenen handeln wir verantwortungsvoll und kundenorientiert.«
> »Kundenzufriedenheit ist unser höchstes Gebot …«
> »Mit unseren Partnern arbeiten wir fair …«
> »Wir nehmen uns gerne Zeit für alle unsere Kunden und Anspruchsgruppen.«
> »Die Meldepflicht unserer Mitarbeiter dient der kontinuierlichen Verbesserung der Unternehmung.«

Beschwerdezufriedenheitsabklärung

Einige Unternehmen pflegen nach Abschluss eines Beschwerdegespräches eine E-Mail zuzustellen, die sich nach der Zufriedenheit der Beschwerdeabwicklung gleichermaßen erkundigt wie bei jeder anderen Dienstleistung an den Kunden. Diese Abklärung der Beschwerdezufriedenheit als letzte Maßnahme der Beschwerdereaktion ist erfreulich, so scheint die Beschwerdezufriedenheitsphilosophie in diesen Unternehmen angekommen zu sein.

Diese nachträgliche Abfrage der Beschwerdezufriedenheit ist eine andere Form von Beschwerdestimulation und zeigt, dass die Kundenmeinung in jedem Fall in Erfahrung gebracht werden soll.

Es kann durchaus sein, dass trotz den Bemühungen Ihres Beschwerdeempfängers die Rückmeldung auf Ihre Beschwerdezufriedenheitsabfrage negativ ausfallen kann. Bleiben Sie in jedem Fall professionell. Nehmen Sie weder eine Verteidigungshaltung ein noch rechtfertigen Sie sich.

Eine Kundenrückmeldung ist auch in diesem Fall eine Chance, etwas zu verbessern. Wenn negative Rückmeldungen durch Kunden zu keiner Verbesserung führen, ist der Kunde irritiert und glaubt nicht mehr an das Versprechen der Kundenorientierung. Deshalb verpflichtet die Zufriedenheitsabfrage immer zu ehrlichem Interesse und nötigenfalls zu Maßnahmen.

Nicht selten beobachte ich in der Praxis Fälle, bei denen ich mich ernsthaft frage, ob die Unternehmen die investierten Ressourcen nicht sinnvoller hätten ausgeben können. Nachstehend ein Beispiel, das aufzeigen soll, dass die Abklärung der Beschwerdezufriedenheit gut zu Ende gedacht werden muss – vorausgesetzt, die Strategie sieht dies vor.

> **Beispiel**
>
> Der Kundendienst eines Elektrogerätevertreibers unterteilt sich durch zwei beschriftete Tafeln in zwei Bereiche. Beide Bereiche sind mit dem Ticketing-System ausgestattet. Während die eine Tafel mit »Beschwerden« beschriftet ist, lautet die andere »Retouren«. Im hinteren Raumteil sind auch mehrere Stühle aufgereiht, wo man sitzend auf seinen Aufruf warten kann.
>
> Kunden, die einen Umtausch wünschen, sind unsicher, welcher der Schalter nun der richtige ist. Einige stehen sogar bei einem an, um sich nur danach zu erkundigen. Mitarbeitende verweisen diese manchmal an den anderen Schalter, wo sie erneut anstehen. Ähnlich verhält es sich mit Kunden, die beispielsweise die Gebrauchsanweisung in einer anderen Sprache wünschen oder zusätzlich einen Servicevertrag oder eine Garantieverlängerung kaufen möchten.
>
> Zu guter Letzt steht vor beiden Bereichen ein Buzzer mit zwei Emoticons, ein zufriedenes grünes und ein unzufriedenes rotes. Viele Kunden vom Beschwerdeschalter bedienen den Buzzer gar nicht. Andere drücken den einen oder anderen. Bloß: Was sagt diese Auswertung aus? »Ich bin zufrieden.« Oder: »Ich bin

unzufrieden.« Und weswegen? Was hat dieses Ergebnis ausgelöst? Wo soll sich das Unternehmen im Kundenkontakt verbessern bzw. wo war es wirklich gut?

Ich fragte nach. Zuerst den Mitarbeitenden, dann den Teamleiter und schließlich einen »Zuständigen vom Marketing«, Letzteres per Mail. Die Antwort folgte zu meinem Erstaunen zeitnah und lautete sinngemäß: »Das bedarf einer weiteren Umfrage beim unzufriedenen Kunden.« Bloß wie? Es gibt ja keinerlei Informationen über diesen unzufriedenen Kunden.

Meine zweite Frage blieb gänzlich unbeantwortet: wie denn die Unterscheidung der beiden Buzzer für »Beschwerden« und »Retouren« bei der Auswertung erfolgt.

Fazit: Möglicherweise wollte das Unternehmen eine für den Kunden möglichst einfache und schnelle Umfrage ermöglichen. Doch dabei ging der Nutzen für den eigentlichen Zweck verloren. Wenn Sie schon Ressourcen in die Umfrage investieren, dann überlegen Sie sich bitte, mit welcher Absicht Sie das tun, und stellen Sie sich die folgende Frage: Wie können wir dieses Ziel erreichen und es dabei dem Kunden so einfach wie möglich machen?

	Zeitpunkt	Botschaft
Eingangsbestätigung (nur bei Schriftlichkeit)	• unverzüglich nach Beschwerdeeingang/-annahme	• Wir bedauern, dass es nicht gelungen ist, Ihre Erwartungen als Kunde zu erfüllen ... • Ihr Fall wird bearbeitet, wir melden uns am XX.XX.XXXX
Zwischenbescheid	• wenn die Beschwerde detailliertere Abklärungen (Ursachenanalyse) erfordert • Wenn deswegen der vereinbarte Termin für die Rückmeldung nicht eingehalten werden kann	• Weil wir das Wiederauftreten dauerhaft vermeiden möchten, sind wir dabei, weitere Abklärungen zu treffen. • Wir melden uns bis XX.XX.XXXX bei Ihnen. • Wir bedauern, Ihr Anliegen nicht zum genannten Zeitpunkt lösen zu können, und danken für Ihr Verständnis.
Abschlussentscheid	• Ende der Abklärungen • Bearbeitungsende der Beschwerde	• Wir bedanken uns für Ihre Geduld. (Sachverhalt und Entscheidung mitteilen) • Wir kommen für diese Unannehmlichkeiten (zusätzlich zum Entscheid) auf mit XXX.
Nachfassen	Im Nachgang zu einer Beschwerde, • standardmäßig nach jeder Beschwerde • besondere Fälle wie nach einem Monat, Jahr oder • nach einer Verbesserungsmaßnahme im Unternehmen, die nach einer Beschwerde durchgeführt worden ist	• Am XX.XX.XXXX haben Sie uns auf ein Verbesserungspotenzial in unserem Produkt/ unserer Dienstleistung hingewiesen. Dafür danken wir Ihnen. • Wir hoffen, dass Ihre Zufriedenheit wiederhergestellt werden konnte. • Dank Ihres Hinweises konnten wir das Wiederauftreten dieses Falls dauerhaft beseitigen. • Dank Ihres Hinweises konnten wir das Produkt oder die Dienstleistung in seiner Qualität/ Funktionalität erweitern. • Als Ausdruck unserer Wertschätzung Ihrer Bemühungen erhalten Sie einen Gutschein für einen kostenlosen XX; XX % Preisnachlass (vorwiegend klassische Instrumente des Direktmarketings).

Abbildung 28: Kommunikationsstufen bei der Beschwerdeabwicklung – Stärkung des Services durch Nachfassen nach einer Beschwerde

★★ -Strategie: Stellen Sie Kundenorientierung nun unter Beweis

> Liebe Kundin, lieber Kunde,
>
> kürzlich haben Sie uns Ihre Unzufriedenheit zu einem unserer Produkte/zu einer unserer Leistungen mitgeteilt.
>
> Um sicherzustellen, dass der Fall zu Ihrer Zufriedenheit abgewickelt werden konnte, bitten wir Sie um die Bewertung Ihres Gespräches mit unseren Mitarbeitenden.
>
> Wir danken für Ihr Feedback und die Rücksendung mittels dem vorfrankierten Umschlag.

	😊	🙂	😕	☹️
Ihr Beschwerdegrund				
Wer war/en Ihre Ansprechperson/en?				
Wer bot Ihnen eine Lösung an? (sofern es mehrere Ansprechpersonen waren)				
• Wie zufrieden sind Sie mit der Abwicklung der Beschwerde?	○	○	○	○
• Wie beurteilen Sie uns zu diesen Punkten?				
• Gesprächsklima (Freundlichkeit)	○	○	○	○
• Wie schätzen Sie Ihre Unzufriedenheit vor Ihrem Beschwerdegespräch ein?	○	○	○	○
• Wie schätzen Sie Ihre Zufriedenheit nach Ihrem Beschwerdegespräch ein?	○	○	○	○
• Erreichbarkeit unseres Kundendienstes	○	○	○	○
• Beantwortung Ihrer Fragen (Kompetenz)	○	○	○	○
• Engagement zu Ihrer Zufriedenheit	○	○	○	○
• Bearbeitungsdauer	○	○	○	○
• Verlässlichkeit von Zusagen	○	○	○	○
• Welche Note geben Sie unserer Beschwerdeabwicklung?	○	○	○	○
Bemerkungen				

Abbildung 29: Schriftliches Nachfassen nach einem Beschwerdegespräch

Kundenbindung durch Wiedergutmachung

Nebst der erneuten Abklärung der Beschwerdezufriedenheit und nach dem Abschluss der Beschwerde können nachträglich sogenanne After-Sales-Maßnahmen getroffen werden. Eine After-Sales-Maßnahme schließt alle Maßnahmen im Anschluss an einen Geschäftsabschluss ein und es geht darum, den Kunden durch gezielte Aktivitäten in seiner Kaufentscheidung (und seinen Beschwerdebemühungen direkt im Unternehmen) zu bestätigen. Sie setzt primär an den Kontaktpunkten an, die sich nach einem Geschäftsabschluss zwischen dem Kunden, dem Vertrieb und dem Service ergeben. Hierzu gehört neben klassischen Serviceleistungen auch das Beschwerdemanagement.

Es ist leichter und kostengünstiger,
einen bestehenden Kunden zu halten,
als einen neuen Kunden zu gewinnen.

Dass diese Bestätigung einen großen Nutzen darstellt, weil sie zu weiteren Käufen anregt und die Kundenbindung dadurch begünstigt wird, wurde in den vorangegangenen Kapiteln bereits ausführlich zur Sprache gebracht. Der Verkaufsprozess fängt demnach von Neuem an, lediglich der Kanal ist ein anderer. Und: Die Marge weiterer Käufe liegt diesmal höher, denn an dieser Stelle kommt die alte Marketingregel zum Tragen: Es ist leichter und auch kostengünstiger, einen bestehenden Kunden zu halten, als einen neuen Kunden zu gewinnen. Vorsicht ist jedoch geboten, den Kunden nicht mit Werbemaßnahmen zu überfluten.

Es geht also darum, einen Beschwerdeführer dafür zu belohnen, dass er sich die Mühe gemacht hat, sich in Ihrem Unternehmen zu beschweren, und zwar direkt und ohne externe Kanäle zu nutzen. Die Beschwerde ist abgewickelt und geschlossen worden. Je nach Ihrer Beschwerdestrategie ist die Aufgabe nun für Sie erledigt. Oder aber Sie überraschen Ihren Kunden ein erneutes Mal positiv aufgrund seiner Beschwerde.

Dies kann unmittelbar nach der Beschwerde sein, indem im Anschluss ein Dankeschön-Schreiben erfolgt. Das Dankeschön-Schreiben kann aber auch in erweiterter Form erfolgen, indem eine kleine Aufmerksamkeit angefügt wird wie beispielsweise eine Tafel Schokolade.

Noch stärker wird der Effekt, wenn Sie Ihre Wertschätzung zu einer Beschwerde nach Ablauf einer bestimmten Zeit, z. B. nach einem Monat bis einem Jahr, erneut zum Ausdruck bringen. Möglicherweise wurden Sie aufgrund zahlreicher gleichlautender Beschwerden auf einen Produkt-/Dienstleistungsmangel aufmerksam und konnten diesen beheben. Der Kunde hat seine Beschwerde schon lange vergessen und vielleicht wanderte er trotz positivem Beschwerdegespräch zum Mitbewerber ab. Zu diesem Zeitpunkt überraschen Sie ihn positiv und können mit wenig Aufwand Vertrauen (wieder-)herstellen und vielleicht sogar begeistern.

Nachstehend einige Praxistipps für die Kundenbeziehungspflege nach einer Beschwerde:

Fehler	Wiedergutmachung
Nachfassen nach kleineren Beschwerden	Persönlicher Anruf (durch Complaint Owner) bei Beschwerdeführer. Nachfassen, ob die vereinbarte Nachlieferung pünktlich erfolgt ist oder ob nach dem Beschwerdegespräch die Zufriedenheit wiederhergestellt werden konnte. Dies sollte nicht als unpersönliche Umfrage durchgeführt werden, sondern weil es dem Unternehmen wichtig ist, dass dieser Kunde zufrieden ist.
Falscher bzw. zu niedriger Preis	Das Produkt ist aufgrund des attraktiven Preises sofort ausverkauft und viele beschweren sich beim Anbieter. Nachbestellung bzw. -lieferung sicherstellen und auch diese zum »falschen Preis« bei Bestellern ausliefern.
Kleinere Beschwerdefälle	Standardbrief nach positivem Verlauf der Beschwerdeabwicklung: ➤ für Beschwerdebemühungen danken, die dem Unternehmen helfen, sich kontinuierlich zu verbessern. ➤ mit einer Tafel Schokolade ➤ mit einem Gutschein mit Betrag oder x Prozent-Preisnachlass beim nächsten Kauf; oder das Angebot »Nimm 2 für 1«
Mittlere bis große Beschwerdefälle	Ähnliche wie bei kleineren Beschwerdefällen, die Wiedergutmachung darf hier jedoch etwas mehr kosten, z. B. ein Jahr vergünstigter Preis

Fehler	Wiedergutmachung
Mittlere bis große Beschwerdefälle	Laden Sie Ihren Kunden doch einfach in Ihren Betrieb ein und zeigen Sie ihm, wie und wo der Fehler entstehen und durch seine Beschwerde behoben werden konnte.
Mittlere bis große Beschwerdefälle	Einladung des Beschwerdeführers durch Complaint Owner an der Teilnahme an einer Arbeitsgruppe zur Bewertung von neuen Produkten/Dienstleistungen

Beispiel

Pünktlich zum 01. Juli 2014 rollen die GLS-Paketwagen durch deutsche Städte und liefern Samsung Galaxy Tab 4 8.0 LTE+ Tablets aus. Die Geräte stammen aus der Telekom-»Wiedergutmach-Aktion«.

Denn vom 24. bis 26. Mai 2014 war im T-Mobile-Shop das Samsung Galaxy Tab 3 8.0 LTE für 109,95 Euro zu haben – offensichtlich ein Preisfehler –, wie T-Mobile auch nach einem Tag bestätigte und sich für diesen Fehler entschuldigte.

Am 28. Mai dann die Überraschung: Die Telekom entschuldigt sich nochmals und bietet allen Bestellern das Nachfolgemodell Samsung Galaxy Tab 4 8.0 LTE+ zum ursprünglichen Preis von 109,95 Euro an. Die Lieferzeit wird mit vier bis sechs Wochen angegeben.

Und pünktlich zum genannten Termin ist es dann so weit: Der Paketdienst liefert das Tablet für 109,95 Euro. Zur Bestellung kommt nur noch eine Nachnahmegebühr von 4,95 Euro dazu.

Checkliste für Ihren ★★ Stern

☐ Ist-/Soll-Situationen für den Prozess der Beschwerdestimulation sind definiert.

☐ Kanäle für die Stimulation von Kundenbeschwerden (wie Telefon/Hotline, Telefax, Internet, Briefpost etc.) sind geschaffen und orientieren sich dabei an Kanälen, die die Kunden vorziehen.

- ☐ Sicherstellung der Verfügbarkeit/Funktionieren von Beschwerdekanälen zwecks Vermeidung weiterer Kundenbeschwerden
- ☐ Technische Unterstützung von Kommunikationsschnittstellen und Kommunikationskanälen wurden gegebenenfalls eingeführt (Scanner, Ticket-System, Webserveranbindung, Faxserviceanbindung etc.)

☐ Kunden wurden mittels Maßnahmen eingeladen, Beschwerden direkt an das Unternehmen zu richten.
- ☐ Die Beschwerdeannahme ist hinsichtlich folgender Punkte geregelt: Ein Beschwerdeannahmeprozess besteht
- ☐ Die Rollen/Verantwortlichen bzw. Zuständigkeiten sind geregelt hinsichtlich der Ersterfassung der Beschwerdeinformationen
- ☐ Das Dokumentenmanagement ist geregelt (Archivierung der standardisierten Formulare)
- ☐ Ein Schulungskonzept befähigt die Mitarbeitenden zur professionellen Annahme einer Beschwerde

☐ Der Beschwerdemanagement-Bearbeitungsprozess ist definiert und regelt folgende Aspekte:
- ☐ Die organisatorische Eingliederung des Beschwerdemanagements
- ☐ Aufgaben/Kompetenzen der Verantwortlichen sind geregelt
- ☐ Szenarien mit Standardhandhabungen sind festgelegt, die darüber entscheiden, in welchen Fällen Kulanzhandlungen relevant werden (Geldrückgabe, Preisnachlass, Schadenersatz oder Einzelfallprüfung)
- ☐ Die Beschwerdebearbeitungsfristen sind geregelt
- ☐ Die Schnittstelle zum indirekten Beschwerdemanagementprozess (Transfer Beschwerdeinformationen) ist geregelt

☐ IT-Tool-Anforderungen sind gegebenenfalls evaluiert und ermöglichen die Erfassung folgender Informationen im Beschwerdevorgang:
- ☐ Allgemeine Kundendaten
- ☐ Kundenhistorie und Kundenwert
- ☐ Transaktions- und Produktdaten
- ☐ Verhaltens- und Bearbeitungshinweise
- ☐ Aktuelle Besonderheiten (z. B. Nichtverfügbarkeit eines Service)
- ☐ Erfassung von weiteren relevanten Daten (Datum Beschwerdeeingang, Kundenerwartung zur Wiedergutmachung, weitere relevante Parteien etc.)

4. ★★★-Strategie: Sind Sie schon auf Kurs?

Ihr Unternehmen war operativ tätig und hat mittels eines systematischen Vorgehens das Beschwerdemanagement direkt beim Kunden umgesetzt. Doch wie erfolgreich war es? Stehen die Ergebnisse im Verhältnis zum Aufwand?

Ihr Unternehmen generierte währenddessen viele Informationen bezüglich der Beschwerde und über Ihren Kunden.

Diese ermöglichen Ihrem Unternehmen den innerbetrieblichen Lernprozess durch Auswertung, Kommunikation und Nutzung der eingegangenen Beschwerden und stehen somit in erster Linie im Kontext der qualitätsrelevanten Ziele des Beschwerdemanagements. Sie geben wertvolle Hinweise, wo Qualität und Service verbessert werden können. Gelingt es, diese »kostenlose Beratung« zu nutzen, werden Beschwerden zu Chancen für mehr Erfolg und Umsatz. Sie erfahren außerdem, ob der generierte Aufwand für das Beschwerdemanagement im Verhältnis zum Nutzen steht.

In den folgenden Kapiteln lernen Sie das indirekte Beschwerdemanagement kennen – indirekt, da das Unternehmen nun nicht direkt mit dem Kunden in Verbindung steht.

Beschwerdeauswertung

Mit einer Beschwerdeauswertung möchten Sie dem Informationspotenzial der Beschwerde auf den Grund gehen. Sie ermitteln somit vorerst nur den Fakt einer Beschwerdeaussage, ohne die Zusammenhänge weiter in Bezug zu bringen oder die Verbesserungen daraus einzuleiten. Sie möchten eine in einem Beschwerdegespräch gemachte Aussage genauer abklären. Intuitiv lassen Sie das dafür vorgesehene Team (z. B. KVP-Team) den Fall genauer analysieren.

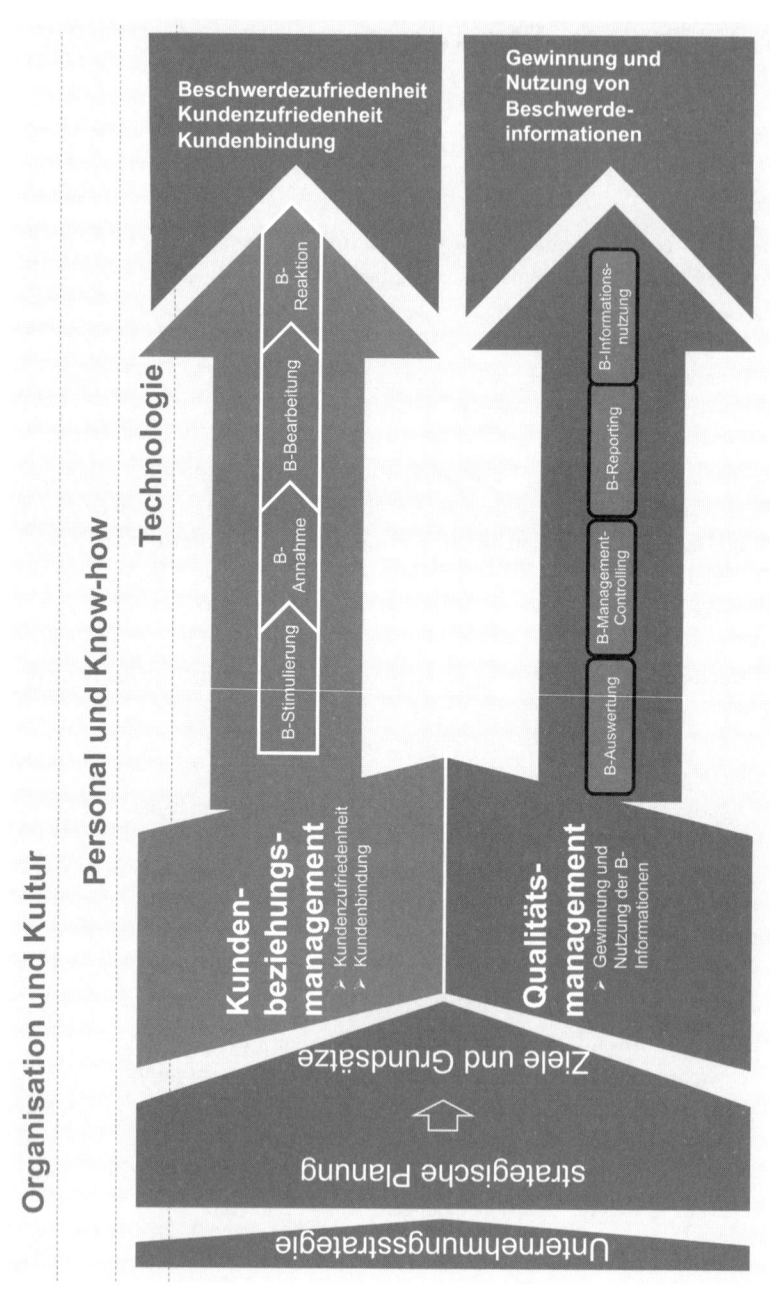

Abbildung 30: Teilprozesse des indirekten Beschwerdemanagementprozesses

ANTEIL BESCHWERDEGRÜNDE 04/20XX

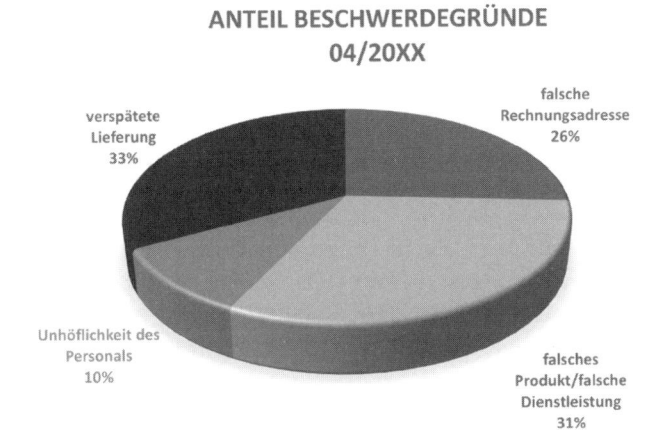

- verspätete Lieferung 33%
- falsche Rechnungsadresse 26%
- Unhöflichkeit des Personals 10%
- falsches Produkt/falsche Dienstleistung 31%

Abbildung 31: Einzelauswertung Anteil Beschwerdegründe im Monat 04/20XX

Die Informationen helfen Ihnen, Ihre weiteren Entscheidungen richtig zu treffen und weg von einer reaktiven und hin zu einer vorbeugenden Handlungsweise in puncto Kundenzufriedenheitsmanagement zu kommen.

Solche Einzelfallabklärungen sind außerdem ideal für Benchmarking-Zwecke. Mit der Auswertung eines Einzelfalls können Sie Ihre Ergebnisse mit verschiedenen

BESCHWERDEGRÜNDE NACH HÄUFIGKEIT 04/20XX

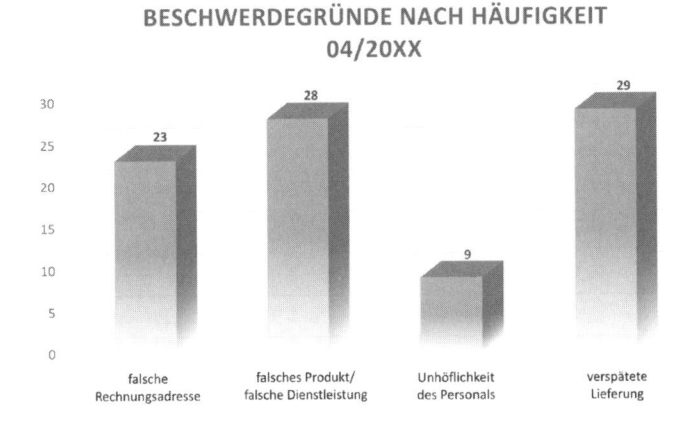

falsche Rechnungsadresse	23
falsches Produkt/falsche Dienstleistung	28
Unhöflichkeit des Personals	9
verspätete Lieferung	29

Abbildung 32: Einzelauswertung Beschwerdegründe nach Häufigkeit im Monat 04/20XX

Mitbewerbern vergleichen und damit den Reifegrad Ihres Beschwerdemanagementprozesses und im erweiterten Sinn auch den Erfolg hinsichtlich des Marktes einschätzen.

FRAB (Frequenz-Relevanz-Analyse-Beschwerdemanagement)

Nun beschäftigen Sie sich im Unternehmen nicht nur mit einem Einzelfall. Viele Auswertungen stellen früher oder später die Frage in den Raum, welche Beschwerden zuerst nach Ursachen analysiert und mit welcher Priorität behoben werden sollen. Um diese Frage zu beantworten, können Sie sich der sogenannten FRAB-Analyse bedienen. Diese zeigt Ihnen einerseits die Häufigkeit der Beschwerde (**Frequenz**) auf. Andererseits zeigt sie, wie bedeutsam dieser Fehler vom Kunden empfunden wird (**Relevanz**). Die Häufigkeit ist dabei der einfacher zu evaluierende Parameter. Denn die Anzahl artikulierter Beschwerden ist einfach festzustellen. Schwieriger wird es bei der Relevanz für den Kunden. Ziehen Sie dazu die Indikatoren heran, die Auskunft darüber geben, wie die Bedeutung des Fehlers auf den Kunden wirkt.

In einem weiteren Schritt erarbeiten Sie den sogenannten **PWI** (Problemwertindex).

Um den Verärgerungsgrad einzuschätzen, können Sie auch den Konsequenzen Beachtung schenken, die der Kunde im Rahmen des Beschwerdegespräches äußert. Droht er Ihnen mit den Medien, mit dem Mitbewerber oder informiert er Sie nur noch über seine Kündigung? Oder gehört er zu den verärgerten Kunden, die enttäuscht sind und mit denen man noch während des Gespräches eine Lösung findet, die ihn deutlich milder stimmt? Wie wichtig die Fragen »Wie geht es Ihnen jetzt gerade Herr X? Ist das in Ihrem Sinne?« beim Abschluss eines Beschwerdegespräches sind, zeigt sich hier sehr deutlich. Die Antwort ist ebenfalls ein Hinweis auf seinen Verärgerungsgrad. Je harmloser die Auswirkung und seine Emotionalität am Ende des Gespräches auf Sie wirken, desto niedriger darf der Verärgerungsgrad eingeschätzt werden.

Dieser Verärgerungsgrad ist der Indikator für die »Relevanz«. Diese haben Sie im Rahmen der Beschwerdeannahme erfasst, beim Nachfassen nach einer Beschwerde oder in einer Kundenzufriedenheitsumfrage evaluiert.

Nun verfügen Sie über alle Daten, um den sogenannten Problemwertindex und daraus die Priorität der Beschwerde zu errechnen.

Verärgerungsgrad des Kunden			
1 – leicht verärgert	2 – mittelmäßig verärgert	3 – ziemlich verärgert	4 – sehr verärgert
War anfänglich noch nicht verärgert, nur enttäuscht.	Leichte Verärgerung konnte im Gespräch abgebaut werden.	Kunde war bis zum Gesprächsende verärgert, drohte anfänglich mit Abwanderung zu einem Mitbewerber. Lösung konnte jedoch gefunden werden.	Kunde war sehr verärgert, hatte bereits Kontakt mit einem Mitbewerber oder ist schon abgewandert. Geschäftsverhältnis sehr kritisch.

Abbildung 33: Einschätzung Verärgerungsgrad des Beschwerdeführers als Basis des PWI

In einer Tabelle gehen Sie folgendermaßen vor:

▶ Listen Sie in einer Spalte sämtliche Beschwerdegründe auf. Diese müssen nicht zwingend nach Größe geordnet sein.

▶ Diese Spalte zeigt pro Beschwerdegrund die Häufigkeit an. Wie oft wurde dieser eine Beschwerdefall im Unternehmen erfasst?

▶ Aus der Verärgerungsgrad-Analyse errechnen Sie den Durchschnittswert des Verärgerungsgrades (Relevanz) und tragen diesen hier pro Beschwerdegrund ein.

▶ Der Relevanzwert errechnet sich durch die Multiplikation der Werte von b und c (d = b x c)

▶ Für den PWI dividieren Sie den Relevanzwert (pro Beschwerdegrund) durch die Summe der Relevanzwerte und multiplizieren das Ergebnis mit 100, um den prozentualen Anteil zu erhalten.

▶ Diese Spalte ist lediglich eine Sortierung der PWI nach Größe. Das Problem mit dem größten PWI weist die höchste Priorität und den größten Handlungsbedarf auf. Damit sollten Sie beginnen, um die Ursachen systematisch zu analysieren und Maßnahmen zur dauerhaften Behebung einzuleiten.

Diese Analyse können Sie nun in zwei Formen darstellen. Entweder Sie bedienen sich des klassischen Pareto-Diagramms. Oder Sie erstellen eine Matrix.

★★★-Strategie: Sind Sie schon auf Kurs?

Beschwerdegrund	Frequenz/ Häufigkeit	durchschnittl. Relevanz (1 – 4)	Relevanz-wert	PWI (%)	Priorität
a = Beschwerdegründe	b = Summe pro B-Grund	c = Durchschnitt Relevanz	d = b x c	e = Teil d / Summe d x 100	f = nach Größe
lange Wartezeit am Telefon	90	2.0	180	37.5	2
Fehler in Rechnung	75	3.0	225	46.8	1
Unfreundlichkeit Verkauf	30	2.5	75	15.6	3
Gesamtsumme	195	-	480	100	-

Abbildung 34: Berechnung des PWI sowie Priorisierung der Beschwerdebearbeitung

Das Diagramm weist die Achsen Beschwerdegründe und PWI auf. Die Beschwerdegründe sind in absteigender Reihenfolge auf der x-Achse eingetragen, die PWI auf der y-Achse. Und klassischerweise zeigt sich auch an diesem Beispiel, dass die Problemgründe 1 und 2 zusammen bereits den Großteil (84 Prozent) der Beschwerdeprobleme insgesamt ausmachen.

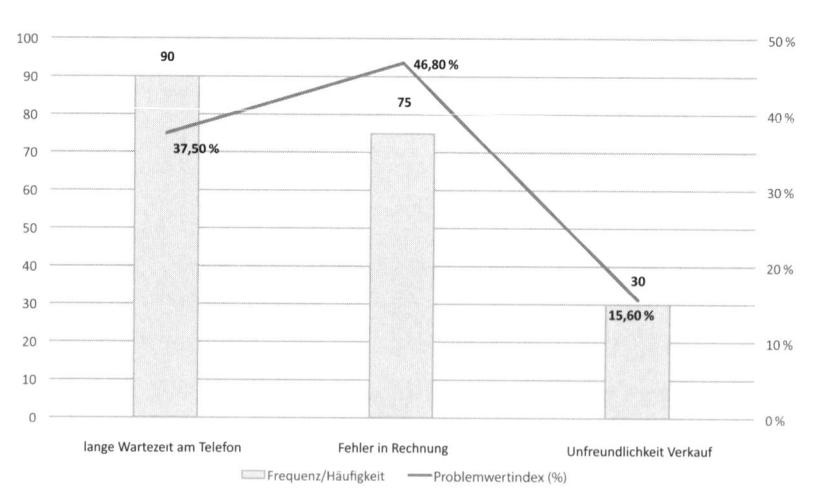

Abbildung 35: FRAB-Diagramm am Beispiel dreier Beschwerdegründe

Die FRAB-Matrix

Die nachstehende zweidimensionale Matrix enthält auf der x-Achse die prozentuale Beschwerdefrequenz und als y-Achse die durchschnittliche Relevanz pro Problem. Jedes Problem lässt sich nun gemäß der (prozentualen) Häufigkeit seines Auftretens und des wahrgenommenen Verärgerungsgrades (Relevanz) positionieren. Durch Einzeichnung von Trennungslinien erhält man eine FRAB-Matrix, in der die Probleme entsprechend ihrer jeweiligen Frequenz-Relevanz-Kombination vier Feldern zugeordnet sind.

Junge und unerfahrene Mitarbeitende im Kundendienst, kein systematisches Erfassen von Beschwerdeinformationen, unqualifizierte Gesprächsführung mit Kunden durch Kundendienstmitarbeitende, keine klaren Zuständigkeiten für Beschwerdefälle und Schuldzuweisungen und viele andere Ursachen führen häufig dazu, dass zu viel Zeit verstreicht und der Kunde endgültig an den Mitbewerber verloren geht.

Die Ursachen und Gründe dafür sind aber nicht immer die, die sie auf den ersten Blick zu sein scheinen. Hier können mit einer Ursachen-Wirkungs-Analyse die eigentlichen Mängel und damit erst das Optimierungspotenzial sichtbar gemacht werden.

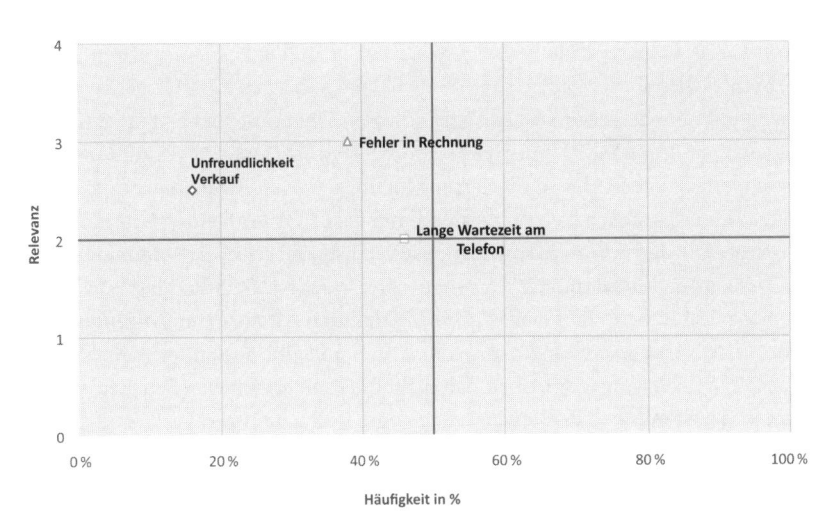

Abbildung 36: Beispiel FRAB-Matrix am Beispiel dreier Beschwerdegründe

Ishikawa zur Ursachen-Wirkungs-Analyse

Nun haben Sie durch die FRAB bereits die Beschwerdegründe in ihrer Priorität identifiziert. Sehen Sie sich nun die Kennzahlen und Leistungsindikatoren der betreffenden Prozesse genauer an. Sehen Sie sich möglichst den Prozess vor Ort an und sprechen Sie mit den Mitarbeitenden. Diese können die Schwachstellen, insbesondere die Symptome, in der Regel schnell einkreisen.

Ein Werkzeug für die Ursachen-Wirkungs-Analyse ist das sogenannte Ishikawa-Diagramm (auch Fischgrät oder 7M genannt). Im Rahmen eines Brainstormings wird das Problem ganz rechts, sozusagen am Kopf des Diagramms, als (Aus-)Wirkung eingetragen. Die Gräten bestehen aus sogenannten 7Ms, die die Hauptdimensionen als Rahmen vorgeben, worin die Probleme gesucht werden sollen. Sämtliche möglichen Ursachen werden nun thematisch nach den 7M dokumentiert. Sollten Sie der Meinung sein, dass nicht alle 7M zu Ihrer Problemstellung oder zu Ihrem Unternehmen passen, lassen Sie einige weg. Damit begründen sich auch die ebenfalls häufig anzutreffenden kürzeren Ansätze 4M oder 5M.

Vorgehen

Nachdem Sie sämtliche potenziellen Ursachen unter den 7Ms erfasst haben, bewertet jeder Teilnehmende des Workshops mit einem Punkt die (aus seiner Sicht) Hauptursachen dieses Fehlers. Da Sie nicht gleichzeitig an zehn Ursachen arbeiten können, beschränken Sie die Anzahl der Bewertungsmöglichkeit pro Teilnehmenden auf drei. Drei Hauptursachen, die Sie vorher identifiziert und im Diagramm erfasst haben. Bei der Bewertung für ungeübte Teilnehmende ist die Frage »Welche der Ursachen hat am meisten Einfluss auf das Problem?« eine einfache Orientierung und Abstraktionsmöglichkeit. Für Fortgeschrittene bietet sich hier an, bereits bei der Sammlung der möglichen Ursachen, die 5-W-Methode anzuwenden. Dabei wird die Frage »Warum?« fünfmal auf die darauffolgende Antwort gestellt und erst diese gilt als grundlegend und gibt Auskunft beispielsweise darüber, welche Kontrollmaßnahmen nicht funktioniert haben. (Beispiel: 1. Warum ist der Monitor nach meinem Urlaub immer so schmutzig? Weil Staub in der Luft aufgewirbelt wird. 2. Warum ist so viel Staub in der Luft? Weil die Fenster der Produktion gegenüber offen stehen. 3. Warum stehen die Fenster der Produktion überhaupt offen? …)

Die identifizierten drei Themen müssen nun vertiefter auf Ihre Schwachstellen analysiert werden. Durch eine genaue Analyse des Prozesses sowie der Schnittstellen, durch die Auswertung von Dokumenten und weiteren Schwachstellen sowie durch Gespräche mit Mitarbeitenden ermitteln Sie, worin die Mängel begründet sind, definieren Maßnahmen zur Behebung und prüfen diese auf ihre Wirksamkeit.

Es ist durchaus möglich, dass eine durch Sie identifizierte Ursache keinen signifikanten Einfluss auf das eigentliche Problem ausübt. In einem solchen Fall ist es ratsam, das Verbesserungsteam, das QM-Team oder den KVP-Moderator etc. beizuziehen. Diese werden vom Process Owner beauftragt, über die nächstwahrscheinliche Ursache die Analyse fortzusetzen, bis die eigentliche Ursache gefunden und durch Wirksamkeitsprüfungen bestätigt wird.

Erläuterungen zu 7M

1. **Maschine:** Die Technik, die im Prozess eingesetzt wird, funktioniert nicht zuverlässig.
2. **Mensch:** Die Mitarbeitenden sind nicht ausreichend qualifiziert oder engagiert für die Ausführung der Aufgaben im Prozess. Es fehlt an Wissen, Erfahrung oder Konzentration.
3. **Material:** Die eingesetzten Ressourcen, Werkstoffe, Materialien, Bauteile oder Informationen sind mangelhaft, sind unvollständig oder passen nicht.
4. **Messbarkeit:** Die Ergebnisse aus Prozessen werden nicht, nur teilweise oder falsch gemessen.
5. **Management:** Die Rahmenbedingungen (Kommunikation, Entscheidungen, Ziele) zur Abwicklung des Prozesses wurden nicht oder unzureichend geschaffen.
6. **Methode:** Die Anweisungen für die Durchführung des Prozesses sind nicht korrekt oder passen nicht zum Prozesszweck. Sie sind nicht auf die übergeordneten Ziele ausgerichtet. Oder der gesamte Prozess ist falsch konzeptioniert, indem die einzelnen Prozessschritte nicht aufeinander abgestimmt sind.
7. **Mitwelt** (als Umfeld zu verstehen): Die Rahmenbedingungen sind schädlich für den Prozessablauf. Ziele ändern sich ständig, es treten Störungen auf, Budgets sind zu knapp bemessen oder technische oder physikalische Einflüsse machen sich bemerkbar (Hitze, schlechte Luft, Lärm).

★★★-Strategie: Sind Sie schon auf Kurs?

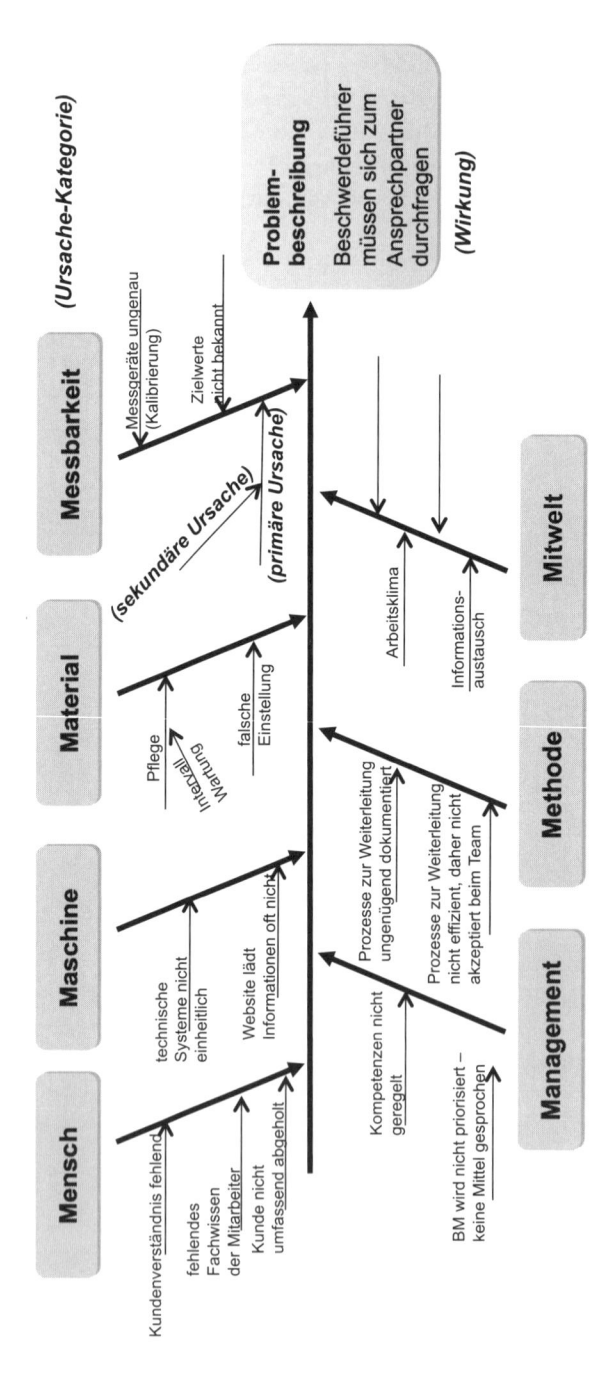

Abbildung 37: Ursachen-Wirkungs-Analyse mittels Ishikawa/7M (Mensch, Maschine, Management, Methode mit Fallbeispielen, Material, Messbarkeit und Mitwelt mit möglichen Themenfeldern als Hilfestellung)

8-D-Report

Die 8-D-Methode ist nicht genau das Pendant der reinen Ursache-Wirkungs-Analyse, wie es die Ishikawa-Methode ist. Wie der Name bereits verrät, können Sie in acht Schritten eine Beschwerde nachhaltig bearbeiten, dokumentieren und so aufbereiten, dass diese Fehler nicht mehr auftreten. Insofern beinhaltet sie die Ishikawa als eine der sogenannten acht Disziplinen. Der inhaltliche Unterschied besteht also darin, dass Sie die gesamte Abwicklung und nicht nur die Ursachen-Wirkungs-Analyse enthält, wie dies bei der Ishikawa-Methode ein losgelöster Schritt ist.

D1 – Zusammenstellung Team

Für die Bearbeitung von komplexen Problemen ist es ratsam, ein Team zusammenzustellen.

Der jeweilige Beschwerdegrund entscheidet darüber, welche Kompetenzen im jeweiligen Team erforderlich sind. Achten Sie darauf, dass sowohl **Führungskräfte mit Entscheidungskompetenz** als auch **Mitarbeiter mit Fachkenntnissen** im Team vertreten sind.

Die Teammitglieder werden benannt und namentlich in das 8-D-Formular eingetragen. Die vorläufige Beschreibung des Beschwerdegrundes wird ebenfalls in das Formular eingetragen.

D2 – Problembeschreibung

Im Rahmen der genauen Problembeschreibung werden die Zusammenhänge, die den Fehler verursacht haben, bestimmt. Es werden Ist und Soll gegenübergestellt und der Unterschied dokumentiert.

Weiterhin werden für die Problembeschreibung die Rahmenbedingungen zum Zeitpunkt der Fehlerentdeckung (und davor) möglichst genau beschrieben, um auch die umgebenden Einflussfaktoren zu berücksichtigen. Letztlich muss durch die Problembeschreibung eindeutig nachvollziehbar sein, warum die Wirkung (der Fehler) aufgetreten ist. Offene W-Fragen können dabei eine Hilfestellung sein. (Wann muss das Problem behoben werden? Ist es ein Wiederholungsfehler? Wo liegt der Fehler konkret?)

D3 – Schadenbegrenzung: Sofortmaßnahme definieren

Die Sofortmaßnahme stellt sicher, dass dieser Fehler sich nicht unmittelbar wiederholt (Risiko). Die Sofortmaßnahme kann ohne Kenntnis oder Abwarten der Ursache definiert werden. Sie ist jedoch als temporär zu verstehen und muss, sobald die Problemursache bekannt ist, möglichst zeitnah durch eine nachhaltige Lösung ersetzt werden.

Nach Einleitung der Sofortmaßnahme ist es ratsam, sich selbst darüber zu vergewissern, dass die Maßnahme tatsächlich auch greift.

Typische Beispiele für Sofortmaßnahmen sind:

➤ Ersatzlieferungen,

➤ Aussortieren von fehlerverdächtigen Materialien,

➤ Unterbrechen der eigenen Produktion oder jener des Lieferanten oder

➤ Reparatur zurückgeschickter Ware,

➤ Überprüfung von Lagerbeständen,

➤ Überprüfung von Stammdaten (bei falschen Daten auf Dokumenten),

➤ Rückrufaktionen sowie

➤ Laboranalysen unter Einbeziehung der Entwicklungsabteilung.

D4 – Ursachenbehebung: Ermittlung der grundlegenden Fehlerursache

In der Ermittlung der grundlegenden Fehlerursache muss zwingend der Nachweis der Ursache-Wirkungs-Beziehung geführt werden. Das bedeutet, es muss nachgewiesen werden können, dass die ermittelte Ursache tatsächlich auch der Verursacher der Beschwerde/des Fehlers ist. Liegen mehrere Ursachen vor, ist der prozentuale Anteil der einzelnen Ursachen am Gesamtproblem auszuweisen.

Außerdem ist die Stelle im Prozess zu identifizieren, an der der Fehler hätte auffallen müssen. (Haben vorbeugende Maßnahmen dieses Risikos versagt?) Sofern im weiteren Verlauf die endgültigen Abstellmaßnahmen definiert sind, müssen auch die Dokumentationen aktualisiert und Mitarbeitende informiert werden.

Methoden/Problemlösetechniken, die bei der Ermittlung der Fehlerursache eingesetzt werden können, sind:

- Warum (fünfmal)
- FRAB
- Ursache-Wirkungs-Diagramm (Ishikawa)
- Fehlerbaumanalyse
- W-Fragen (wer, wo, was, wann, womit, warum, wie viel)

Die ersten vier Schritte (D1 bis D4) sollten Sie nach maximal vier Tagen abgeschlossen haben. Die darauffolgenden Schritte (D5 bis D8) sind, abhängig von der Komplexität, in den darauffolgenden zehn Tagen abzuschließen.

D5 – Maßnahmen wählen: Festlegen von langfristigen Abstellmaßnahmen

Nach der Ermittlung der grundlegenden Fehlerursachen müssen Sie nun langfristige Maßnahmen definieren, die das Problem zuverlässig und dauerhaft abstellen. Da es sich dabei sowohl um rein technische als auch um organisatorische oder konstruktive Änderungen handeln kann, ist es möglich, dass die Umsetzung längere Zeit in Anspruch nimmt. In jedem Fall sind die eingeleiteten Korrekturmaßnahmen jedoch vollständig zu beschreiben.

Bevor konstruktive Änderungen vorgenommen werden, ist zu prüfen, welche weiteren Auswirkungen sie auf Schnittstellenbereiche haben. Dadurch soll vermieden werden, dass die Beseitigung eines Problems zu Fehlern an anderer Stelle führt. Mittels einer Risikobewertung kann die Änderung um diese Aspekte abgewogen werden.

Prüfen Sie auch die Wirksamkeit der Änderung vor der Einführung erneut (z. B. Produkttests). Haben Ihre Verbesserungsmaßnahmen den Fehler auch tatsächlich behoben? Wenn nicht, sollten Sie die Schritte D4 und D5 wiederholen.

D6 – Einführung der Maßnahmen

Nun führen Sie die Verbesserungsmaßnahmen ein und überprüfen diese auf ihre Wirksamkeit. Durch die Wirksamkeitsprüfung der eingeführten Verbesserungsmaßnahmen ist sichergestellt, dass die Fehlerursache dauerhaft abgestellt ist. Nicht selten ist die Erkenntnis einer solchen Überprüfung, dass der Fehler weiterhin besteht. In einem solchen Fall sollten Sie die Schritte D4 und D5 wiederholen.

Beispiele für Wirksamkeitsprüfungen sind:

- permanente oder periodische Kontrollen,
- Auswertungen (für Prozess-Owner),
- Prozess- oder Produktaudits,
- Felduntersuchungen.

Hier sollten Sie auch daran denken, die Änderungen in der alltäglichen Organisation zu berücksichtigen. Passen Sie Arbeits-und Schulungspläne sowie Instandhaltungsanweisungen an die neuen Erkenntnisse an. Durch die institutionalisierten Korrekturen sind die Sofortmaßnahmen (siehe D3) nun hinfällig.

D7 – Wiederauftreten verhindern: Definition von Maßnahmen, die ein Wiederauftreten der Fehlerursache verhindern

Nachdem die eigentliche Fehlerursache dauerhaft beseitigt worden ist, sollten Sie im Sinne der kontinuierlichen sowie lernenden Organisation prüfen, ob der Fehler auch an anderer Stelle (vergleichbarer Prozess, ähnliches Produkt, analoge Produktionslinie etc.) auftreten kann. Hierfür sind gegebenenfalls vorbeugende Maßnahmen zu definieren. Weiterhin müssen Sie, wie schon in Schritt D4, die vorhandenen Dokumente aktualisieren.

Dabei sind für die zu ändernden Dokumente das Änderungsdatum und der Verantwortliche zu benennen. Die geänderten Dokumente sind dann beispielsweise im Rahmen von Kundenbesuchen oder Audits zur Einsicht vorzulegen.

Dies könnte unter anderem folgende Dokumente betreffen:

- Qualitätshandbuch,
- Prozessbeschreibungen und Arbeitsanweisungen,
- Prüfanweisungen und Prüfpläne,
- Ablaufdiagramme,
- Risikomatrix,
- FMEA,
- Reinigungs- und Wartungspläne.

D8 – Abschluss: Würdigung der Teamleistung

Der »soziale« Aspekt der Würdigung des erfolgreichen Abschlusses des 8-D-Reports besteht einerseits darin, einen »sichtbaren« Abschluss in dem möglicherweise längeren Prozess deutlich zu machen. Andererseits bedeutet die Mitarbeit im Team im Rahmen eines 8-D-Reports für viele Mitarbeiter auch eine zusätzliche zeitliche und inhaltliche Belastung. Weiterhin besteht so final die Gelegenheit, mit den Teammitgliedern, die ohnehin aus den betroffenen Fachbereichen kommen, die gewonnenen Erkenntnisse noch einmal zu vertiefen. Dafür müssen Sie – im wahrsten Sinne des Wortes – kein Fass aufmachen. Eine Zusammenfassung der Highlights/Lowlights mit einem wertschätzenden Feedback und einer Danksagung an alle Beteiligten ist durchaus ausreichend.

Wenn die Schritte bis D4 in vier Tagen abgeschlossen sind und weitere zehn Tage für die übrigen Schritte bemessen werden, sollten Sie die 8-D-Analyse nach ca. zwei Wochen abgeschlossen haben.

Kreidekreis (aus Lean)

Eine eher unbekannte, weniger technokratische, mehr philosophische Methode empfehle ich in der Praxis Führungskräften und Process Ownern: das vom Lean-Management stammt. Die Methode des Kreidekreises geht auf Taiichi Ono zurück, der sich von Zeit zu Zeit einen Kreidekreis auf den Boden seiner Fabrikhalle gemalt hat. In diesen Kreidekreis stellte er sich und beobachtete in Ruhe das Geschehen.

Der Kreis dient dazu, in einem »abgegrenzten Raum« zu stehen und zu sehen, welche Szenen sich im täglichen Geschäft abspielen. Dies kann allgemein betrachtend sein, aber auch, um gezielt nach einer Ursache zu einem Problem (Wirkung) zu suchen.

Hier liegt die Herausforderung sicherlich im Thema Vertrauen durch Mitarbeitende. Die Beobachtungen dürfen nicht als Kontrolle wahrgenommen werden, sondern als Chance, Potenziale für eine Verbesserung zu finden. Dieses Vertrauen kann nur durch die Kultur geschaffen werden. Und wer Kulturminister im Unternehmen ist, ist ausführlich in Kapitel 5 beschrieben.

Beschwerdemanagement-Controlling

Bei diesem Teilprozess des indirekten Beschwerdemanagementprozesses können Sie entscheidungs- und steuerungsrelevante Informationen über die *Effektivität* und *Effizienz* auswerten. Es geht also um die Erfolgskontrolle von Koordination, Planung und Überwachung der Zielerreichung des Beschwerdemanagements.

Für die Integration im Controlling können Sie auf die bestehenden Steuerungsmechanismen zurückgreifen und sie lediglich auf Aspekte der Kundenbindungs- und Kundenbeziehungsmanagementziele ausdehnen.

Die *Effektivität* prüft dabei Aspekte hinsichtlich der Qualität des durch die Unternehmung betriebenen Beschwerdemanagements. Diese können beispielsweise die Art der Unzufriedenheit oder der Kundentyp sein.

Beschwerdemanagement-Controlling

		Beschwerde-Nr.	Projekt
Beschwerde			
Beschwerdeempfänger		Beschwerdedatum	Verantwortlicher PE
	zuständig	Erledigungstermin	Ergebnis/Anmerkung/Verweise	Erledigt am
1 Teamarbeit			Team bilden – Problemlösungsteam festlegen	
2 Problembeschreibung			Beschwerde beschreiben – vollständig erfassen, beschreiben und abgrenzen	
3 Schadenbegrenzung			Sofortmaßnahmen treffen, ggf. fehlerhafte Teile aus dem gesamten Umlauf entfernen und Maßnahmen treffen, die die Lieferfähigkeit sicherstellen.	Berichte gemäß Verteilerliste verteilen
4 Ursachenbehebung			Ursachen analysieren – mögliche Problemursache und Ursachen-Wirkungs-Zusammenhänge ermitteln und darstellen.	
5 Maßnahmen wählen			Korrekturmaßnahmen festlegen und Wirksamkeit prüfen. Mögliche Korrekturmaßnahmen entwickeln, bewerten und auswählen. Ausgewählte Maßnahmen erproben und Wirksamkeit nachweisen.	
6 Maßnahmenumsetzung, Wirksamkeitsprüfung			Korrekturmaßnahmen organisatorisch verankern und Sofortmaßnahmen aufheben.	
7 Wiederauftreten verhindern			Vorbeugemaßnahmen treffen – gewonnene Erkenntnisse für andere bestehende und zukünftige Produkte und Prozesse verfügbar machen.	
8 Abschluss			Problemlösungsprozess abschließen – erfolgreiche Umsetzung der Maßnahmen überprüfen und Problemlösung abschließen. Anerkennung des Teams.	
Teamleiter		Datum	Unterschrift	Teamleiter-Lieferant Datum Unterschrift
Kunde		Datum	Unterschrift	

Abbildung 38: Beispiel 8-D-Report

> **Beispiel**
> ➤ Wie gut ist Ihr Beschwerdemanagement?
> ➤ Wie messen Sie die Qualität und wie verbessern Sie diese?

Die *Effizienz* klärt die Frage hinsichtlich des Nutzens (Ertrag) des Beschwerdemanagements gegenüber dem betriebenen Aufwand (Kosten).

> **Beispiel**
> ➤ Lohnen sich Ihre Maßnahmen überhaupt?

Das Beschwerdemanagement-Controlling umfasst drei Teilbereiche.

Für ein optimales Evidenz-Controlling ist es wichtig zu quantifizieren, wie viele Kunden, die eigentlich ein Problem beispielsweise mit einem Produkt haben, sich **nicht** beim Unternehmen beschweren. Anders gesagt, es möchte die gesamte Größe des Eisbergs einschließlich des Teils unter Wasser einschätzen.

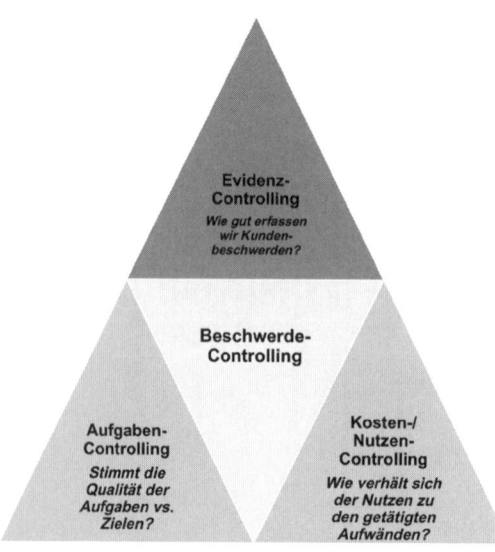

Abbildung 39: Elemente des Beschwerde-Controllings

Interpretieren Sie die Beschwerdedaten, indem Sie mit den folgenden Hilfestellungsbeispielen »Ihren« Eisberg skalieren. Sie werden schnell merken, dass die Werte aufwendig zu ermitteln sind und eine qualitativ gute Rücklaufquote einer Kundenumfrage voraussetzen.

Ermittlung/Skalierung des Wertes der nicht artikulierten Beschwerden (Eisberg-Phänomen)

1. Basis der Ermittlung, eine repräsentative Umfrage

Um in Erfahrung zu bringen, wie hoch die Dunkelziffer der sich nicht beschwerenden Kunden ist, benötigen Sie als Basis einen qualitativ sowie quantitativ guten Rücklauf einer Umfrage zum Thema Beschwerdemanagementzufriedenheit.

> **Beispiel**
> Umfrageergebnis mit 10.000 Rückmeldungen

2. Ermittlung von Kunden mit Beschwerdeanlass

10 Prozent der Umfrageteilnehmenden teilen Ihnen mit, dass sie einen Anlass zur Beschwerde gehabt hätten, die Beschwerde aber aus irgendwelchen Gründen unterließen.

> **Beispiel**
> Umfrageergebnis mit 10.000 Rückmeldungen, davon 10 Prozent = 1.000

3. Ermittlung der Beschwerdeführer

30 Prozent von denjenigen, die einen Grund sahen, sich zu beschweren, taten es auch.

> **Beispiel**
> 30 Prozent von 1.000 = 300

4. Ermittlung der Nicht-Beschwerdeführer

Die Differenz zwischen denjenigen, die einen Beschwerdeanlass hatten und nichts taten, und denjenigen, die sich auch beschwerten, stellt den Wert der Nicht-Beschwerdeführer dar.

Beispiel

Differenz mit vorhandenem Anlass:	1.000 (1)
minus	
tatsächlichen Beschwerdeführern:	300 (2)
Nicht-Beschwerdeführer:	700

5. Ermittlung der nicht artikulierten Beschwerden

Nun können Sie einschätzen, wie viel Prozent Ihres Kundenbestandes sich nicht beschwert hat, aber einen Grund dafür sah.

Beispiel

nicht beschwert, trotz Beschwerdeanlass:	700
im Verhältnis zu	
allen Kunden mit Beschwerdeanlass:	1.000
Verhältnis:	70 Prozent

6. Ermittlung der in Ihrem Unternehmen registrierten Zahlen der Beschwerdeführer

Nun möchten Sie auch die Dunkelziffer derjenigen Beschwerdefälle einschätzen, die aus irgendeinem Grund nicht im Unternehmen erfasst wurden. Das heißt, Sie möchten in Erfahrung bringen, ob wirklich alle Beschwerden, die mitgeteilt (artikuliert) werden, auch erfasst werden.

Dafür errechnen Sie, wie viele Beschwerden im System in der Periode erfasst wurden, auf die sich die Umfrage bezieht. Diese Zahl vergleichen Sie mit dem Ihnen in der Umfrage mitgeteilten Wert.

> **Beispiel**
>
> im System erfasste Beschwerdezahl: 280
> kundenseits mitgeteilter Wert: 300
> Differenz nicht erfasster Beschwerden: 20

Beim Aufgaben-Controlling wird sichergestellt, dass die Aufgaben des Beschwerdemanagements korrekt durchgeführt werden. Dabei ist es wichtig, dass für alle Aufgaben bzw. Beschwerdemanagementprozesse Qualitätsstandards (Ziele) vorhanden sind. So stellen Sie sicher, dass Sie später für die Ergebnisse eine Bezugsgröße haben (Soll).

1. In einem weiteren Schritt legen Sie nun für jeden Prozessschritt entsprechende Ziele fest, die sogenannten Qualitätsdimensionen. Sie geben Auskunft darüber, welche Aufgaben überhaupt hinsichtlich der richtigen Umsetzung überprüft werden sollen. Dies können gemäß nachstehendem Beispiel die einfache Erreichbarkeit, das Erreichen des richtigen Ansprechpartners oder die tatsächliche Verwendung des Beschwerdekanals sein.

2. Für jedes dieser einzelnen Qualitätsdimensionen benötigen Sie dann Indikatoren und eine Soll-Vorgabe (Zielwert).

Aufgabenschritte	Qualitätsdimensionen / Ziele
Beschwerdestimulierung	➤ Einfache Erreichbarkeit ➤ Erreichen des richtigen Ansprechpartners ➤ Tatsächliche Verwendung des angebotenen Beschwerdekanals
Beschwerdeannahme	➤ Erstkontakt ist kundenfokussiert ➤ Unverzügliche Weiterleitung der Beschwerdefälle ➤ Richtige und vollständige Erfassung der Beschwerdedaten
Weitere Prozessschritte, nicht abschließend	➤ … ➤ … ➤ …

Abbildung 40: Zwischenschritt bei der Entwicklung von Standards für das Aufgaben-Controlling

3. Indikatoren sind insbesondere bei qualitativen Zielen sinnvoll, weil sie den zu messenden Zielwert anzeigen. (Woran merken Sie, dass Sie das Ziel erreicht haben?) Wichtig ist dann aber, dass zwischen dem Indikator und dem zu ermittelnden Sachverhalt ein enger Zusammenhang besteht. In manchen Fällen ist es empfehlenswert, die Indikatoren in subjektive und objektive Zufriedenheit zu unterteilen. Denn die Messung von subjektiven Indikatoren kann schwieriger sein und bezieht sich auf das Empfinden des Beschwerdeführers. (Wie gut wurde Ihre Beschwerde bearbeitet?) Der objektive Indikator zeigt die sachlichen Faktoren an, z. B. die Bearbeitungszeit der Beschwerde, und ist deshalb einfacher zu messen.

4. Nun ergänzen Sie die oben erwähnten Spalten mit Zielwerten, die Sie für Ihr Unternehmen als angemessen erachten. Geht es um die Durchlaufzeit der Beschwerdebearbeitung, könnte der Zielwert beispielsweise vier Tage sein. Für die Festlegung der Zielwerte können Sie sich auch an Benchmarks orientieren. Nachdem Sie den Standard mit einer Bezugsgröße (Indikatoren mit den Zielwerten) für Ihr Aufgabencontrolling festgelegt haben, sind die Ergebnisse dafür nun aussagekräftig.

Aufgaben	Qualitätsdimension (Zielwert)	Bemerkung	Indikator	Beispiel
B-Bearbeitung	Schnelligkeit der Beschwerdebearbeitung	Die Schnelligkeit der Beschwerdebearbeitung ist ein wichtiger Zufriedenheitsfaktor (subjektiver Indikator)	Zufriedenheit mit der Beschwerdebearbeitung	Soll-Wert auf einer Zufriedenheitsskala von 1 bis 4: >3.5
B-Reporting	Nutzengerechte Bereitstellung der Informationen	Der Indikator ist unabhängig vom Urteil des Beschwerdeführers (objektiver Indikator)	Zufriedenheit mit dem Beschwerdereporting	Zufriedenheit mit dem Nutzen der bereitgestellten Informationen

Abbildung 41: Beispielstandards für das Aufgabencontrolling

Ich empfehle, die Zielwerte anfänglich nicht zu hoch zu setzen und sie von Jahr zu Jahr zu steigern. Denn fällt der angestrebte Wert anfänglich zu hoch aus, gefährden Sie die Akzeptanz des erst neu eingeführten Beschwerdemanagements. Wenn Sie den Wert jedoch erreichen, ist das ein guter Grund, die Mitarbeiter auf ein stufenweise höheres Ziel herauszufordern.

Weil diese Empfehlung in der Entscheidungskompetenz der Führung liegt, erarbeiten Sie die Zielwerte sinnvollerweise gemeinsam oder in Abstimmung mit der Führung und einem Projektteam, das die Werte aus operativer Sicht auf ihre Realisierbarkeit einschätzen kann.

Und wie in allen Zielwertmessungen müssen diese von Aktivitäten gefolgt sein, wenn sie Abweichungen aufweisen. Die Ursachen für die Abweichung müssen analysiert und Korrekturmaßnahmen eingeleitet werden. Je nach Organisation Ihres Beschwerdemanagements liegt der Lead dafür beim Process Owner, dem Complaint Owner oder dem Task Owner. Die treibende Frage dabei lautet: Wer macht was bis wann? Denn werden diese Werte gemessen und damit nicht gesteuert, dann können Sie sich diesen Aufwand gleich sparen.

Mit dem Kosten-Nutzen-Controlling können Sie nun die Kosten berechnen, die das Beschwerdemanagementsystem in Ihrem Unternehmen verursacht, und den Nutzen beziffern, der dadurch generiert wird. Mit dieser Art des Controllings lässt sich feststellen, ob das Beschwerdemanagement wirtschaftlich (Effizienz) gearbeitet hat. Übersteigen Ihre Kosten den Nutzen, muss insbesondere der direkte Beschwerdeprozess hinsichtlich der Verbesserungspotenziale geprüft und es müssen Maßnahmen eingeleitet werden. Nach Ablauf einer realistischen Zeit, in der sich die Verbesserungsmaßnahmen auf die Ergebnisse ausgewirkt haben, sollten Sie erneut die Nutzenseite mit den verbesserten Werten berechnen. Wichtig ist die Bewertung in einem zeitlichen Vergleich (z. B. Vorjahreswert).

Bevor Sie die Kosten- der Nutzenseite gegenüberstellen, bedarf es der Ermittlung der Wiederempfehlungsbereitschaft eines vormaligen Beschwerdeführers bzw. Kunden. Das heißt, Sie möchten in Erfahrung bringen, wie der Kunde Ihre Servicequalität wahrnimmt, wie zufrieden er damit ist und wie hoch seine Bereitschaft ist, Ihr Unternehmen weiterzuempfehlen. Dies wird durch den sogenannten NPS errechnet.

Das Konzept des NPS ist aber viel mehr als eine Analyse zur Ermittlung der Kundenzufriedenheit. Der NPS hat außerdem eine strategische Perspektive: Kundenfokussierung, Kundenorientierung, Kundenzufriedenheit.

Unter dem Aspekt der Kundenorientierung und sämtlichen diesbezüglichen strategischen Maßnahmen sollte jede dieser Maßnahmen langfristig zu einer Steigerung des positiven NPS führen. Und diese Zielgröße ist in der Art eine von denen, mit denen Sie die Aufmerksamkeit des Managements für qualitätsmanagementrelevante Themen gewinnen. Außerdem ist der Kunde Ihnen indirekt auch dankbar, wenn Sie ihn abends beim Abendessen nicht mit Marktforschungsumfragen ans Telefon holen.

Berechnung

Man berechnet den Net Promoter Score, indem man zunächst die Befragten in drei Gruppen einteilt.

- **Fürsprecher (Promoter):** Diese Kunden haben die Frage »Wie wahrscheinlich ist es, dass Sie Unternehmen/Marke X einem Freund oder Kollegen weiterempfehlen werden?« mit einem Wert von 9 oder 10 auf einer Skala von 1 bis 10 beantwortet.

- **Unentschiedene (Passive):** Zu dieser Gruppe zählen Kunden, die die erste Frage mit einem Wert von 7 oder 8 beantworten.

- **Kritiker (Detractors):** Alle Kunden, die einen Wert von 1 bis 6 vergeben.

Nun errechnen Sie zuerst den relativen Anteil an Fürsprechern und Kritikern anhand der folgenden Formel. Damit erfahren Sie die prozentuale Verteilung der Fürsprecher und Kritiker, gegebenenfalls der Anteil der Unentschiedenen, gemessen an der Gesamtzahl der Befragten.

Berechnung: Anzahl der Fürsprecher bzw. Kritiker dividiert durch die Anzahl der Befragten, multipliziert mit 100.

Im zweiten Schritt berechnen Sie die Differenz der beiden vorherigen Ergebnisse.

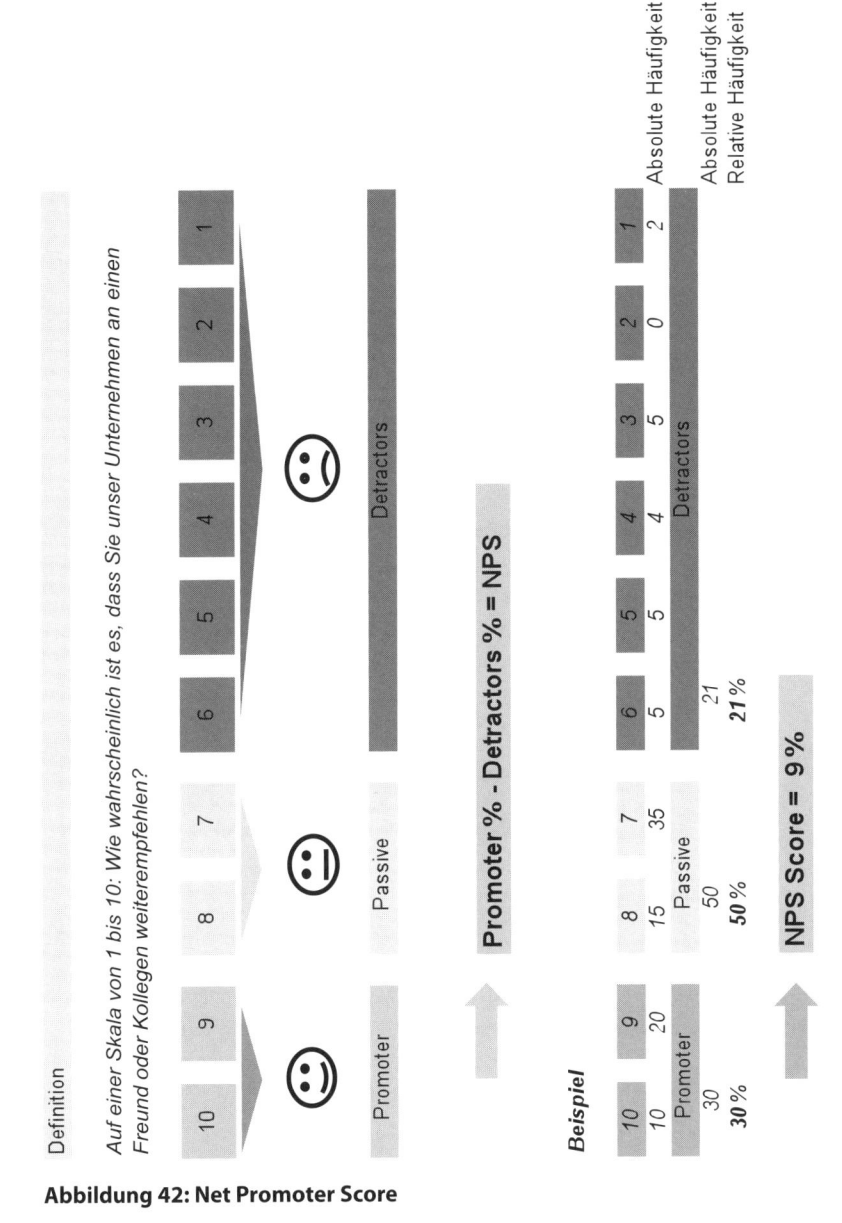

Beschwerdemanagement-Controlling

Definition

Auf einer Skala von 1 bis 10: Wie wahrscheinlich ist es, dass Sie unser Unternehmen an einen Freund oder Kollegen weiterempfehlen?

10	9	8	7	6	5	4	3	2	1

Promoter :) | Passive :| | Detractors :(

Promoter % − Detractors % = NPS

Beispiel

										Absolute Häufigkeit
10	9	8	7	6	5	4	3	2	1	
10	20	15	35	5	5	4	5	0	2	Absolute Häufigkeit
Promoter		Passive		Detractors						
30		50		21						
30 %		50 %		21 %						Relative Häufigkeit

NPS Score = 9 %

Abbildung 42: Net Promoter Score

Beispiel:

Hat ein Unternehmen mehr Kritiker als Fürsprecher, ist der Net Promoter Score negativ – im schlimmsten Fall zu 100 Prozent.

Hinweis betreffend der Skala: Eine 5 ist die Mitte und bedeutet, dass der Befragte schon zu den Kritikern gehört. Selbst eine 8 reicht noch nicht für eine positive Bezeichnung. Grund hierfür ist, dass kein linearer Zusammenhang zwischen Kundenwert und Skalenwert besteht. Es handelt sich vielmehr um einen exponentiellen Zusammenhang – vor allem, wenn man den Geldwert der Weiterempfehlungen mit einrechnet.

Kosten-Nutzen-Berechnung

Die Abbildung 44 zeigt einen stark vereinfachten Aufbau einer Kosten-und-Erfolgs-Rechnung für das Beschwerdemanagement. Ziel ist die Gegenüberstellung des erwirtschafteten Nutzens (Gewinn) und Ihres Aufwands, woraus sich der sogenannte Markterfolg des Beschwerdemanagements ergibt. Selbst diese starke Vereinfachung zeigt, dass die wirtschaftliche Quantifizierung des Beschwerdemanagements für viele Unternehmen eine Herausforderung darstellt. Denn sie setzt vorhandene Informationen voraus, die klar abgrenzbar sein müssen, so z. B. der Kommunikationsnutzen.

Nutzenseite

Der Nutzen von Maßnahmen eines Beschwerdemanagements besteht aus den Kategorien Informationsnutzen, Einstellungsnutzen, Kommunikationsnutzen, Kundenbindungsnutzen.

1. Informationsnutzen
Gewinnt ein Unternehmen durch das Beschwerdemanagement zusätzliche Informationen, die es ermöglichen, Abläufe oder Produkte zu optimieren und so Kosten einzusparen sowie den Umsatz zu steigern, spricht man von einem Informationsnutzen. Diesbezügliche Fragestellungen können sein:

➤ Welche zukünftigen Fehler (Kosten) erspart mir diese Informationen?

➤ Was hätte mich die externe Informationsbeschaffung gekostet?

▶ Wie viel Aufwand konnte durch die vorhandenen Informationen gespart werden (zeitlich/monetär)?

▶ Welcher Anteil der Umsatzsteigerung ist auf diese Informationen zurückzuführen?

2. Realisierter Wiederkaufsnutzen
Ausgehend davon, dass die Abwicklung eines Beschwerdefalles erfolgreich verlaufen ist und der Kunde erneut bestellt, spricht man von einem Wiederkaufnutzen. Auf der Zeitachse besteht die Geschäftsbeziehung zwar länger, doch durch die Beschwerden darf davon ausgegangen werden, dass die Geschäftsbeziehung grundsätzlich verloren gewesen war. Sie behandeln den Kunden buchhalterisch wie einen Neukundenzugang, jedoch mit dem Vorteil, dass die üblicherweise bei Neukunden anfallenden Produkt-/Leistungskosten wie z. B. Marketing, Vertrieb etc. schon amortisiert sind.

3. Realisierter Kommunikationsnutzen
Hier geht es um die Mundpropaganda. Vorausgesetzt, die Beschwerdebearbeitung und -reaktion des Kunden war positiv, beeinflusst das seine Bereitschaft zur Weiterempfehlung positiv. Zufriedengestellte Beschwerdeführer sind damit Werbeträger für Ihr Unternehmen. Durch ihre positiven Erzählungen von ihren Erfahrungen sowie ihre Empfehlungen beeinflussen sie auch die Kaufbereitschaft von neuen sowie bestehenden Kunden. Die Frage, ob der Kunde das Unternehmen weiterempfiehlt, beantworten 57 Prozent aller begeisterten Kunden mit »bestimmt« und weitere 25 Prozent mit »wahrscheinlich« (Stauss/Seidel). Die Information, dass der (Neu-)Kunde auf Empfehlung kommt, kann beispielsweise mit der Frage »Wie sind Sie auf uns aufmerksam geworden?« in Erfahrung gebracht werden.

Nun ist die Nachvollziehbarkeit nicht in allen Fällen leicht, ob und von welchem Kunden (zufriedener oder begeisterter) die Empfehlung stammt. Was aber beide gemeinsam haben, ist, dass sie nicht über die Marketingaktivitäten auf das Unternehmen aufmerksam geworden sind und das Produkt bestellt haben. Die Überzeugungsarbeit war in diesem Fall nicht nötig. Deshalb ist hier zu empfehlen, diese eingesparten Marketing- und Vertriebskosten als Wert für den Kommunikationsnutzen zu verwenden.

Weitere Nutzen, die im nachstehenden Beispiel der Erfolgsrechnung nicht berücksichtigt sind, jedoch ebenfalls durch das Beschwerdemanagement entstehen, sind der Einstellungsnutzen sowie der Kundenbindungsnutzen.

4. Einstellungsnutzen

Wird eine Beschwerde so erfolgreich bearbeitet, dass der Kunde nicht nur zufrieden ist, sondern seine positive Einstellung zum Unternehmen wiedergewinnt (die ursprüngliche Zufriedenheit oder besser), dann spricht man von Einstellungsnutzen. Es handelt sich dabei um einen ideellen Nutzen, der die Basis für den Kundenbindungsnutzen bildet und sich direkt im Unternehmungsgewinn oder Umsatzzuwachs niederschlägt. Auch ist er die Basis für den Kommunikationsnutzen. Denn der nach der Beschwerde zufriedene Kunde wird bei Dritten nicht über eine schlechte Erfahrung, sondern über eine neutrale oder positive berichten. Wie sich die Bereitschaft des Kunden, Ihr Unternehmen weiterzuempfehlen, errechnet, lesen Sie im Kapitel »Net Promoter Score«.

5. Kundenbindungsnutzen

Wenn der durch ein erfolgreiches Beschwerdemanagement behaltene Kunde wieder im Unternehmen einkauft, spricht man von Kundenbindungsnutzen. Der Kunde wäre für das Unternehmen grundsätzlich verloren und wird wie ein Neukundenzugang bewertet. Die Ausführungen in den vorangegangenen Kapiteln zeigen, dass die unzufriedenen Kunden zu 90 Prozent abgewandert wären, ohne Ihrem Unternehmen ihre Gründe mitzuteilen. Kann Ihr Unternehmen einen unzufriedenen Kunden mit einer guten Beschwerdereaktion zufriedenstellen, sinkt die Abwanderungsquote auf durchschnittlich 5 bis 20 Prozent (branchen- und beschwerdeabhängig). Der Nutzen kann erhöht werden, indem das Aufkommen der Beschwerden (Artikulationsquote) insgesamt gesteigert wird.

> **Beispiel**
>
> Teilen üblicherweise nur 10 Prozent der unzufriedenen Kunden ihren Unmut mit, ist das einer von zehn. Wenn diese Anzahl auf drei erhöht werden kann und jeder dieser Kunden auch nur einen durchschnittlichen Umsatz generiert, so kann der Nutzen dieser Maßnahme berechnet werden.

Fallbeispiel: Drei Wiederbestellungen x durchschnittlicher Umsatz

Bei der Errechnung werden der Umsatz und der Deckungsbeitrag einer Bestellung eines Beschwerdeführers in Betracht gezogen. Sie dürfen also davon ausgehen, dass dies ein verlorener Kunde war, der nun neu bestellt und keine Marketing-/Vertriebskosten-Amortisation generiert hat. Fanden Garantieleistungen nach der

Behaltene Kunden	Jahresumsatz nach Beschwerde	Verlorene Kunden	Jahresumsatz
Beispielkunde 1	20	Beispielkunde 4	20
Beispielkunde 2	30	Beispielkunde 5	50
Beispielkunde 3	50		
Total	100		70
Bindungsnutzen (Ertrag)			100 – 70 = 30

Abbildung 43: Ermittlung der Bindungskosten

vorgängigen Beschwerde statt, können Sie diese vom Umsatz abziehen, um Ihre Ertragsseite nicht zu verfälschen.

Kostenseite

Um die Kosten zu kalkulieren, sind die Maßnahmen in den verschiedenen Aufgabenbereichen zu berücksichtigen. Jedem Teilbereich lassen sich Aktivitäten zuordnen, deren Kosten berechenbar sind. Falls in Ihrem Unternehmen die Kosten

Kosten

4 - Kosten
Personal-,
Verwaltungs-,
Kommunikations-/
Reaktionskosten

= Gewinn
Beschwerdemanagement

Erfolg

1 Informationsnutzen

2 realisierter Wiederkaufsnutzen

3 realisierter Kommunikationsnutzen

= Markterfolg BM

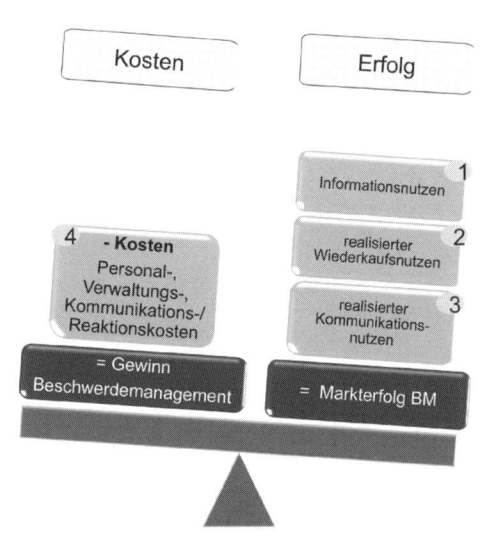

Abbildung 44: Stark vereinfachte Erfolgsrechnung des Beschwerdemanagements

für das Beschwerdemanagement nicht klar abgrenzbar sind, können Sie mit der fachlichen Unterstützung der Controlling-Abteilung einen Kostenschlüssel oder -faktor ermitteln. Damit werden die gesamten Beschwerdekosten anteilsmäßig auf die Bereiche umgelegt, wodurch die Errechnung stark vereinfacht wird.

Nachdem Sie nun die einzelnen Elemente der Nutzenseite in Erfahrung gebracht haben, können Sie die Erfolgsrechnung erstellen und den Markterfolg des Beschwerdemanagements errechnen. Starten Sie dafür mit dem Informationsnutzen und zählen Sie dazu den Bindungs- und Kommunikationsnutzen. Daraus erhalten Sie den Erfolg des Beschwerdemanagements. Ziehen Sie davon die Personalkosten ab, erhalten Sie den Rohgewinn des Beschwerdemanagements.

In einem weiteren Schritt werden die Verwaltungs-, Kommunikations- und Reaktionskosten oder der vorgängig errechnete Kostenschlüssel abgezogen, sodass das Ergebnis den Gewinn des Beschwerdemanagements darstellt. Die Berechnung erfolgt jährlich und, wie bei einer Erfolgsrechnung auch, vergangenheitsbezogen auf Aufwand und Ertrag.

Sofern Sie die Information- und Kommunikationsnutzen nicht aussagekräftig ermitteln können, können Sie diese abgrenzen. Trotzdem sollte die Nutzenseite ein deutliches Plus aufweisen.

Informationsnutzen
(Welche Fehler erspart uns das?
Daraus Prozesse und Produkte/Leistung optimieren)

Einstellungsnutzen
(von Zufriedenheit auf die sog. Begeisterungsebene)

Kommunikationsnutzen
(Mundpropaganda bzw. auf Empfehlung eines bestehenden Kunden)

Kundenbindungsnutzen
(Kunde bestellt nach Beschwerde wieder)

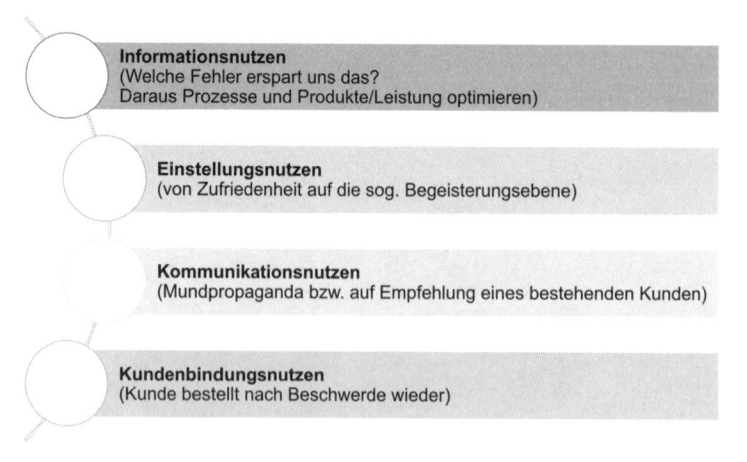

Abbildung 45: Nutzenarten des Beschwerdemanagements

Beschwerde-Reporting

Das Reporting ist die Berichterstattung, die formalisiert und in regelmäßigen Abständen beschwerdebezogene Informationen an unterschiedliche Interessierte im Unternehmen weitergibt, damit die Überwachung und Steuerung zur Verfügung aufgabenbezogen sicherstellt werden kann. Das Reporting ist eine Zusammenführung der Ergebnisse aus den Auswertungen sowie aus dem Controlling. Für das Reporting werden die Informationen verdichtet und in Relation gebracht, sodass nun beispielsweise periodenbezogene Vergleiche gemacht werden können.

Je nach Nutznießer und Empfänger kann das Reporting im Detaillierungsgrad der Informationen variieren. Während die Führung eine hohe Datenverdichtung vorzieht und sich an der Zielerreichung orientiert, zieht die operative Ebene den Detaillierungsgrad vor, der Auskunft über die Wirksamkeit der einzelnen Prozesse gibt oder Sonderreports auf Anfrage darstellt. Diese zwei genannten Beispiele sind die Unterscheidung zwischen einem aktiven Reporting (Informations-Push), und dem auf Wunsch von internen Kunden generierte Report (Informations-Pull).

Reportingformen

In nachstehender Abbildung werden verschiedene beschwerdebezogene Informationen dargestellt. Sie können je nach Unternehmen unterschiedlich gestaltet werden und geben Auskunft über die Häufigkeit von Beschwerden, den Beschwerdeführer selbst, die Kanäle, die er wählt, und die Beschwerdeprobleme (-gründe). Das Reporting kann um weitere Ergebnisse des Beschwerdemanagements, das heißt um die Umgangsweise mit Beschwerden und deren Ergebnisse, ergänzt werden.

> **Beispiel**
>
> Sie beschließen nach Eingang einer Beschwerde, gezielt darauf zu achten, ob der Beschwerdefall wiederholt auftritt. Zu Überwachungszwecken nehmen Sie das in Ihr Reporting auf.

★★★-Strategie: Sind Sie schon auf Kurs?

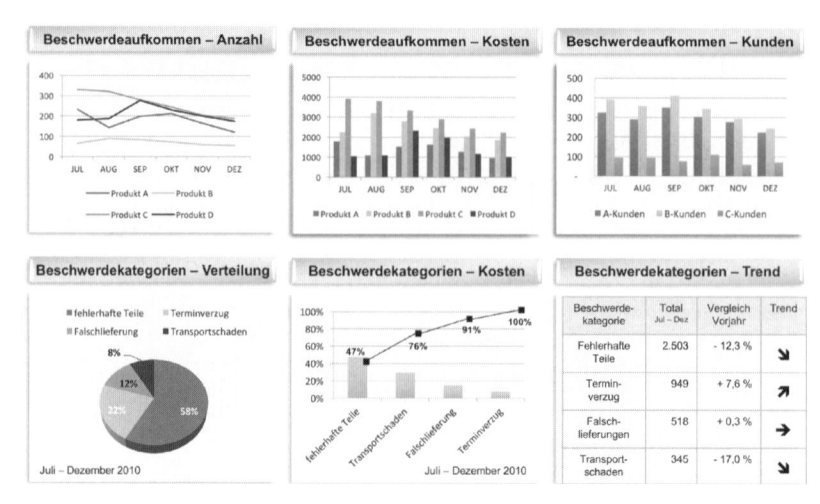

Abbildung 46: Beispiel Beschwerdereporting (Aufkommen, Kosten nach Produkten, Beschwerdegründe etc.)

Balanced Scorecard (BSC)

Eine weitere Form des Reporting ist die Balanced Scorecard (BSC). Im Unterschied zu klassischen Finanzkennzahlen-Reports wird die BSC zur Umsetzung Ihrer Unternehmensstrategie verwendet. Eine BSC beginnt mit der Strategie Ihres Unternehmens und definiert auf dieser Basis kritische Erfolgsfaktoren.

Kennzahlen werden dann so aufgebaut, dass sie die Zielsetzung und Leistungsfähigkeit in kritischen Bereichen der Strategie fördern. Die BSC spiegelt daher die wichtigsten Aspekte eines Unternehmens wider.

Traditionelles, auf ausschließlich finanzielle Kennzahlen fokussiertes Management kann den heutzutage wachsenden Erwartungen von unterschiedlichen Anspruchsträgern nicht als Planungstool gerecht werden. Aus diesem Grunde wurde die BSC mit vier verschiedenen Perspektiven eingeführt (durch Kaplan & Norton), aus deren Blickwinkel die Aktivitäten eines Unternehmens bewertet werden können:

➤ **Finanzperspektive**
(Wie sehen uns unsere Aktionäre?)

> **Kundenperspektive**
> (Wie sehen uns unsere Kunden?)

> **Prozessperspektive**
> (In welchen Prozessen müssen wir uns auszeichnen, um Erfolg zu haben?)

> **Lern- und Innovationsperspektive**
> (Wie stärken wir unsere Fähigkeit, uns zu verändern und zu verbessern?)

Ausgehend von einer vorhandenen Vision stellt sich die Frage, wohin sich das Unternehmen entwickeln will. Mit der Definition einer Strategie legen Sie dann fest, wie Sie dieses Ziel erreichen wollen. Im nächsten Schritt definieren Sie Perspektiven und kritische Erfolgsfaktoren, indem Sie sich fragen, welches Ihre Ziele in den einzelnen Perspektiven sind.

Anschließend daran stellen Sie sich die Frage, wie Sie die Erreichung dieser Ziele messen können. Zur Auswertung Ihrer Scorecard müssen Sie sicherstellen, dass das Richtige gemessen wird. Auf dieser Basis sollten Sie Maßnahmenpläne erstellen. Schließlich ist zu entscheiden, an wen berichtet werden soll und wer der Owner der BSC ist.

Balanced Scorecard für das Beschwerdemanagement

Die Balanced Scorecard eignet sich im Aufbau gleichermaßen auch für das Beschwerdemanagement. Statt der strategischen Ziele legen Sie dazu die Ziele des Beschwerdemanagements fest; leiten Sie davon relevante Kennzahlen ab und weisen Sie diese der entsprechenden Perspektive zu.

Der Nutzen für das Unternehmen
liegt bei den gesammelten Beschwerdeinformationen.

★★★-Strategie: Sind Sie schon auf Kurs?

Ziel des Beschwerdemanagements	Kennzahlen
Kundenzufriedenheit steigern	Note des Kunden zur Zufriedenheit
Kundenbindung verbessern	• Wiederkaufrate des Kunden • Dauer bis zum nächsten Kauf • Anteil am Einkaufsvolumen des Kunden
Kundenwert erhöhen	• Umsatz mit dem Kunden pro Jahr • Gesamtumsatz mit dem Kunden bis zur Kündigung des Vertrags oder der Zusammenarbeit • Kundenrentabilität (Umsatz mit dem Kunden abzüglich der Kosten der Kundenpflege)
Empfehlungsrate verbessern	Net Promotor Score
Prozess Beschwerdemanagement verbessern	• Bearbeitungszeit einer Beschwerde • Anteil der Beschwerden, die auf dem Servicelevel 1 (erster Kontakt) gelöst werden • Dauer bis zum ersten Zwischenbescheid • Aufwand oder Prozesskosten für die Bearbeitung einer Kundenbeschwerde • Kosten für die Kompensation oder Lösung der Kundenbeschwerde (Entschädigung des Kunden)
Produktqualität steigern	• Anzahl der Fehler, die aufgrund einer Kundenbeschwerde gefunden und beseitigt wurden • Anzahl der Produktverbesserungen
Prozessqualität steigern	• Reduzierung von Durchlaufzeiten • Reduzierung von Nachbearbeitung und dafür anfallenden Kosten
Produktinnovationen fördern	• Anzahl neuer Produkte oder Produktfunktionen aufgrund von Kundenbeschwerden • Anzahl neuer Ideen für Produkte
Image verbessern	• Benotung des Images des Unternehmens bei bestehenden Kunden oder bei potenziellen Kunden • Markenbekanntheit

Abbildung 47: Beschwerdeziele und mögliche Kennzahlen

Beschwerde-Reporting

	strategisches Ziel	Kennzahl	Einheit	Baseline / Vorjahreswert	Zielwert p.Q.	Q1	Q2	Q3	Q4	Prozesseigner	Maßnahme	Termin
Finanzen	Return on Investment steigern	Return on Investment	%	10,00	15,00	16,00					aufgrund des Status, beobachten	
	Umsatz steigern um xz %	Umsatzsteigerung zum Vorjahr	%	6,00	10,00	9,60					aufgrund des Status, Maßnahmen einleiten und nächstes Meeting rapportieren	nächstes Meeting
	Deckungsbeitrag erhöhen	Durchschnitt Deckungsbeitrag je Kunde	CHF	70,00	90,00	15,00						
	Cashflow erhöhen	Durchschnitt Cashflow	CHF	20.000,00	25.000,00	80.000,00						
	strategisches Ziel	**Kennzahl**	**Einheit**	**Baseline**	**Zielwert p.Q.**	**Q1**	**Q2**	**Q3**	**Q4**	**Prozesseigner**	**Maßnahme**	**Termin**
Kunden	Kundenzufriedenheit verbessern	Kundenzufriedenheit	Score	5,00	5,80	9,00						
	Empfehlungen ausweiten	Durchschnitt Empfehlungen je Kunde	Anzahl	3	4	3,40						
	Anteil Neukunden erhöhen	Anteil Bestellungen Neukunden an allen Bestellungen	%	15,00	20,00	10,00						
	Beschwerdezufriedenheit verbessern	erfolgreich bearbeitete Kundenbeschwerden	Anzahl	85,00	90,00	98,00						
	strategisches Ziel	**Kennzahl**	**Einheit**	**Baseline**	**Zielwert p.Q.**	**Q1**	**Q2**	**Q3**	**Q4**	**Prozesseigner**	**Maßnahme**	**Termin**
Prozesse	Produkt/Leistungsqualität verbessern	Anteil nicht-fehlerhafte Produkte	%	95,00	98,00	95,00						
	Prozessabläufe beschleunigen	Auftragsbearbeitung geringer als drei Tage	%	80,00	90,00	70,00						
	Koordination zwischen Innendienst und Vertrieb verbessern	verbesserte Teil-Durchlaufzeit ein Tag	%	80,00	90,00	99,00						
	Leistung Kernprozesse verbessern	Durchschnitt bearbeitete Bestellungen pro Tag	Anzahl	1.500	1.800	1.490,00						
	strategisches Ziel	**Kennzahl**	**Einheit**	**Baseline**	**Zielwert p.Q.**	**Q1**	**Q2**	**Q3**	**Q4**	**Prozesseigner**	**Maßnahme**	**Termin**
Mitarbeiter / Lernen	technische Infrastruktur ausbauen	erfolgreich abgeschlossene Projekte zur Infrastruktur	Anzahl	3	5	4,00						
	Kompetenzen der Mitarbeiter erweitern	Summe Schulungstage	Anzahl	70,00	90,00	72,00						
	Betriebsklima verbessern	Betriebsklima	Score	5,00	5,80	6,00						
	Aktivitäten zur kontinuierlichen Verbesserung (KVP) erhöhen	Durchschnitt KVP-Maßnahmen	Anzahl	40	60	25,00						

Abbildung 48: Beispiel einer Balanced Scorecard für das Beschwerdemanagement

Beschwerde-Informationsnutzung

Nachdem Sie viele Erkenntnisse durch Auswertungen, Controlling und Reporting in Erfahrung gebracht haben, ist einer der letzten Bausteine des indirekten Beschwerdemanagements derjenige, der den PDCA-Regelkreis schließt. Es ist einer der wichtigsten Erfolgsfaktoren und Potenziale des Beschwerdemanagements: das Ableiten von Maßnahmen durch die gewonnenen Informationen. Sei dies für nachhaltige Verbesserungen oder Weiterverwendung im Kundenbeziehungsmanagement.

Anders gesagt: Verfügen Sie über ein Qualitätsmanagement, kommen nun die typischen Aufgaben und Instrumente des Qualitätsmanagements – insbesondere hinsichtlich des kontinuierlichen Verbesserungsprozesses (KVP) – ins Spiel (weitere Aufgaben siehe nachfolgende Rollenbeschreibung).

Voraussetzung für diese Phase des indirekten Beschwerdemanagements ist, dass Ihnen die Ziele der Informationsverwendung bekannt sind. Ist das Ziel, im Anschluss an Beschwerden Maßnahmen zur dauerhaften Behebung von Fehlern einzuleiten? Kundenzufriedenheit als erklärtes Ziel über alles andere zu stellen? Durch die vorliegenden Kundeninformationen das Verhalten einzuschätzen, mit gezielten Werbeaktivitäten die Kaufbereitschaft zu beeinflussen oder dadurch die Kundenbeziehung zu vertiefen? Oder ist eines Ihrer Ziele, durch die Beschwerden Innovationsideen abzuleiten, die der Kunde erwartet hatte? Welche Antwort Sie auch bestätigen, an methodischem Arbeiten sowie der Beteiligung von weiteren Teams Ihres Unternehmens kommen Sie nicht vorbei. Der methodische Teil wurde ausführlich im Kapitel »Beschwerdeauswertung« vorgestellt. Nachstehend werden demnach die gängigsten Teams sowie Ihr Aufgabenbereich vorgestellt.

Welche Maßnahme nun auf welcher Ebene relevant ist, hängt von Ihrer Organisation, den beabsichtigten Zielen sowie dem Ergebnis der Ursachenanalyse ab.

*Lassen Sie sich von alten Problemen
nicht neu überraschen.*

Innovationsteam

Erfindungen sind nur noch ganz selten die Produkte eines einzelnen Erfinders, der tagelang in der Garage forscht. Innovationen entstehen heute in Teams. Die Aufgabe eines Innovationsteams lautet vereinfacht gesagt: Planung, Einführung, Steuerung, Durchführung sowie Kontrolle von Innovationstätigkeiten inklusive der dazugehörenden Strategien.

Einer ihrer zahlreichen Inputs ist die Schnittstelle aus dem Kundenzufriedenheitsmanagement und dem Beschwerdemanagement. Häufig äußern Beschwerdeführer Erwartungen an ein Produkt. Diese sind nicht immer gleich in entwicklungsreifer Form und müssen durch das Team weiterentwickelt werden. Doch bieten sie sehr wertvolle Hinweise darauf, was die Erwartung an ein Produkt ist bzw. nicht ist. Solche Erkenntnisse lassen viele Unternehmen durch teure Marktforschungsinstitute bei Kunden abklären. Lassen Sie Ihr Innovationsteam durch Beschwerden inspirieren.

Beispiel

Ein für die Bauindustrie und die Energiebranche tätiger Werkzeughersteller erhielt für sein Produkt, die Ratsche, außergewöhnlich viele Kundenbeschwerden.

Da sich das Unternehmen im Hochpreissegment befindet und qualitativ hochwertige Produkte herstellt, war es anfänglich unverständlich, wie es dazu kommen konnte – zumal vor der Markteinführung Belastungstests durchgeführt werden.

Die Anwendungstechnik wurde damit beauftragt, der Ursache auf den Grund zu gehen und dabei in alle Richtungen der Anwendungen zu forschen und nötigenfalls Anwender an dieser Arbeit zu beteiligen. Mit Erfolg. Es ergab sich, dass zahlreiche Kunden die Ratsche (erzeugt eine umlaufende Drehbewegung innerhalb eines nur begrenzten Arbeitsraumes, womit Schraubwindungen gelöst oder angezogen werden) auf Baustellen auf der flachen Seite gleichzeitig als Hammer verwendeten. Der Schlag führte dazu, dass der Mechanismus innerhalb des Werkzeuges zu Schaden kam und deshalb seinen eigentlichen Zweck nicht mehr erfüllen konnte.

Nachdem diese Erkenntnis einmal gewonnen war, brauchte es nicht mehr lange, bis das Innovationsteam eine noch teurere Variante auf dem Markt einführte, die Hammer und Ratsche zugleich ist.

Qualitätszirkel/KVP-Team

Ein Weg zur Förderung der Eigeninitiative der Mitarbeitenden ist der Qualitätszirkel oder das KVP-Team. Beide Teams sind für die Verbesserung verantwortlich. Der Qualitätszirkel, ursprünglich aus dem Lean entsprungen, beschäftigt sich jedoch mit konkreten Problemstellungen, für die systematische Lösungen gesucht und gefunden werden müssen. Dem gegenüber steht das KVP-Team. Es verfolgt einen eher innovativeren Ansatz und sucht nach Verbesserungen, um das Unternehmen kontinuierlich weiterzuentwickeln. Viele Unternehmen nutzen in der Praxis jedoch die Synergien (Kompetenzen) beider Rollen und grenzen die Zuständigkeit nicht in dieser Striktheit ab.

Der Input durch Beschwerden ist eine weitere Quelle für das Team, potenziellen Schwachstellen im Unternehmen nachzugehen und sie zu beheben.

Wie auch immer Sie es nennen möchten, KVP-Team oder Qualitätszirkel, in letzter Konsequenz muss es als ganzheitliches Führungssystem und ganzheitliche Denkweise verstanden werden – und nicht als eine reine Sammlung von einzelnen Methoden und deren Ergebnissen. Im Fokus steht die kontinuierliche Verbesserung von Arbeitsweisen und Prozessen aus Sicht interner und externer Kunden.

> **Beispiel**
>
> Im Gesundheitswesen wird Mitarbeitenden in vertraulicher Form die Möglichkeit geschaffen, auf Fehler hinzuweisen, durch die ein Patient geschädigt wurde. Diese werden im CIRS-Bericht (Critical Incident Report System) gesammelt und dem Qualitätszirkel zur weiteren Bearbeitung zur Verfügung gestellt. In diesem Fall handelt es sich um eine irrtümlich auf dem Esstablett weggeräumte Sehbrille einer Patientin.
>
> Der Qualitätszirkel hat die Häufigkeit der Fälle genauer überprüft und dabei festgestellt, dass, sobald dem Patienten das Essen serviert wird, der Tisch frei von Gegenständen gemacht wird.
>
> In den meisten Fällen wird die Brille auf das Tablett statt auf den Nebentisch gelegt. Monatlich zahlreiche ähnliche Fälle waren Grund genug, sämtliches Pflege- sowie Küchenpersonal mit Hinweiszetteln und Teambriefings zu sensibilisieren. Seither werden beim Servieren persönliche Gegenstände bewusst auf den Nebentisch gelegt und beim Wegräumen ein Kontrollblick das Tablett geworfen.
>
> Mit Erfolg, die Zahl dieser Fälle konnte um 80 Prozent reduziert werden.

Qualitätsmanager (oder -beauftragter)

Der QM ist für die Umsetzung der definierten Unternehmungspolitik zuständig. Dies macht er mithilfe eines in der Praxis anwendbaren und umsetzbaren Qualitätsmanagementsystems und unter Berücksichtigung der Unternehmensstrategie bzw. der strategischen Ziele der Organisation. Er stellt die systematischen Weiterentwicklungen und Verbesserungen des Qualitätsmanagementsystems fest und ist häufig ein Mitglied des KVP-Teams, Qualitätszirkels oder Prozessziels (z. B. aufgrund geänderter Normen, Gesetze und Kundenanforderungen oder auf der Grundlage erzielter Prozessergebnisse, Audit- und Review-Feststellungen, Kundenfeedback etc.).

Prozessteam

Das Prozessteam besteht aus verschiedenen Bereichen eines Geschäftsprozesses und unterstützt den Process Owner als Stabsstelle. Abhängig vom Prozessorientierungsgrad der Unternehmung ist es bei der Führung, Gestaltung, Modellierung, Optimierung und Controlling eines Prozesses behilflich und trägt dazu bei, Prozesskosten zu reduzieren und den Fokus auf kundenorientierte Prozesse zu setzen.

Marketing-/Vertriebsteam

Es liefert auf das Kundenbedürfnis bezogene Informationen zur Planung und Steuerung des Beschwerdemanagements (z. B. welche Kanäle der Kunde zur Beschwerde nutzt). Kundenzufriedenheitsumfragen oder diesbezügliche Fragestellungen werden in enger Zusammenarbeit von dem Marketing-/Vertriebsteam sowie dem Qualitätsmanagement vorgenommen. Die Ergebnisse daraus sind Basis und Indikator zur Bewertung der Zielerreichung von Kundenzufriedenheit und Beschwerdezufriedenheit.

Geschäftsleitung

Die Geschäftsleitung muss personelle, finanzielle sowie Ressourcen, die die Infrastruktur betreffen (z. B. Software für Beschwerdemanagementtool), freigeben bzw. bereitstellen. Außerdem ist sie für die Kontrolle der Wirksamkeit und Leistungsfähigkeit zur Erreichung der strategischen Ziele (Kundenzufriedenheit bzw.

★★★-Strategie: Sind Sie schon auf Kurs?

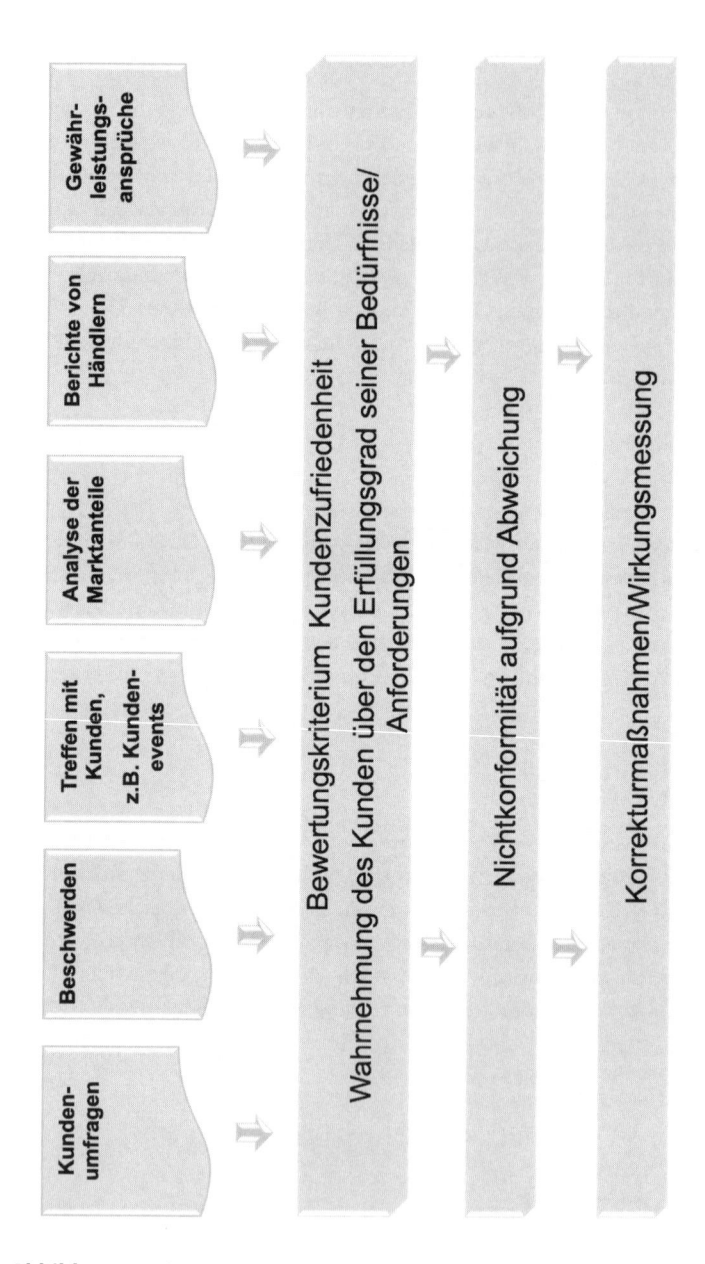

Inputs (Eingänge):
- Kundenumfragen
- Beschwerden
- Treffen mit Kunden, z.B. Kundenevents
- Analyse der Marktanteile
- Berichte von Händlern
- Gewährleistungsansprüche

⇨ Bewertungskriterium Kundenzufriedenheit: Wahrnehmung des Kunden über den Erfüllungsgrad seiner Bedürfnisse/Anforderungen ⇨ Nichtkonformität aufgrund Abweichung ⇨ Korrekturmaßnahmen/Wirkungsmessung

Abbildung 49: Inputs zur Kundenzufriedenheitsbewertung – Nichtkonformität als Auslöser von Weiterentwicklungen und erneute Wirksamkeitsprüfung

Beschwerde-Informationsnutzung

Quellen mit Zahlen, Daten und Fakten für die kontinuierliche Verbesserung:
- Auditberichte/Resultate
- Kundenbeschwerden/Reklamationen
- Kennzahlenreports
- Problemmeldungen
- Fehlerreports/Statistiken
- Verbesserungsvorschläge/Ideen

indirekter Beschwerdemanagement-Prozess

Input für mögliche Gremien zur Bewertung und Weiterentwicklung von Verbesserungspotenzialen:
- Geschäftsleitung
- Marketing-/Vertriebsteam
- Prozessteam
- Qualitätszirkel/KVP-Team
- Innovationsteam

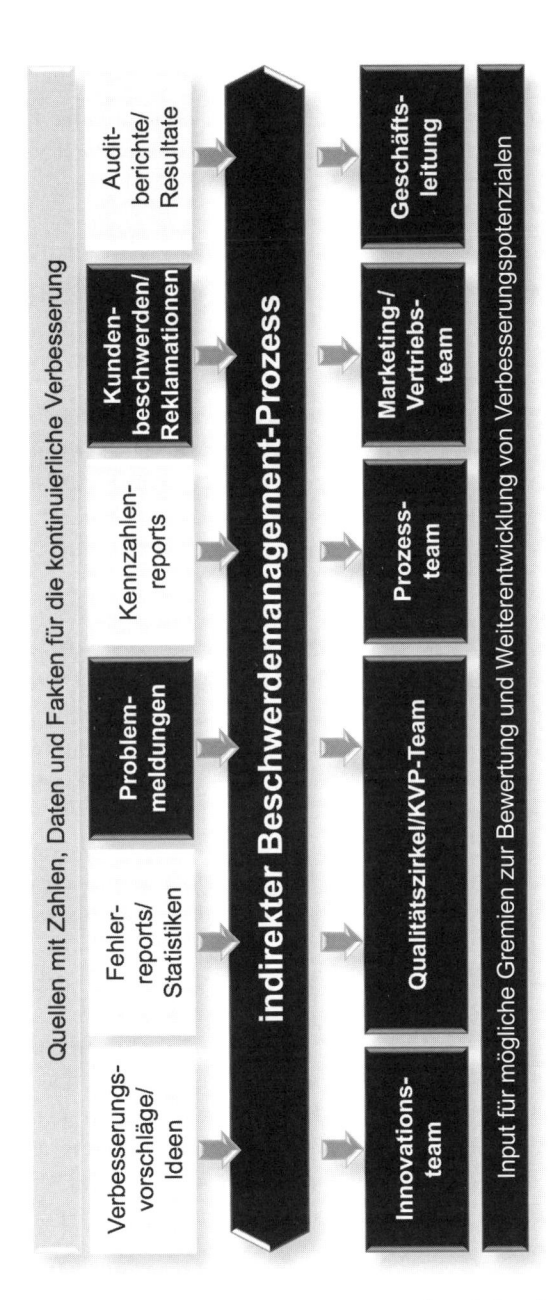

Abbildung 50: Beispiele von Gremien, die mit Beschwerdeinformationen arbeiten (nicht abschließend)

Beschwerdezufriedenheit) zuständig und entscheidet über eskalierte Sonderfälle von Nichtkonformität von Compliance. Ferner ist die Geschäftsleitung für die Förderung des kundenorientierten Denkens und das Schaffen der erforderlichen Kultur im Umgang mit Beschwerden verantwortlich.

Internes Auditmanagement – ein Instrument aus dem Qualitätsmanagement

Eine der Tätigkeiten, die nicht ausdrücklich an die direkten und indirekten Beschwerdemanagementprozesse angekoppelt sind, ist das interne Audit. Es ist eines unter zahlreichen Instrumenten wie Business Excellence, ISO-Zertifizierungen, Vorschlagswesen oder auch Benchmarking, womit Ihr Unternehmen Qualitätsentwicklungen und Qualitätsstrategien plant, umsetzt, prüft und verbessert.

Zunächst soll die Bezeichnung »intern« erläutert werden. Das interne Audit – auch First Party Audit genannt – wird von der Organisation selbst veranlasst. Dem gegenüber steht das externe Audit, auch Second Party Audit genannt. Dieses wird durch akkreditierte Stellen veranlasst und in Ihrem Unternehmen durchgeführt. Gründe dafür können die Überwachung von gesetzlichen Vorschriften oder auch selbstverpflichtende Maßnahmen für eine Zertifizierung wie beispielsweise einer ISO oder eine Branchennorm sein.

Leider ist das Auditmanagement in zahlreichen Unternehmen immer noch missverstanden und wirkt deshalb nicht mit dem vollen Potenzial, das es hätte, Verbesserungen einzuleiten. Dies hat verschiedene Ursachen. Eine davon ist, dass Qualitätsmanagement in manchen Unternehmen nur betrieben wird, weil ein Kunde dies voraussetzt und sogar eine entsprechende Zertifizierung dafür fordert (z. B. ISO-Normenserie). Eine andere Ursache ist die Unkenntnis, dass Qualitätsmanagement keine Parallelwelt zum Tagesgeschäft des Unternehmens ist, sondern integriert einen wichtigen Beitrag leistet, z. B. die Effektivität und Effizienz prüft, um den Verantwortlichen des Prozesses darüber zu informieren, ob im Prozess die richtigen Dinge getan und diese Tätigkeiten auch richtig umgesetzt werden. Neben dem Reporting ist es also ein wirkungsvolles Verfahren, die Wirksamkeit des Prozesses zu überprüfen.

An dieser Stelle werde ich von meinen Kunden gefragt, ob ein systematisch gut aufgesetztes Reporting oder Cockpit nicht ausreiche. Nein, tut es nicht. Das

Reporting, besonders für das Beschwerdemanagement, ist vorwiegend retrospektiv. Sie sehen sich die Häufigkeit von bereits eingegangenen Beschwerden und viele andere Auswertungen an. Aber die Beschwerde hat sich schon ereignet und deshalb ist die Maßnahme nur noch reaktiv. Das ist nicht schlecht und in vielen Fällen auch unvermeidlich. Doch ein gutes Reporting kann sogar ein internes Audit als Maßnahme und Konsequenz fordern. Mit einer Auditierung hingegen machen Sie sich ein Bild über die effektive Wirksamkeit, indem Sie – bildlich gesprochen –, die Abdeckung eines laufenden Systems öffnen, die Vorgänge betrachten und die Gegenwart bewerten. Und hier kommt die andere häufig gestellte Frage meiner Kunden: »Aber wenn Sie genau den einen Fall ansehen, der ausgerechnet nicht funktioniert, heißt das ja nicht, dass der ganze Prozess nicht funktioniert. Also kann man das doch gar nicht als ganze Wahrheit ansehen, oder?« Es ist auch nicht die Absicht des Audits, durch eine Stichprobe den gesamten Prozess infrage zu stellen, sondern eben nur diesen auditierten Teilbereich. Aber nur schon diesen »Einzelfall« aufzudecken und zu beheben, ist das ureigenste Ziel eines Audits.

Deshalb beschränke ich auch hier die Grundlagen des internen Audits und wie Sie sich dieses Instrument zur systematischen Überwachung des Beschwerdemanagements zunutze machen können.

Bei der Überprüfung und Bewertung der Kundenzufriedenheit im Beschwerdemanagementprozess geht es also darum festzustellen, ob die Tätigkeiten und die damit zusammenhängenden Ergebnisse den geplanten Anordnungen entsprechen. Werden diese in der Praxis tatsächlich verwirklicht und sind sie geeignet, die Kundenzufriedenheitsziele zu erreichen?

Das Audit überprüft demnach die Konformität zu bestimmten Beschwerdemanagement-Standards und -kriterien und prüft unterschiedliche Aspekte auf ihre Einhaltung und Erfüllung:

➤ Die Wirksamkeit des Beschwerdemanagements innerhalb des Managementsystems

➤ Die Erfüllung von Vorgaben, Gesetzen, Richtlinien, Normen etc.

➤ Verbesserungspotenziale und Korrekturmaßnahmen

Außerdem sollten Sie beim Audit – abhängig vom Umfang Ihres Beschwerdemanagements (Kundenbeschwerden, Lieferantenbeschwerden, interne

Mitarbeiterbeschwerden) – auch Gruppenbedürfnisse Ihrer Anspruchsgruppen berücksichtigen, die möglicherweise nicht primär als Kunde behandelt werden (z. B. Auftraggeber in öffentlichen Institutionen, die das Unternehmen subventionieren).

Grundfragen, die bei fast jedem Prozessaudit relevant sind, lauten:

➤ Wie kann die Kundenorientierung weiter verbessert werden?

➤ Was verlangen die Standards des Beschwerdemanagements?

➤ Wie kann die Wirksamkeit und der Nutzen des Beschwerdemanagements weiter erhöht werden?

Die Kundenzufriedenheit als höchstes Ziel sowie der große Wettbewerb auf dem Markt machen das Thema Beschwerdemanagement zu einem wichtigen Teilthema des Kundenzufriedenheitsmanagements. Deshalb ermitteln Auditfragen häufig nicht nur den Beschwerdemanagementprozess als ein gesondertes Thema, sondern kombiniert mit der Ermittlung des übergeordneten Ziels, der Kundenzufriedenheit.

Das Qualitätsmanagement unterscheidet zwischen Prozessaudit, Produktaudit, Verfahrensaudit und Systemaudit (siehe Anhang).

Auditprozess

Nebst den durch das Qualitätsmanagementteam vorausgeplanten regulären internen Audits kommt das Audit des Beschwerdemanagements in der Regel immer dann zur Anwendung, wenn ein Produktaudit kritische Fehler bei Produkten feststellt oder wenn sich Kunden wiederholt beschweren und die Ursachensuche im Prozess durch den Prozesseigner in Auftrag gegeben wird.

Das Audit dient also zur Ursachenforschung und Prozessverbesserung durch dafür qualifizierte interne Auditoren.

Die Voraussetzungen für die Durchführung des Audits sind definierte und eingeführte Soll-Prozesse für das Beschwerdemanagement. Diese gehen aus dem vorgängig zum Einführungsprojekt erarbeiteten Beschwerdemanagementkonzept hervor.

Das Audit kann auf verschiedenen Ebenen und mit unterschiedlichen Zielen durchgeführt werden. Beispielsweise kann nach der Einführung des Beschwerdemanagements geprüft werden, ob die tatsächliche Umsetzung der Planung entspricht. Auch ein regulär aufgrund des Auditprogramms vorgesehenes Prozessaudit kann ein Auslöser sei. Auch gehäufte Beschwerden können den Process Owner veranlassen, ein Prozessaudit in Auftrag zu geben.

Aufgrund dieser Auslöser kann man nun entlang des Beschwerdemanagementprozesses und mittels einer Checkliste auditieren, bewerten und mit dem Process Owner vereinbarte Maßnahmen dokumentieren. Das Prozessaudit überprüft als Frühwarnsystem bestimmte Vorgänge und Arbeitsabläufe auf ihre Wirksamkeit, Fehlentwicklungen und Verbesserungspotenziale.

Das Prozessaudit des Beschwerdemanagements legt die Themenschwerpunkte auf die Bereiche Strategie-, Verfahren-, Maßnahmen- und Rahmenfaktoren-Audit (Stauss/Seidel).

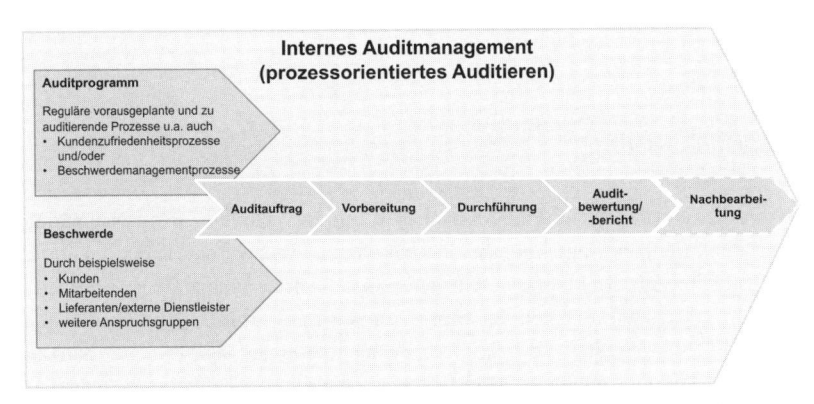

Abbildung 51: Auditprozess von der Planung bis zum Abschluss mit unterschiedlichen Auslösern

Strategieaudit

Im Kapitel 2 haben Sie erfahren, mit welchen Überlegungen Sie Ihre Beschwerdestrategie wählen. Im Audit geht es nun darum, diese auf Konsistenz und Vorgehen zu überprüfen und zu bewerten. Wurde die Ist-Analyse richtig durchgeführt und wurden die dafür erforderlichen Maßnahmen festgelegt? Da das Gelingen Ihrer Strategie auch von der Umsetzung der Maßnahmen abhängt (Risiko), wird der Prozess bis auf diese Ebene auditiert. Diese Überprüfungsweise gilt nicht nur für die externen Kundenbeschwerden. Dies können auch interne Beschwerden sein. Denn deren Nichtberücksichtigung kann durch Mitarbeiterunzufriedenheit zu einem unternehmerischen Risiko werden.

Verfahrensaudit

Dieses Audit ist sehr prominent in Unternehmen, bei denen das Messen und Prüfen eine Kernaufgabe ist. Das Verfahrensaudit beurteilt, wie der Name schon sagt, das Verfahren, ob die eingesetzten methodischen Instrumente korrekt und sinnvoll eingesetzt werden. Typische Beispiele im Beschwerdemanagement sind die Kundenzufriedenheitsumfrage, FRAB oder die Weiterverwendung von Beschwerdeinformationen, die allesamt in einem früheren Teil von Kapitel 4 vorgestellt wurden.

Maßnahmenaudit

Während im Strategieaudit die Maßnahmen auf ihre Eignung zur Zielerreichung geprüft werden, wird im Maßnahmenaudit die inhaltliche Planung der Erfüllung der Aufgaben im direkten und indirekten Beschwerdemanagementprozess geprüft. Hier sind wir inmitten der Umsetzung und prüfen sozusagen bottom-up, ob die Aktivitäten einen strategischen Bezug aufweisen, tatsächlich wirkungsvoll sind, Synergien genutzt werden und ob hinsichtlich des effizienten Arbeitens noch Verbesserungspotenzial besteht.

Rahmenfaktoreaudit

Diese Auditart dürfte die anspruchsvollste ihrer Art sein. Zwar ist es schnell gesagt, dass sie der Frage nachgeht, ob die nachstehenden Rahmenbedingungen strategiegerecht gestaltet wurden. Doch die inhaltliche Tragweite im gesamten Unternehmen wird mit den nachstehenden Beispielen deutlich.

1. **Personelle Rahmenbedingungen:** Hier wird geprüft, ob das Personal angemessen ausgestattet ist, um das Beschwerdemanagement in der geplanten Art und Weise umzusetzen. Dies können beispielsweise Schulungen oder Empowerment durch Kompetenzübertragung sein. Und auch Maßnahmen wie etwa die Befähigung durch Schulung werden auf ihre Wirksamkeit geprüft und bewertet.

2. **IT-Rahmenbedingungen:** Auch die IT wird, sofern für Ihr Unternehmen zutreffend, auf den Prüfstand gestellt. Stellt die IT die Hard- und Software in dem Umfang zur Verfügung, dass das angestrebte Ziel erreicht werden kann? Bietet die Software einen hohen Automatismus in der Abwicklung und weist sie eine hohe Kompatibilität zu Schnittstellen auf, sodass die Effizienz durch Medienbrüche nicht beeinträchtigt wird? Im weitesten Sinne kann hier auch die Einhaltung der SLAs (Verfügbarkeit der Leistung/Software) ein weiterer Auditpunkt sein.

3. **Organisatorische Rahmenbedingungen:** Bei diesem Themenschwerpunkt wird das Organisatorische auf seine Zweckdienlichkeit überprüft. Genügen die realisierten organisatorischen Lösungen, um die Ziele des

Strategieaudit
Prüfung von
- Voraussetzungen
- Schlussfolgerungen
- strategischen Zielen

Verfahrensaudit
Prüfung von
- Planungsverfahren
- Methodeneinsatz
- Informationsversorgung

Beschwerdemanagement-Audit

Maßnahmenaudit
Prüfung von
- Vereinbarkeit mit der strategischen Grundkonzeption
- wechselseitiger Maßnahmenabstimmung
- Effizienz des Maßnahmeneinsatzes

Rahmenfaktorenaudit
Prüfung von
- Personalaustattung
- informationstechnologischer Infrastruktur
- Organisationseffizienz
- finanziellen Ressourcen

Abbildung 52: Themenschwerpunkte im Audit des Beschwerdemanagementprozesses

Beschwerdemanagements zu erreichen? Diese Frage nach der Zweckdienlichkeit wird bereits auf die Frage gerichtet, nach welchen Kriterien ein zentrales (SPOC) oder dezentrales Beschwerdemanagement entschieden wurde und ob ein Outsourcing des Beschwerdemanagements vielleicht eine attraktivere Alternative darstellt. Und eine der wichtigsten Fragen dürfte sein, ob dem Beschwerdemanagement die Einflussrechte im Unternehmen ermöglicht werden, damit das übergeordnete Ziel der Kundenzufriedenheit erreicht wird. Lautet hier die Antwort Nein, dann dürfen Sie fast das gesamte Beschwerdemanagement infrage stellen.

Auditfragen angelehnt an Kapitel 4 bis 10 der Normanforderungen der ISO 9001:2015

4 Kontext der Organisation

- Kennt die Organisation die Kunden und relevanten Anspruchsgruppen und deren Erwartungen (aufgrund ihres potenziellen Einflusses auf die Organisation)? *(4.2)*
- Baut die Organisation ein Kundenzufriedenheitsmanagement (Beschwerdemanagement) auf, setzt dieses um und verbessert es kontinuierlich? *(4.4)*
- Werden zur Umsetzung der Prozesse dokumentierte Informationen verwendet und Nachweise so aufbewahrt, dass darauf vertraut werden kann, dass die Prozesse plangemäß umgesetzt werden? *(4.4)*

5 Führung

- Übernimmt die oberste Leitung der Organisation die Rechenschaftspflicht für die Wirksamkeit der Kundenzufriedenheit und das Beschwerdemanagement im Besonderen und stellt sicher, dass die relevanten Anforderungen/Maßnahmen in die Geschäftsprozesse der Organisation integriert werden? *(5.1)*
- Fördert die oberste Leitung der Organisation das Bewusstsein für den kundenorientierten Ansatz und die kontinuierliche Verbesserung durch das Beschwerdemanagement? *(5.1)*
- Stellt die oberste Leitung der Organisation sicher, dass die Anforderungen der Kunden und betreffende gesetzliche sowie behördliche Anforderungen erfüllt und Beschwerden vermieden werden? *(5.1)*

6 Planung

- Legt die Organisation im Einklang mit der Qualitätspolitik messbare und umsetzbare Ziele für das Beschwerdemanagement bzw. die Kundenzufriedenheit fest? *(6.2)*
- Sind die festgelegten Ziele relevant für die Konformität von Produkten und/oder Dienstleistungen sowie für die Verbesserung der Kundenzufriedenheit? *(6.2)*
- Sind die festgelegten Beschwerdemanagement-Ziele dokumentiert, bekannt, werden überwacht und ggf. aktualisiert? *(6.2)*

7 Unterstützung

- Wird das Wissen, das die Organisation benötigt, um das Beschwerdemanagement umzusetzen und um die Konformität der Produkte und/oder Dienstleistungen zu erreichen, in ausreichendem Umfang zur Verfügung gestellt? Wird dabei auch zukünftiges Wissen berücksichtigt? *(7.2)*
- Hat die Organisation für Mitarbeitende, welche die Beschwerdezufriedenheit (Qualitätsleistung) beeinflussen, die erforderlichen Kompetenzen bestimmt und stellt diese durch Ausbildung, Schulung und Erfahrung sicher? *(7.2)*
- Sind sich Mitarbeitende des Ziels der Kundenzufriedenheit (Qualitätspolitik), der relevanten Beschwerdemanagementziele sowie ihres Beitrags zur Wirksamkeit bewusst? *(7.3)*

8 Betrieb

- Beinhaltet die Kommunikation mit dem Kunden Informationen über dessen Zufriedenheit inkl. Beschwerden? *(8.2)*
- Stellt die Organisation sicher, dass die Erwartungen an Produkte und/oder Dienstleistungen inklusive gesetzliche und behördliche Anforderungen festgelegt sind? *(8.2)*
- Stellt die Organisation sicher, dass sie die Fähigkeit besitzt, die festgelegten Erwartungen und Anforderungen an die Produktions- und Dienstleistungsversprechen zu erfüllen? *(8.2)*

9 Bewertung der Leistung

- Verwendet die Organisation bezüglich Kundenzufriedenheit Informationen über die Eindrücke und Meinungen der Kunden, um festzustellen, inwieweit Erwartungen erfüllt werden? Sind die Methoden zu deren Erfassung festgelegt? *(9.1)*

- Stellt die Organisation die Umsetzung von Kundenzufriedenheitsumfragen, Verarbeitung von Kundendaten in Bezug auf Qualität der gelieferten Produkte oder der erbrachten Dienstleistung, zur Analyse der Marktanteile, der Forderung nach Garantieleistungen und dem Bericht von Händlern sicher? Bewahrt sie dokumentierte Nachweise darüber auf und verwendet diese Ergebnisse für die Managementbewertung? *(9.1)*

- Führt die Organisation in geplanten Abständen interne Audits durch, um festzustellen, ob das Qualitätsmanagementsystem die eigenen Anforderungen und jene der ISO 9001 erfüllt und wirksam umsetzt? *(9.2)*

10 Maßnahmen

- Erkennt die Organisation Verbesserungsmöglichkeiten und setzt diese um, um die Erwartungen der Kunden zu erfüllen und die Kundenzufriedenheit zu erhöhen? *(10.2)*

- Werden Maßnahmen zur Korrektur ergriffen, wenn Produkte oder Dienstleistungen nicht den Anforderungen entsprechen? *(10.2)*

- Werden Maßnahmen zur Beseitigung der Ursachen von Nichtkonformitäten ergriffen, damit diese nicht erneut auftreten? *(10.2)*

Checkliste für Ihren ★★★ Stern

- ☐ Sie messen die Bereitschaft Ihrer Kunden, Ihr Unternehmen weiterzuempfehlen.

- ☐ Die Maßnahmen sind geschaffen, um zu bestimmen, ob der Aufwand im Verhältnis zum Ergebnis steht.

- ☐ Sie sehen die Häufigkeit einer Beschwerde (Frequenz) und können das Empfinden (Relevanz) des Kunden einschätzen (FRAB).

- ☐ Durch die FRAB sind Sie in der Lage, Ihre Beschwerdegründe zu priorisieren.

- ☐ Sie verfügen über eine systematische Ursachenanalyse, die Fehlern auf den Grund geht und Maßnahmen einleitet (z. B. FRAB, 8-D, Ishikawa)

- ☐ Beschwerdemanagement-Controlling:
    - ☐ Durch ein Aufgabencontrolling stellen Sie sicher, dass die richtigen Aufgaben »richtig« umgesetzt werden.
    - ☐ Aufgaben und Verantwortungen sind im Zusammenhang mit dem Beschwerdemanagement festgelegt.
    - ☐ Ziele der Beschwerdemanagementaufgaben sind definiert und stellen einen Standard zur Messung dar.
    - ☐ Sie können die Beschwerdekosten dem Nutzen gegenüberstellen und dabei Zeitperioden vergleichen.

- ☐ Sie sind in der Lage, benutzergerechte Auswertungen in verdichteter Weise und mit anderen Beschwerdedaten in Bezug zu bringen und zu generieren.

- ☐ Beschwerdereporting:
Sie verfügen über ein Beschwerdemanagementcockpit, das die Zielerreichung und Steuerung des Beschwerdemanagements überwacht.

- ☐ Sie können mit den gewonnenen Informationen zielgerichtete Maßnahmen einleiten.

- ☐ Sie prüfen die Wirksamkeit des Beschwerdemanagements mittels interner Audits.

5. ★★★★-Strategie: Wenn es im Unternehmen funktionieren soll

Allen Maßnahmen zum Trotz kann es Ihnen ähnlich ergehen wie vielen anderen Unternehmen auch: Die angestrebte Steigerung der Zufriedenheit aus Kundensicht bleibt aus. Hintergrund dafür ist das Fehlen eines ganzheitlichen Ansatzes und Führungsverständnisses. Aufgrund anderweitig wichtiger Tagesgeschäfte wird das Beschwerdemanagement für kundennahe Bereiche eingeführt und das weitere Potenzial außer Acht gelassen.

Das nachfolgende Kapitel stellt die wichtigsten Voraussetzungen vor, die im Zusammenhang mit einem erfolgreichen Beschwerdemanagement vorliegen müssen. So z. B. das Thema Fehlerkultur, das aufzeigt, dass das Beschwerdemanagement ein anspruchsvoller und nicht geradliniger Weg ist. Ohne die richtige Haltung zu Fehlern verfällt das Beschwerdemanagement zu einem »Aktionismus«, der bestenfalls eine Verbesserung der Kommunikationsfähigkeit der kundennahen Mitarbeitenden erzielen wird.

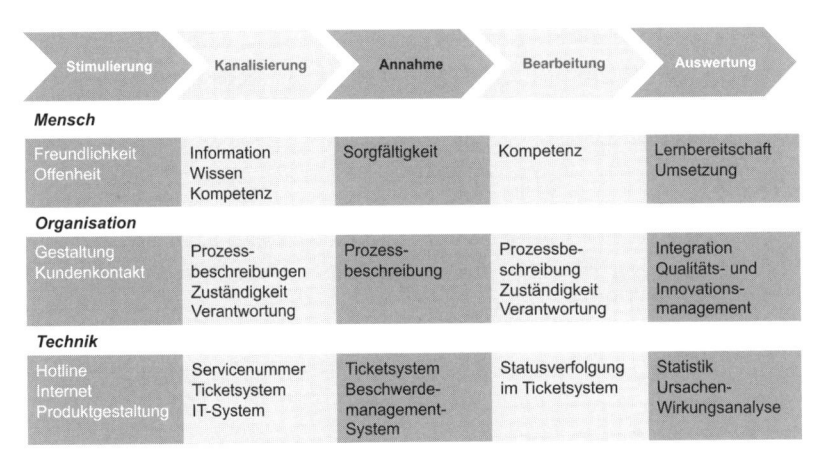

	Stimulierung	Kanalisierung	Annahme	Bearbeitung	Auswertung
Mensch	Freundlichkeit Offenheit	Information Wissen Kompetenz	Sorgfältigkeit	Kompetenz	Lernbereitschaft Umsetzung
Organisation	Gestaltung Kundenkontakt	Prozessbeschreibungen Zuständigkeit Verantwortung	Prozessbeschreibung	Prozessbeschreibung Zuständigkeit Verantwortung	Integration Qualitäts- und Innovationsmanagement
Technik	Hotline Internet Produktgestaltung	Servicenummer Ticketsystem IT-System	Ticketsystem Beschwerdemanagement-System	Statusverfolgung im Ticketsystem	Statistik Ursachen-Wirkungsanalyse

Abbildung 53: Handlungssystem des Beschwerdemanagements gegliedert nach Mensch, Organisation und Technik (Quelle: www.wissen.de)

★★★★-Strategie: Wenn es im Unternehmen funktionieren soll

Sie führen ein Changeprojekt ein

Es wäre unprofessionell zu glauben, dass die Einführung des Beschwerdemanagements mit dem PDCA-Ansatz, dem Konzept von Schulungen, schon zum Erfolg führt. Diese Maßnahmen können eine systematische Einführung und Umsetzung sicherstellen, aber sie können nicht deren Erfolg herbeiführen. Dafür bedarf es eines Change – denn geprägt wird auch die Kultur in den Umgangsformen.

Insofern unterscheidet sich die Einführung des Beschwerdemanagements deutlich von technischen Projekten. Wenn Beschwerdemanagement den konstruktiven Umgang mit Fehlerrückmeldungen bedeutet, dann ist Change-Management das Instrument zur Steuerung dieses sozialen Wandels auf allen Hierarchiestufen.

Erfolgreich sind Beschwerdemanagementprojekte deshalb nur dann, wenn ihre Ziele überzeugend vermittelt und vorgelebt, Unsicherheiten konstruktiv bewältigt werden und das Ziel zu einem selbstverständlichen Verhalten wird. Stellen Sie deshalb – und hier wird insbesondere die Führung angesprochen – folgende erfolgskritische Faktoren bei der Einführung des Beschwerdemanagementprojektes sicher:

1. Ihr Beschwerdemanagement muss schlüssig und das Konzept mit allen Beteiligten abgestimmt sein. Meiden Sie Aufträge an Mitarbeitende, die eine Vorgabe bei der Erarbeitung des Konzeptes haben: die Zeit für den Abgabetermin. Abstimmungen im Vorfeld brauchen Zeit. Diese Investition macht sich aber bezahlt, wenn bei der Umsetzung weniger Widerstände und Irritationen auftreten und alle wesentlichen Anspruchsgruppen das Projekt motiviert mittragen.

2. Die Ziele des Beschwerdemanagements müssen allen Beteiligten bekannt und verständlich sein. Man kann nicht nicht-kommunizieren – aber zu wenig durchaus.

3. Etablierung eines schlagkräftigen Projektkernteams mit folgenden Eigenschaften:
   ➤ Rückhalt in der Geschäftsleitung ist gewährleistet
   ➤ Hinreichende Erfahrung und Sachverstand – auch für die »politischen Details« – ist vorhanden.

> Das Projektkernteam repräsentiert im Querschnitt die Anspruchsgruppen, die direkt oder indirekt vom Beschwerdemanagement betroffen sind.
> Es verfügt Ansehen im Unternehmen bzw. ist von Mitarbeitenden akzeptiert.
> Es verfügt über die notwendigen Ressourcen.

4. Entwickeln Sie eine realistische Umsetzungsplanung. Berücksichtigen Sie dabei auch die Erarbeitung, in welcher Reihenfolge, mit welchen Anspruchsgruppen und in welchem Setting Umsetzungsmaßnahmen erarbeitet und abgestimmt werden.

5. Dichte Informationspolitik: Gehört heißt nicht verstanden und verstanden heißt nicht akzeptiert. Auch sind Informationsausdrucke, an Boards aufgehängt, nicht ausreichend. Information ist eine Bringschuld. Daher ist klare, zeitnahe Information über Ziele, den (Zwischen-)Status und Erfolge sowie Herausforderungen des Veränderungsprozesses unerlässlich. Wenn Sie die Informationen dann noch stufengerecht und mit einem direkten Bezug zur Tätigkeit des Mitarbeitenden kommunizieren, dann dürfte Ihr Projekt zumindest nicht daran scheitern.

6. Die wichtigsten Entscheidungsträger und Anspruchsgruppen haben bei der Entwicklung des Konzepts mitgewirkt: Im Rahmen einer einfachen Anspruchsgruppenanalyse können Sie direkt Beteiligte und indirekt Betroffene identifizieren. Dann entwickeln Sie die Planung, wie und zu welchem Zeitpunkt Sie diese Gruppen einbeziehen.

7. Schnelle Erfolge ermöglichen: Schaffen und kommunizieren Sie schnell und deutlich sichtbare erste Erfolgserlebnisse. Dies verschafft dem weiteren Verlauf Rückhalt.

8. Kritiker mit einbeziehen: Einwände enthalten oftmals wichtige Details für die weitere Umsetzung, die möglicherweise übersehen wurden. Kritiker sehen sich oftmals als »Bewahrer des Bewährten«. Verzichten Sie nicht auf diese Informationsquelle, selbst wenn Sie möglicherweise von der Kritik betroffen sind.

9. Abhängigkeiten beachten: Betrachten Sie unerwünschte Effekte nie isoliert, sondern immer im Kontext ihrer Ursache. Ursachen auf den Grund zu gehen,

gibt Ihnen wertvolle Hinweise und erleichtert es, die wahren Bedürfnisse der Beteiligten besser zu erkennen.

10. Verwendung von bewährten und anschlussfähigen Methoden: Prüfen Sie stetig, ob Ihr Vorgehen und Ihre Kommunikation zur Unternehmenskultur passt.

11. Widerstand bei der Einführung berücksichtigen: Widerstand ist eine wichtige Information. Wer ihn ignoriert, lässt eine wichtige Ressource ungenutzt.

12. Bereitstellung aller notwendigen Ressourcen: Geld, Personal und gegebenenfalls Räumlichkeiten sind Sache des Projektleiters. Die Ressource auf Führungsebene lautet Managementkapazität und Zeit zur Umsetzung bei den Mitarbeitern.

13. Verhaltens- und Leistungsanreize prüfen: Anreize können als Beschleuniger von Verhaltensänderungen genutzt werden.

Beschwerdekultur

Die Einführung eines Beschwerdemanagements besteht aus zwei Teilen. Der eine ist der formale Teil, wobei das Konzept die Planung und Umsetzung beschreibt.

Der andere Teil besteht aus der dafür erforderlichen Kultur, die den Spirit in der praktischen Umsetzung bedeutet und ausmacht. Ziel muss sein, dass Sie eine Beschwerde- oder Feedbackkultur haben und niemand sie wahrnimmt, weil sie so selbstverständlich und natürlich integriert ist.

Wer nichts zur Lösung beiträgt, ist Teil des Problems.

Während die Konzipierung im zweiten Kapitel dieses Buches beschrieben ist, finden Sie nachstehend wichtige Schritte zur Einführung der richtigen Kultur. Die Methodik ist weitestgehend bekannt und lehnt sich auch hier an Qualitätssteigerungsprogramme an.

Ein Wort zu Projekten allgemein. Kennen Sie die Situation, in denen Sie freudig einem Kollegen erzählen, dass Sie endlich die Führung überzeugen konnten, das eine oder andere Projekt anzugehen, damit endlich eine Schwachstelle im Unternehmen verbessert werden kann? Und dann kommen die missbilligenden Worte: »Schön, wenn du daran glaubst. Aus Erfahrung kann ich dir nur raten: Warte noch ein wenig mit deinen Bemühungen. Auch dieses Projekt wird bald wieder über Bord geworfen.«

Solche Reaktionen kommen dann vor, wenn man kein Vertrauen mehr in die Führung hat, die Projekte initialisiert und wiederholt beim ersten Kostendruck alles auf Eis legen lässt. Und wenn sich dieses Spiel zweimal wiederholt hat, wird Ihnen das dritte Mal kaum mehr einer Begeisterung schenken. Denn möglicherweise haben dieselben Personen in die ersten Projekte viel Zeit und Arbeit investiert, die weitestgehend im Nichts endeten. Das Stoppen eines Projektes zur Einführung des Beschwerdemanagements hätte außerdem die Folge, dass der Führung das Unverständnis unterstellt würde, dass es um die Kundenzufriedenheit gehen muss. Und um hier noch ein Argument draufzulegen. Ganz zu schweigen davon, welches Risiko in finanzknappen Zeiten entsteht, wenn das Unternehmen den Fokus nicht auf Kundenwünsche und -erwartungen setzt.

Zurück zur Beschwerdekultur. Wie schon beim Thema Erfolgskriterien des Changeprojektes erläutert, sollten Sie bei der Zusammenstellung des Projektteams beachten, dass es Vertreter verschiedener Bereiche enthält. Wer hat ein Interesse am Beschwerdemanagement, sei es beratend, informierend oder direkt Betroffener? Der Process Owner könnte dabei die Projektleitung übernehmen, wobei ihn der Qualitätsmanager als Sparringspartner tatkräftig unterstützt.

Die anderen Projektmitglieder sollten ein starkes Committment zum Thema Beschwerdemanagement geben und auch sonst im Unternehmen akzeptierte Personen sein.

Fehlerkultur

Vielen Unternehmen ist es inzwischen klar geworden: Wenn das Beschwerdemanagement funktionieren soll, muss die Furcht vor Fehlern und die Schuldigensuche abgebaut werden. Diese werden vom Beschwerdeempfänger nämlich empfunden. Die Konsequenz davon ist, mit dem Beschwerdemanagement im Unternehmen auch eine Fehlerkultur einzuführen.

★★★★-Strategie: Wenn es im Unternehmen funktionieren soll

Als Unternehmungsberaterin begegne ich vorwiegend zwei Formen von Fehlerkultur:

Entweder das Streben nach einer Fehlerkultur oder aber die Null-Fehler-Kultur, die eher eine missverstandene Methode ist, vorwiegend in der Industriebranche. Ich schreibe hier bewusst »das Streben« nach einer Fehlerkultur. Denn mehr ist es trotz ihrer Popularität oft nicht, zumindest nicht in der Wirkung.

Und wie sieht es mit der Null-Fehler-Kultur in der Praxis aus? Hier herrscht häufig gefährliches Halbwissen. Ein wenig plakativ dargestellt, liest ein Führungsmitglied von einer Erfolgsgeschichte oder hört sich einen Vortrag an. Dort wird berichtet, wie ein Unternehmen oder gar der Mitbewerber die Kosten massiv senken konnte, nachdem die sogenannte Null-Fehler-Kultur eingeführt wurde. Im Kopf des Führungsmitgliedes kreisen die Kernbotschaften »*ohne Fehler eine hohe Qualität ... weniger Risiken ... hohe Kundenzufriedenheit und Ertragssteigerung... bei sinkenden Kosten ...*«. Ohne weiter auf den Inhalt der Null-Fehler-Kultur eingehen zu wollen, entscheidet sich der Vorgesetzte für deren Einführung im eigenen Unternehmen.

Der Auftragnehmer oder Projektleiter versteht möglicherweise den korrekten Ansatz der Null-Fehler-Kultur. Aber wie viele Angestellte diskutieren mit dem Vorgesetzten schon über sein fachliches Verständnis zu einem Thema? Also wird die Null-Fehler-Kultur eingeführt.

Noch herausfordernder wird es, wenn ich mich in Abklärungsgesprächen zu einer Projektanfrage erkundige, was genau unter der gewünschten Fehlerkultur verstanden wird und was man damit bezweckt. Darauf können mir die wenigsten Ansprechpartner eine klare Antwort geben. Manche umschreiben mir dann die Merkmale, woran die geforderte Fehlerkultur zu erkennen ist. Ein Beispiel: »Unsere Mitarbeiter sollen über Fehler reden können.«

Nun, eines stimmt: Die Fehlerkultur ist tatsächlich die Basis des Beschwerdemanagements, weswegen nachstehend Grundlegendes zur Fehlerkultur ausgeführt wird.

Zurück zur Null-Fehler-Kultur. Was eine Null-Fehler-Kultur erreicht, ist, dass keine Fehler mehr gemacht werden, nur weil eine Methodenschulung durchgeführt und der Startschuss dafür gegeben wird.

Darauf bezieht sich die Bezeichnung »Null-Fehler-Kultur« nicht. Es müsste besser »Null-Wiederholungsfehler-Kultur« heißen. Es ist vergleichbar mit dem Excellence-Ansatz. Das Ziel von null Fehlern ist dabei als erstrebenswertes Idealbild zu verstehen, oder zumindest die Vermeidung einer Wiederholung desselben Fehlers.

Kaum einem Unternehmen wird es möglich sein, dieses exzellente Ziel zu erreichen. Aber schon die Bemühung, das Ziel zu erreichen, reduziert als Konsequenz die Fehlerquote im Allgemeinen.

Das nächste Missverständnis liegt darin, dass mit der Entscheidung, eine Fehlerkultur einzuführen, Fehlerdiagnosemethoden, Ursachenanalysen und Lösungen für systematische Fehler eingeführt und geschult werden. Dies mag die technokratisch richtige Maßnahme sein, aber ging es nicht um die Änderung der Haltung jedes Einzelnen?

Ein weiteres Missverständnis ist die Erhöhung von Kontrollen nach der Projekteinführung. Kontrollen zur Änderung eines Verhaltens erhöhen den Druck, ein Verhalten zu zeigen, zu dem der Mitarbeitende möglicherweise noch nicht bereit ist. Und Druck erhöht wiederum die Fehlerwahrscheinlichkeit. Somit hemmen Kontrollen die Fehlerkultur sogar.

Wie aber führt man eine »richtige« Fehlerkultur ein? Durch tagtägliches Vorleben als Führungskraft, vielen Iterationen und Lernprozesse, noch mehr menschliche Aspekte, jede Menge Aufklärungsarbeit für den Nutzen und eine Riesenportion Vertrauensvorschuss seitens der Führung.

Die Grundlage eines erfolgreichen Beschwerdemanagements ist also ein natürlicher und leichter Umgang mit Kundenrückmeldungen zu gemachten Fehlern. Und was sind die Ursachen von Fehlern? Vorwiegend sind es die folgenden menschlichen Faktoren wie Zeitdruck, Urteils- oder Wissensfehler usw.

Spricht ein Unternehmen von der Einführung einer Fehlerkultur, meint es eigentlich, den gegenwärtigen Umgang mit Fehlern zu ändern. Denn über eine Fehlerkultur im Umgang mit Fehlern verfügt jedes Unternehmen. Die Frage ist bloß, welcher Umgang das ist.

Einführung der Fehlerkultur

Wie das Wort »Kultur« schon sagt, geht es um Werte und die Haltung Einzelner. Diese zu ändern ist bekanntlich nicht von heute auf morgen möglich. Die Einführung einer offenen und konstruktiven Fehlerkultur ist deshalb ein anspruchsvoller und nicht geradliniger Weg.

Wie Elke M. Schüttelkopf treffend beschreibt, handelt es sich beim Fehler machen nicht um den Weg des Fortschrittes, sondern um ein »Voran-Irren«. Aus Irrtümern entstehen Fehler, die wiederum zu neuen Erkenntnissen und neuen Entwicklungen führen. Das lässt sich gut am Beispiel der Natur erklären. Da sich das Umfeld ständig veränderte, passte sich der Mensch den neuen Gegebenheiten an. Die Entwicklung kommt also aus der Erkenntnis, dass etwas mangelhaft ist.

Der Prozess lebt nur bei Offenheit und gegenseitiger Wertschätzung.

Und weil der Kulturwandel ein anspruchsvolles Unterfangen ist, reicht es nicht aus, dass die Führung ein paar Leitsätze zur neuen Fehlerkultur formuliert und für die Mitarbeitenden ein eintägiges Seminars zu den Grundlagen des Feedbackgebens organisiert. Dies sind zwar Elemente bei der Einführung von Fehlerkultur, aber eben nur Teile des großen Ganzen. Um eine nachhaltige Fehlerkultur als einen kontinuierlichen Verbesserungsprozess (KVP) zu etablieren, muss Ihr Unternehmen erst einmal eine kulturelle Grundlage schaffen und im Rahmen des Qualitätsmanagements die Prozessstruktur Ihrer Organisation definieren. Der Beschwerdeprozess lebt nur bei Offenheit und gegenseitiger Wertschätzung. Erst danach können durch interne oder externe Mitarbeiterschulungen die notwenigen KVP-Werkzeuge zum Einsatz gebracht werden, um erst dann die sogenannte Null-Fehler-Kultur zu realisieren.

Auch die aus dem Qualitätsmanagement bekannte Norm ISO 9001:2015 schließt Fehler nicht aus und regelt mittels der Anforderung »Steuerung nicht konformer Ergebnisse« die Problemorientierung. Der Leitfaden für Korrekturmaßnahmen zur Vermeidung von Wiederholungen ist im Anhang abgebildet.

»Sollen wir Fehler fördern und den Mitarbeitenden dafür noch auf die Schulter klopfen?«

Grundsätzliches bei der Einführung

Der erste Schritt für die Einführung Ihrer Fehlerkultur ist die Änderung der Einstellung bzw. Haltung zu Fehlern. Versuchen Sie auch als obere Führungskraft, sich mit Kulturthemen vertieft auseinanderzusetzen. Erläutern Sie beispielsweise zu Anfang eines Workshops den Teilnehmenden, was der Auslöser Ihres Wunsches nach einer Fehlerkultur ist. Achten Sie dabei auf positive Formulierungen und Ihre Wortwahl. Was wollen Sie mit der Fehlerkultur erreichen? Und denken Sie jetzt nicht an Ziele wie »menschlicher Umgang mit Fehlern«.

Einfach gesagt wollen Sie doch durch die quantitative Reduktion von Fehlern eine qualitative Produkt- und Leistungsverbesserung erreichen und damit Ihren Kunden zufriedenstellen. Und wenn der Kunde zufrieden ist, ist das Ziel der Fehlerkultur erreicht. Der menschlichere Umgang damit ist nur ein nützliches Mittel zum Zweck.

Erläutern Sie diese Argumente aus Ihrer Perspektive den Workshop-Teilnehmern. Es ist nichts Verfängliches dabei, wirtschaftliche Aspekte in ein Softthema einzuschließen. Gemeinsam können Sie dann realistisch einschätzen, wie umfangreich die Tragweite dieser Forderung ist und welchen Fahrplan Sie für die Einführung einrechnen sollten.

Gefährlich wird es nur dann, wenn der menschliche Umgang mit Fehlern nicht ehrlich, sondern vorgespielt ist. Das wird von Mitarbeitenden früher oder später bemerkt, womit die Einführung der Fehlerkultur scheitern wird.

In meinem geistigen Ohr höre ich schon die Argumente von Führungskräften, die leicht ironisch kontern: »Wie stellen Sie sich das vor? Sollen wir jetzt Fehler fördern und den Mitarbeitenden dafür noch auf die Schulter klopfen?«

Natürlich nicht. Aber wie hilfreich ist denn ein verbaler Angriff durch einen Vorgesetzten, nachdem ein Mitarbeiter einen Fehler gemacht hat? Durch die ermahnenden Worte des Vorgesetzten wird ein Mitarbeiter eingeschüchtert und verhält sich verunsichert. Das ist ein Fehlerförderer. Und nun soll er im Tagesgeschäft offen und konstruktiv mit Fehlern umgehen können?

Fehler lassen sich sicherlich reduzieren, aber ganz auszuschließen sind sie kaum. Deshalb sollten sie nicht als komplett vermeidbar angesehen werden. Dann fällt der Umgang damit schon leichter. Es ist eine Rahmenbedingung, die nicht dem

★★★★-Strategie: Wenn es im Unternehmen funktionieren soll

Zufall überlassen werden sollte. Sie sind somit die Quelle für Kostenreduzierung und Verbesserung. Und langsam dürften Sie die Synergie zum Beschwerdemanagement erkennen.

Wenn der Zweck geklärt ist, überlegen Sie sich: Wodurch soll sich die Fehlerkultur auszeichnen? Welche Indikatoren helfen Ihnen dabei, den Reifegrad der Fehlerkultur zu messen?

Wenn Sie Ihr Ziel erreichen, würde die Fehlerzahl steigen oder sinken? Auch hier dürfen Sie an mein »unmenschliches« Ziel der Fehlerkultur anknüpfen. Fehler kosten Geld. Wenn die Anzahl Fehler gleich bleibt, dann fände ich Ihre Argumente spannend anzuhören, warum Sie den Aufwand betreiben möchten. Also lautet die Antwort ganz einfach: *Sie wollen die Fehlerquote reduzieren und Kosten sparen.*

Es geht also um die Leistungsverbesserung. Aus dem Ansatz der kontinuierlichen Verbesserung abgeleitet, können wir also aus den Fehlern lernen. Dies gelingt Ihnen nur,

> wenn Sie Fehler auswerten und analysieren, dafür systematisch vorgehen und Qualitätswerkzeuge bedienen. Vermeiden Sie jedoch unendliche Verifizierungen von Analysen mit noch weiteren Analysen.

> wenn die Ursachenanalyse gemeinsam mit den Mitarbeitenden durchgeführt wird.

> wenn die Maßnahmen den Fehler dauerhaft vermeiden helfen.

Der Ansatz sollte lauten: Finanzielle und personelle Ressourcen müssen weg von der Fehlerbehebung und hin zur Fehlervermeidung.

Und hier ist noch die letzte Hürde für eine konstruktive Fehlerkultur. Nicht nur die Tatsache, dass Ergebnisse manchmal nicht Zahlen-Daten-Fakten-basiert interpretiert werden, die Datenqualität und Belastbarkeit der Daten selbst ist häufig mit Vorsicht zu genießen.

> **Beispiel**
>
> Sie kommen morgen ins Büro und es herrscht eine Fehlerkultur, die Sie begeistert und die Sie als hervorragend bezeichnen.
>
> Woran würden Sie das erkennen, was hätte sich denn konkret geändert? Die Antwort ist ein Indikator.

Fehlerkultur

- Berücksichtigung der Erkenntnisse aus Psychologie und Verhaltenswissenschaften
- Bewusstseinsänderung, »Fehlerermutigung«, Gesprächsbereitschaft, Vertrauen
- Change-Management
- Fehlerkultur – Arbeit an Kultur, Struktur, Instrumenten
- Fähigkeit zu fehlervermeidendem Handeln und Entwicklung eines fehlerarmen Arbeitsumfeldes
- Fehlermanagement (Implementierung von Maßnahmen zur Fehlerprävention)
- Umgang mit Fehlern regeln: Fehler- und Ursachenevaluation statt Schuldigensuche

Abbildung 54: Elemente der Fehlerkultur

Fallbeispiel – vorgelebte Fehlerkultur

Eine Ausschreibung, in der ein Beratungsunternehmen eine große Chance erkennt, wird vorbereitet. Sämtliche Prioritäten werden zurückgestellt, um der Ausschreibung gerecht zu werden.

In einem Präsentationsverfahren soll in einem weiteren Schritt das in der Ausschreibung ausformulierte Projekt vorgestellt werden. Unter den vielen Seniorprojektleitern entscheidet sich der Vorgesetzte für eine Juniorprojektleiterin. Er möchte ihr die unzählige Male geforderte Chance geben.

Die Juniorprojektleiterin, die davon erfährt, freut sich sehr und während sie ihren Kollegen über den Tisch von ihrer großen Chance berichtet, trägt sie den Präsentationstermin in ihrer Agenda ein. Leider verschiebt sie aus Unachtsamkeit den Kalender um einen Monat und trägt ihn folglich am falschen Tag ein.

> Während das gesamte Team auf die große Präsentation wartet, entfällt diese ohne für den Auftraggeber erklärbaren Grund. Und zur Freude des Mitbewerbers darf dieser ausführlicher präsentieren und erhält den Zuschlag.
>
> Was denken Sie: Wie reagiert der Vorgesetzte auf diese Nachricht? Die Mitarbeitende hat aufgrund einer Unaufmerksamkeit das Projekt in den Sand gesetzt.
>
> Er lässt sie zu sich rufen. Die Projektleiterin rechnet zwischenzeitlich mit dem Verlust ihres Jobs. Denn ein solcher Fehler ist unverzeihlich.
>
> Als sie vorgreifend ihrem Vorgesetzten ins Wort fällt und ihre Befürchtung ausspricht, unterbricht er sie sofort mit den Worten: »Glauben Sie im Ernst, ich würde Sie jetzt feuern? Dieser Fehler kostet uns ein Vermögen. Wie einfach wäre es da, diesen Betrag mit Ihnen auf die Straße zu stellen?
>
> Im Gegenteil. Hier haben Sie gleich die nächste große Ausschreibung. Strengen Sie sich an, nicht den gleichen Fehler zu machen, und halten Sie mich auf dem Laufenden.«

Tipps zur Fehlerkultur

> Fehler werden gemacht. Von wem? Von einer Person. Deshalb ist es naheliegend, dass die Wer-Frage in unseren Köpfen im Vordergrund steht. Entpersonifizieren Sie Fehler einfach, indem Sie die Wer-Frage zur Warum-Frage erklären und bei der Einführung kommunizieren und trainieren. Die Führung lebt diesen entpersonifizierten Umgang selbstverständlich vor.

> Besonders Null-Fehler-Projekte führen dazu, dass Mitarbeitende nach der Einführung Angst haben, einen Fehler zu begehen bzw. zu gestehen. Niemand will der Erste sein. Also besteht das Risiko der Vertuschung. Diesen Punkt sollten Sie offen im Rahmen der Einführung ansprechen. Es geht nicht um Perfektionismus.

> Ein weiterer guter Indikator für Fehler sind zögerliche Handlungsweisen. Welche Unsicherheit besteht für dieses zögerliche Handeln? Wenn dieses festgestellt wird, sollte darüber gesprochen und die Ursache behoben werden, ohne den Mitarbeitenden dafür zu peinigen.

- In diesem Zusammenhang sollten alle Mitarbeiter sensibilisiert werden, wie sie Fehler kommunizieren. Jemanden deshalb als »unfähig«, »lernresistent« oder »dumm« darzustellen, ist besonders nach einer Sensibilisierung oder nach dem Training häufig anzutreffen.

- Gibt es trotzdem Mitarbeitende, die Fehler vertuschen, ignorieren oder verschweigen, sollten Sie prüfen, inwieweit überhaupt Kommunikationskanäle geschaffen wurden. Besteht ein Fehlermeldesystem? Oft weiß der Mitarbeiter gar nicht, an wen er sich wenden soll und kann, wenn er einen Fehler entdeckt. Oder es gibt keine Fehlerkriterien für seinen Arbeitsbereich?

- Geben Sie als Führungskraft einen Vertrauensvorschuss und seien Sie anfänglich nachsichtiger. Unterstellen Sie keine Vertuschungen, ohne diese nachweisen zu können. Ansonsten ist die Fehlerkultur nicht überlebensfähig.

- Unter Druck eine Leistung erbringen zu sollen, behindert ihre Organisation nur und erhöht wiederum die Fehlerwahrscheinlichkeit. Erklären Sie Ihren Mitarbeitenden, wo der Nutzen für das Unternehmen ist, dass sie keine Konsequenzen fürchten müssen, wenn dann doch ein Fehler eintritt, und wie wichtig dann die Fehlermeldung erst ist.

Internes Beschwerdemanagement

Unter dem Kapitel »Beschwerde stimulieren« erfuhren wir, dass es darum geht, die Kunden dazu zu bewegen, sich beim Unternehmen zu beschweren und damit die sogenannte Artikulationsquote zu erhöhen.

Überlegen Sie sich in diesem Zusammenhang, ob Sie im Rahmen Ihrer Bemühungen nicht auch die Beschwerdestimulierung bzw. das Beschwerdemanagement im Unternehmen für Ihre Mitarbeitenden einführen möchten.

Schließlich geht es doch darum, eine gesunde Einstellung im Unternehmen zu Beschwerden aufzubauen. Und wie könnte das einfacher gehen, als diese auch im Unternehmen zum selbstverständlichen Ton zu machen? Und wenn Beschwerden für Mitarbeitende nichts Erschreckendes mehr sind, sind sie motiviert und lassen daran auch Ihre Kunden teilhaben.

Ihre Mitarbeitenden kennen das Unternehmen von innen, kennen die Zusammenhänge und wissen, an welcher Stelle Schwachstellen zu suchen sind. Sie sind Ihre Experten, wenn Sie ihnen durch das Beschwerdemanagement einen Nutzen schaffen. Das interne Beschwerdemanagement dient als vorbeugende Maßnahme und Qualitätssicherung. Die Schwachstellen werden durch den konstruktiven Umgang mit Fehlern bereits im Unternehmen entdeckt, optimiert und vermieden.

Ist die Sensibilisierung im Unternehmen für Fehler geschaffen und mittels internem Beschwerdemanagement systematisch und dauerhaft eingeführt, wirkt sich dies positiv auf die Produkt- und Leistungsqualität aus, lässt Kundenbeschwerden erst gar nicht eintreten und erhöht die Kundenzufriedenheit.

Die Einführung erfolgt weitestgehend gleich. Der Unterschied besteht darin, dass der Prozess für den Kulturwandel massiv kürzer ausfällt, wenn Sie das externe Beschwerdemanagement nach der internen einführen, da der konstruktive Umgang schon besteht und die Phasen des Changes verkürzt werden.

Sollten Sie die Organisation mit der Einführung des Beschwerdemanagements sowie einer zusätzlichen Fehlerkultur-Maßnahme nicht überlasten wollen, so ist es trotzdem wichtig, dies zumindest zu einem späteren Zeitpunkt noch nachzuholen.

Trainieren Sie gegen Ihren eigenen »Hormo sapiens«

Einleitend in diesem Buch erfuhren Sie unzählige Gründe, warum es in der Natur eines jeden liegt, mit Beschwerden und Kritik unsachlich umzugehen. Und später wird von Ihnen verlangt, dass Sie damit konstruktiv umgehen. Das muss gelernt werden. Denn unser innerer »Hormo sapiens« arbeitet mit allen Mitteln (Hormonen) dagegen. Aber es gibt einfache Maßnahmen, wie Sie Ärger und Gedankennebel aus Beschwerdegesprächen fernhalten können.

Trainieren Sie Ihre Reaktionsweise (und die Ihrer Mitarbeitenden), damit Sie nicht überrascht werden bzw. in diese akute Belastungsreaktion geraten. Sie finden den Begriff »akute Belastungsreaktion« ein wenig zu weit gegriffen? Die Symptome aber erkennen Sie vielleicht eher? Kälte-/Wärmezustände, trockener Mund, Herzklopfen, Schwitzen, Denkblockaden?

Sie können diesem Verhalten entgegenwirken, es sich förmlich abgewöhnen. Überspielen Sie es mit einer neuen Standardreaktion.

Dafür sollten Sie Ihr eigenes Verhalten genau beobachten, um Ihre Reaktionsmuster in solchen Situationen zu erkennen. Lassen Sie sich dafür von Ihrem Umfeld Feedback geben. Üben Sie sich darin, bei Feedback nicht in den Selbstverteidigungsreflex zu fallen. Es dürfte Ihnen anfänglich schwerfallen, auf das Feedback keine Reaktion zeigen zu dürfen. Aber der positive Umgang von Ihrem Umfeld bzw. dass Rückmeldungen von Fehlern keine negativen Konsequenzen mit sich bringen, wird Sie früher oder später daran gewöhnen und Gefallen daran finden lassen. Denn plötzlich bringen Ihnen die Rückmeldungen über einen Fehler sogar einen Nutzen. Sie helfen Ihnen dabei, sich weiterzuentwickeln, ohne sich dabei eine Blöße geben zu müssen.

Und wenn der Ernstfall Sie überrascht, werden Sie bestimmt schon viel sachlicher damit umgehen können.

Relevanz der Führungsrolle

Gutes Management zeichnet sich dadurch aus, dass es die Strategie in konkrete, angestrebte Handlungen und Verhaltensweisen der Mitarbeiter überleitet und auch sicherstellt. Wenn sich das konkrete Verhalten der Mitarbeiter nicht auf eine Art und Weise ändert, die auch die Kunden des Unternehmens bemerken, ist der Führung ihre Aufgabe nicht gelungen.

Ziele werden auf der Grundlage eines guten Verständnisses des Marktes, der Anspruchsgruppen, der Mitarbeitenden sowie der Kunden formuliert und durch geplante Ziele verankert. Wie diese kundenorientierten Ziele zu erreichen sind, müssen die Führungskräfte mit Mitarbeitenden bis ins Letzte, mit allen erforderlichen Verhaltensweisen, konsequent verfolgen und erreichen.

»Bis ins Letzte« meint in diesem Fall den Kunden, der den kundenorientierten Umgang sowie das entsprechende Verhalten bemerkt. Wenn das Unternehmen beispielsweise lauthals verkündet: »Wir sind kundenorientiert und haben Kundenzufriedenheit verstanden«, muss das durch den Kunden erkennbar und durch die Führung wiederum messbar werden.

★★★★-Strategie: Wenn es im Unternehmen funktionieren soll

Nun fiel das Stichwort »hohe Servicelevels und Prozessqualität«. Dies zu erreichen ist eine Sisyphusarbeit und erfordert kontinuierlich die Überwachung der Ergebnisse bzw. ob das Beschwerdemanagement tatsächlich auch wirksam Beschwerdezufriedenheit plant und umsetzt. Trifft dies nicht zu, werden Handlungen und Verbesserungen geplant und im Unternehmen umgesetzt. Und auch diese Verbesserungen werden auf ihre Wirksamkeit überprüft.

Daraus ergibt sich eine Führung mit realistischer Zielvorstellung und laufender Steuerung und Messung. Das heißt zu handeln, wenn Abweichungen in den Ergebnissen festzustellen sind oder Werte nicht gelebt werden.

Beispiel

Wenn das Ziel z. B. eine konstruktive Fehlerkultur ist, ein Teammitglied aber als rücksichtsloser Einzelkämpfer auftritt, sollen dann die anderen Kollegen ein Auge zudrücken und der Vorgesetzte nur einen freundlichen Hinweis dazu machen – nach dem Motto »Der ist halt so«?

Auch hier sind Konsequenzen eine Führungsaufgabe sowie ein Erfolgsfaktor. Ganz im Sinne des PDCA-Regelkreises sollen auch in Fällen von Fehlverhalten ermahnende Gespräche geführt und der weitere Verlauf beobachtet werden. War das Gespräch wirksam und tritt zeitnah die gewünschte Verhaltensänderung ein?

Keine Konsequenzen im Sinne von Verbesserungsmaßnahmen durchzusetzen, ist eine Todsünde. Denn nicht auszudenken, welche Wirkung das konsequenzenlose Handeln der Führung auf das übrige Team hat.

Befähigung

Was der Kunde von seinen Ansprechpartner erwartet und voraussetzt, sind auf der anderen Seite Kompetenzanforderungen an die Mitarbeiter im Umgang mit Beschwerden.

Die Aufgabe der Führung ist, dieser Anforderung gerecht zu werde – sei dies indem diese Qualifikation rekrutiert oder indem Mitarbeitende diesbezüglich befähigt werden. Wie im Kapitel »Aufgabencontrolling« aufgezeigt wurde, ist die Führung auch dafür verantwortlich, dass die erworbenen Kompetenzen gegenüber Kunden bzw. Beschwerdeführern tatsächlich angewendet werden. Die

Überprüfung der tatsächlichen Kompetenz gegenüber dem Kunden wird auf keine Art so aussagekräftig wie durch ein internes Audit. Hierbei kann der interne Auditor die Abwicklung eines Beschwerdefalles und die Annahme im Besonderen um die nachstehenden Punkte auditieren und bewerten.

Qualitätsmerkmale aus Kundensicht	Verhalten Mitarbeiter	Qualifikation
Zugänglichkeit	➤ Zugänglich, ➤ nicht überheblich	Serviceorientierung
Interaktionsqualität		
Freundlichkeit/Höflichkeit	➤ freundlich ➤ höflich	Sozialkompetenz (richtig wahrnehmen und bewerten)
Einfühlungsvermögen/ Verständnis	➤ empathisch	
Bemühtheit/ Hilfsbereitschaft	➤ verständnisvoll ➤ bemüht ➤ hilfsbereit	emotionale Kompetenz (Selbstwahrnehmung/ Selbstkontrolle)
Aktivität/Initiative	➤ aktiv ➤ initiativ	
Verlässlichkeit	➤ verlässlich (z. B. bei Terminzugeständnissen)	
Reaktionsschnelligkeit	➤ hohe Reaktionsfähigkeit	Fach-/ Methodenkompetenz (Kenntnisse, Fähigkeiten und Fertigkeiten zur Problemlösung)
Angemessenheit/ Fairness	➤ fair	

Abbildung 55: Qualitätsmerkmale Kundengespräch sowie Mitarbeiterkompetenzen (Stauss/Seidel, 2014)

Kommunikation

Die Kommunikation ist eine Schlüsselfunktion, damit Ihr Projekt gelingen kann. Wie beim Einführungsprojekt selbst, führt auch eine effektive und zielorientierte Kommunikation Ihr Beschwerdemanagementprojekt zum Erfolg. Der Begriff »Kommunikation« kommt aus dem Lateinischen und bedeutet »mitteilen, gemeinsam machen, vereinigen«.

Zu Beginn sollte sich der Projektleiter überlegen, wie er im Projekt kommunizieren will und was dafür erforderlich ist. Bei der Festlegung dieses Plans sollen folgende wichtige Fragen beantwortet werden, die sich in übergeordnete sowie inhaltliche teilen lassen:

Übergeordnete Themen

- **Interner Informationsaustausch**
  (wobei die Abstimmungsprozesse und Besprechungen durchgeführt und die Entscheidungen getroffen werden)

- **Informationsmanagement**
  (die Projektbeteiligten können sich nach allen für das Projekt relevanten Informationen erkundigen)

- **Projektmarketing**
  (Präsentation und Darstellung des Projekts an die Anspruchsgruppen wie damit arbeitende Mitarbeitende, Auftraggeber, zukünftige Nutzer des Tools etc.)

Inhaltliche Fragestellungen

- Welches Ziel soll durch die Kommunikation erreicht werden?

- An welche Zielgruppen soll die Kommunikation und Information adressiert werden?

- Welche Kanäle müssen dafür sinnvollerweise genutzt werden?

Abbildung 56: Kommunikationsziele in Projekten

So naheliegend die obigen Fakten sind, so zahlreich misslingen sie in der praktischen Umsetzung. Dem liegen verschiedene Ursachen zugrunde.

Eine dieser Ursachen ist die »notwendige Übel«-E-Mail. Es gibt kaum etwas, was schädlich für die Qualität von Abläufen ist. Einerseits begünstigen sie die Geschwindigkeit der Kommunikation und den Streuungsgrad im Unternehmen massiv, andererseits sind sie aber auch die Ursache von vielen Missverständnissen und immer weniger werdenden persönlichen Gesprächen (dies gilt besonders für Konfliktgespräche).

Wird eine E-Mail zu spät an die nächste Stufe weitergeleitet, kann die Echtheit und Aktualität der Information darunter leiden. Wenn aufgrund der heutigen E-Mail-Flut dann doch einmal eine E-Mail unberücksichtigt bleibt, wird von einem auf den anderen Moment der gesamte Kommunikationskanal unterbrochen. Die Folgen sind Konflikte und Demotivation im Projekt.

Deshalb empfehle ich immer wieder, die guten alten Besprechungen wieder aufleben zu lassen. Sie finden, die bringen sowieso nichts und dauern viel zu lange? Ich kann Ihnen versichern, dass dies nur aufgrund ineffizienter Durchführung der Fall ist. Für die Projektkommunikation sind Besprechungen sehr wichtig und erfolgskritisch. Wenn Sie die Grundregeln einer effizienten Besprechung beachten

(Planung, Durchführung, Moderation, Timing etc.), verfügen Sie mit Besprechungen über ein wirkungsvolles Instrument der Projektkommunikation. Wichtig dabei ist abschließend, dass Sie den Teilnehmenden auch mitteilen, welche Erwartungshaltung Sie haben, was mit dieser Information geschieht (weiterkommunizieren beispielsweise in Fachabteilungen innerhalb der nächsten zwei Tage).

Um Missverständnisse zu vermeiden: Die Verwendung von E-Mails lehne ich nicht grundsätzlich ab. Aber sie sind nicht immer ein wirkungsvolles oder auch das richtige Kommunikationsinstrument.

Checkliste für Ihren ★★★★ Stern

- ☐ Sie wissen, dass ohne die erforderliche Unternehmungskultur das Beschwerdemanagement nie zum Erfolg führt.
- ☐ Die Führung hat sich Ziele festgelegt, wie sie die positive Fehlerkultur vorleben möchte.
- ☐ Im Unternehmen besteht ein konstruktiver Ansatz zum Thema Umgang mit Beschwerden bzw. Fehlern.
- ☐ Eine offene und konstruktive Fehlerkultur wird über alle Hierarchiestufen gelebt.
- ☐ Die Beschwerdekultur soll in Ihrem Unternehmen niemand wahrnehmen, weil sie so selbstverständlich und natürlich integriert ist.
- ☐ Sie wissen, wie Sie eine Fehlerkultur einführen und welche Aspekte dafür notwendig sind:
  - ☐ Nur durch Vorleben einer Fehlerkultur kann diese erreicht werden.
  - ☐ Alle im Unternehmen habe die gleiche Einstellung zu Fehlern.
- ☐ Die Senkung der Fehlerquote bestätigt Ihnen den richtigen kulturellen Umgang mit Beschwerden und Fehlern.
- ☐ Der konstruktive Umgang mit Beschwerdeinformationen ermöglicht auch qualitativ hochwertige Auswertungen und kontinuierliche Verbesserung.

- ☐ Sie haben das Beschwerdemanagement auch intern eingeführt, was Ihnen den Umgang – aufgrund der konstruktiven Kultur – mit externen Beschwerden deutlich vereinfacht.

- ☐ Nur durch Annehmen von Feedback können Sie konstruktiv mit Kritik umgehen.

- ☐ Ziel muss sein, dass der Kunde die Änderungen bemerkt und das Management die Kultur mitträgt.

- ☐ Die Projektkommunikation wird geplant und konsequent umgesetzt. Die Eignung der Instrumentarien (wie z. B. E-Mails) für eine effiziente Kommunikation wird dabei beachtet.

6. ★★★★★-Strategie: Kundenbeziehungsmanagement auf der Basis von Kundenbeschwerden und Onlinetools

Auswirkungen der digitalen Transformation auf das Beschwerdemanagement

Der Umgang mit Onlinewerbungen hat sich verändert. Die potenziellen Kunden überspringen Werbeblöcke und blockieren Bannerwerbungen.

Um trotz dieser Rahmenbedingungen die Aufmerksamkeit des Kunden zu gewinnen, setzen Unternehmen immer häufiger auf Content Marketing. Die Klickrate bei Unternehmen verliert demnach an Augenmerk. Viel mehr wird auf zielgruppengerichtete Kampagnen gesetzt. Für Unternehmen heißt das, sie werden künftig fortlaufend individualisierte Werbung generieren müssen, um einerseits das Leistungsangebot und andererseits die Einstellung gegenüber dem Unternehmen verbessern zu können. Und immer häufiger auch, um durch den emotionalen Überraschungseffekt des Volltreffers die Loyalität und die Kundenbindung zu erhöhen (CEM).

Um dieses sogenannte Dialogmarketing und das ROMI (Return on Marketing Investment) zu maximieren, wird nicht nur das Onlinesurf- und -konsumverhalten der Kunden identifiziert und daraus Maßnahmen abgeleitet. Auch Kundenkommunikation bzw. direkte Kundendialoge – unabhängig vom Auslöser – werden an Bedeutung gewinnen. Diese zielgruppengerichtete Werbung hat zur Folge, dass Kunden eine selbstverständlichere Erwartungshaltung haben, was die Einhaltung der Produkt- oder Leistungsqualität anbelangt.

Onlinetools und Social Media sind nur Werkzeuge, um Ihrem Kunden näherzukommen.

★★★★★ -Strategie: Kundenbeziehungsmanagement

Beeinflussung durch Online-Bewertungen

Wie aus einem österreichischen Vertriebsblock-Anbieter (»Menschen im Vertrieb«) zu entnehmen ist, welcher sich dabei auf Markt- und Trendinformationen beruft, würde das Web 2.0 (insbesondere Facebook, Twitter, Blogs und virtuelle Teamräume) das »Innenleben« von Unternehmen zu verändern beginnen.

Denn immer mehr Unternehmen nutzen auch die Werkzeuge des Web 2.0. Mit diesen Plattformen ziehen die Regeln und Grundsätze des »Mitmach-Netzes« in das Unternehmen ein. Dies hat nicht nur Folgen bezüglich der Mitarbeitererwartungen.

Dass sich der heutige Kunde einerseits in den Touch Points (sozialen Netzwerken und Plattformen) mitteilen möchte und andererseits diese Posts durch andere potenzielle Kunden abgerufen werden, um sich über einen Service oder eine Produktqualität eine Meinung zu bilden, bietet große Chancen für Ihr Unternehmen. Treten Sie diesem Dialog ebenfalls bei, indem Sie gleich die Plattform bzw. den Touchpoint in oder an Ihrem Managementsystem anknüpfen.

Dieser direkte Kundenkanal bietet nicht nur die Möglichkeit, die Kunden- und Dienstleistungszufriedenheit der Zielgruppen in Erfahrung zu bringen. Er bietet insbesondere die in den USA bereits weitverbreitete Möglichkeit, Zufriedenheitsdialoge, um nicht zu sagen Qualitätszirkel – direkt mit Kunden zu schaffen. Dazu werden Kunden in diesen Touchpoints wie Foren aufgefordert, die Verbesserungspotenziale von Produkten zu diskutieren bzw. zu beurteilen. Die Erkenntnisse daraus bieten dem Unternehmen Verbesserungs- und sogar Innovationspotenziale.

Lernen Sie aus diesen Informationen, indem Sie in naher Zukunft möglichst diese digitalen Informationen so einbinden, dass sie für das Unternehmen ein großes Ganzes und damit verwertbar bzw. zu einem Steuerungsinstrument werden können.

Sie sehen: Noch nie war es möglich, sich so schnell ein umfassendes Bild über die Kundenzufriedenheit und Kundenbedürfnisse zu verschaffen. Es erfordert aber einen initialen Aufwand, der vorgängig gut geplant und budgetiert werden muss.

Entsprechend müssen Führungskräfte ständig die Stimmung der Kunden auf ihrem Radar behalten. Das bedeutet nicht, dass Sie oder die Unternehmungsführung auf jede Kundenrückmeldung persönlich eingehen sollen.

Vielmehr sind Sie dafür verantwortlich, dass die Möglichkeiten im Unternehmen und die Mitarbeitenden dafür vorhanden ist. Die durch die Führung geschaffenen Rahmenbedingungen müssen es ermöglichen, diese Rückmeldungen systematisch im Managementsystem des Unternehmens zu bearbeiten. Dass dabei die Beschwerdezufriedenheit stets das erklärte Ziel ist, ist selbstredend.

Machen wir einen kleinen Exkurs auf einen gedanklichen Nebenschauplatz, der aber bei genauerer Betrachtung durchaus erfolgskritisch für die Einführung des Beschwerdemanagements sein kann.

Insbesondere mit Mitarbeitenden der Generation Y und folgenden ist es nützlich, vor der Befähigungsfrage den Sinn dieser Maßnahmen zu vermitteln. In ihrem Wertesystem wird der Sinn einer Aufgabe viel stärker reflektiert und hinterfragt. Deshalb empfiehlt es sich, die in den Gesamtrahmen der Strategie eingebetteten Maßnahmen mit ihren Tätigkeiten in direkten Bezug zu bringen. Und schaffen Sie dafür die alles entscheidende Voraussetzung der offenen Fehlerkultur. Die Voraussetzung, mit diesen Medien leicht umzugehen, ist für Sie selbstverständlich – Sie sind damit schließlich aufgewachsen.

Machen Sie sich mit den neuen elektronischen Werkzeugen und Medien vertraut.

Sie müssen vor allem die Möglichkeiten der neuen Medien richtig einschätzen können. Und Sie bzw. die Führung muss mehr kommunizieren und den Dialog zu Ihren Kunden proaktiv suchen und sie anregen, sich ebenfalls an das Unternehmen zu wenden (Beschwerdestimulation).

Wie in den vorangegangenen Kapiteln behandelt, wird die Weiterempfehlungsbereitschaft durch Kundenerlebnisse ausgelöst. Und hier ist die nächste Herausforderung.

Können die künftigen digitalen Geschäftsmodelle auch Kundenerlebnisse wie perfekte Kommunikation ermöglichen, die weiterempfohlen werden – vielleicht sogar gerade weil es digital war und dieses vorgelagerte Customizing überraschend authentisch wirkte?

Die HolidayCheck Group AG in München ist eines der führenden europäischen Digitalunternehmen für Urlauber. Als vormalige TOMORROW FOCUS AG hat sie im Dezember 2014 mit der Studie »Die Psychologie des Bewertens« 3.023 Internetnutzer zum Thema Online-Bewertungen befragt und die Befragung veröffentlicht.

Die Kernergebnisse sind eindeutig, was den Einfluss von Online- und Bewertungstools auf den Kaufentscheid und damit die Relevanz für die Unternehmen angeht. Drei Viertel aller Befragten sind aktive Online-Bewerter und bilden so die Meinung von Ihren weiteren Kunden.

Die gute Nachricht aber voraus: Die Bewertungen waren durchschnittlich zu 78 Prozent positiv bzw. gut und nur zu 6 Prozent negativ bzw. schlecht. Dies widerspricht auch der allgemein verbreiteten Meinung, dass in Bewertungsportalen vorwiegend negative Erfahrungen dokumentiert werden. Diese Bewertungen haben damit großen Einfluss auf die Relevanz Ihres Produkts oder Ihrer Dienstleistung: Sie steigern das Vertrauen, geben Orientierung und haben direkten Einfluss auf die Kaufentscheidung.

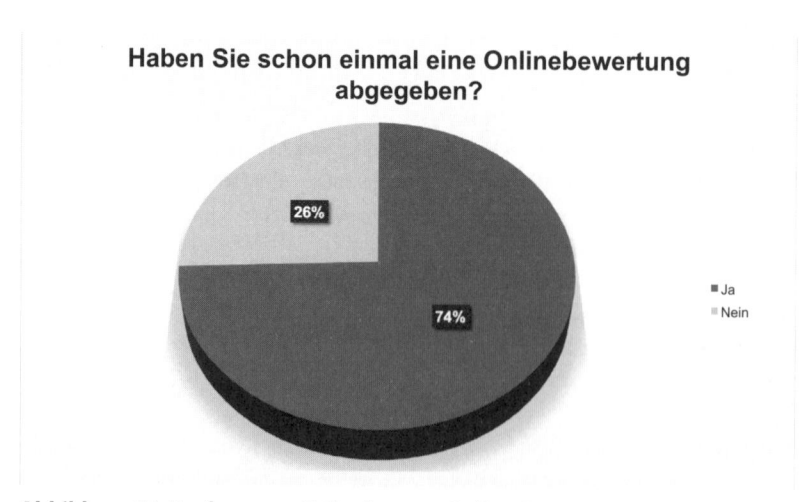

Abbildung 57: Umfrage zur Teilnahme an Online-Bewertungen

Als Beweggrund und Hauptmotivation, überhaupt Bewertungen zu schreiben, nannten die Befragten, dass sie anderen mit ihrer Bewertung helfen möchten. Ohne auf die vier unterschiedlichen Bewertungstypen weiter einzugehen, hier die folgenden vier Beweggründe dieser Bewerter für ihre Motivation:

Der **Helfer-Typ** will anderen helfen, das richtige Produkt oder die richtige Dienstleistung zu finden. Dier Typ machen durchschnittlich 45 Prozent der Bewerter aus.

Der **Optimierer-Typ** möchte die Möglichkeit schaffen, dass der Produkt- oder Dienstleistungsanbieter sich verbessert. Dieser Typ macht 16 Prozent der Bewerter aus.

Der **emotionale Typ** möchte sich entweder bedanken und die Leistung wertschätzen oder seiner Enttäuschung Luft machen. Dies sind 16,5 Prozent der Bewerter.

Der **Motivierer-Typ** will, dass andere ebenfalls kaufen oder die Dienstleistung in Anspruch nehmen, bzw. diese warnen, es eben nicht zu tun. Dieser Typ macht den geringsten Anteil mit 11,2 Prozent aller Bewerter aus.

Interessant dabei ist, dass insbesondere der Optimierer-Typ mit doch 16 Prozent Anteil primär Sie als Unternehmen anspricht und nicht an andere Kaufentscheider appelliert. Er richtet seine Erwartungshaltung direkt an Ihr Unternehmen oder anders gesagt: Er erteilt Ihnen einen indirekten Auftrag, aktiv zu werden. Die Frage nach dem Wie steht für den Kunden nicht im Vordergrund und dürfte fallspezifisch unterschiedlich ausfallen.

Kommen Sie diesem Hinweis jedoch nicht nach, was schätzen Sie, wie oft er bereit ist, diese Bemühungen für Sie zu wiederholen, bevor er vom Kauf Ihrer Produkte und Dienstleistungen absieht? Aus seiner Perspektive ist er der wohlmeinende Käufer, der Ihnen einen konstruktiven Hinweis auf Verbesserungen gibt. Dass er dabei moderne Medien nutzt, tut nur eines zur Sache: Er geht davon aus, dass Sie als Unternehmen diese Medien auch nutzen – um zu tracken und seine Bemühungen im Sinne der Kundenorientierung ernst zu nehmen.

Und was denken Sie, wie bereit dieser Typ wäre, in Ihren direkt geschaffenen Kunden-Touchpoints mitzuarbeiten? Ereignisnah, mit qualitativ wertvollen Informationen und vor allem kostenlos.

★★★★★-Strategie: Kundenbeziehungsmanagement

Wie häufig geben Sie Onlinebewertungen ab?

- immer, sehr oft, oft: 32%
- manchmal: 47%
- selten: 21%

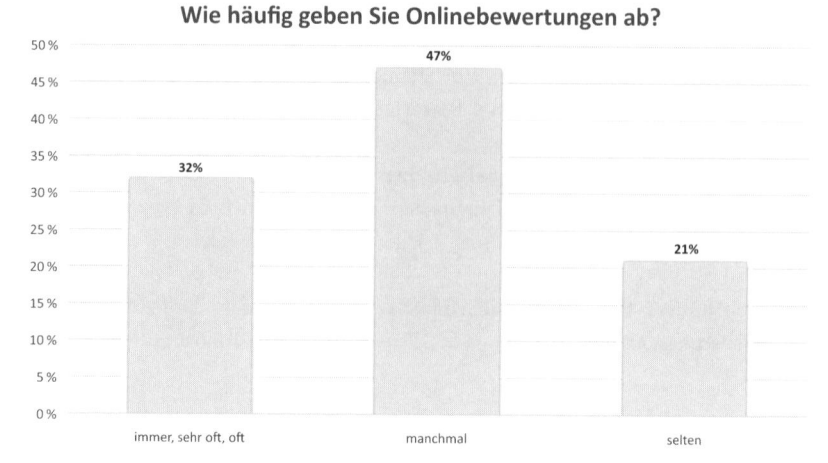

Abbildung 58: Häufigkeit der Teilnahme an Online-Bewertungen

Die Frage nach der Häufigkeit von Bewertungen bekräftigt die vorangegangenen Ausführungen um das Potenzial weiter. Von den 2248 Online-Bewerter sind es mit 32 Prozent fast ein Drittel, die die Häufigkeit mit »immer, sehr oft, oft« beantworten. Berücksichtigt man dazu noch diejenigen, die dies »manchmal« tun und damit andere Anwender in ihrer Kaufentscheidung beeinflussen, liegt das Potenzial mit 79 Prozent sehr hoch.

Gemäß nachstehender Darstellung nannten von den 3.000 Befragten die 775, die keine Online-Bewertungen abgaben, die folgenden häufigsten Gründe dafür: »Ich lese lieber Bewertungen, als selbst welche zu schreiben« (34,5 Prozent) und »Ist mir zu aufwendig« (21,0 Prozent).

Das heißt, selbst wenn Ihre Kunden nicht aktiv am Dialog teilnehmen, so sind es mehrheitlich immer noch Nutznießer von einer oder mehreren Plattformen. Und damit weisen diese immer noch ein hohes Potenzial auf, wenn es um die Beeinflussung der Kaufentscheidung aufgrund von Erfahrungen Dritter geht.

> **Beispiel**
>
> Dr. Florian Weiß vom Arztempfehlungsportal jameda bestätigt die positive Wirkung von Empfehlungen: »Die Ergebnisse decken sich mit den Erfahrungen, die wir tagtäglich bei jameda machen. Patienten geben mehrheitlich positive Bewertungen für Ärzte ab, und zwar aus Gründen der Hilfsbereitschaft gegenüber anderen Patienten, aber auch, um dem bewerteten Arzt eine konstruktive Rückmeldung zu geben.« Tobias Hammer, Head of Content Quality Assurance bei HolidayCheck, macht eine ähnliche Aussage: »Auch bei HolidayCheck ist der Großteil der Bewertungen mit einer Weiterempfehlungsrate von fast 90 Prozent positiv. Da Urlauber die unterschiedlichsten Interessen haben, geben wir bei jeder Bewertung an, wie diese verreist sind. Ob als Paar, als Familie, als Single oder mit Freunden und welcher Altersgruppe sie angehören. Beispielsweise wird eine Gruppe feierlustiger Abiturienten ein Hotel in Lloret de Mar für einen Badeurlaub mit anderen Augen sehen und bewerten als ein älteres Ehepaar, das einen ruhigen Erholungsurlaub erwartet. Die Möglichkeit, Bewertungen nach solchen Merkmalen zu filtern und vor dem Hintergrund der eigenen Bedürfnisse zu lesen, ist eine wertvolle Orientierungshilfe für andere Urlauber.«

Warum haben Sie noch nie eine Onlinebewertung abgegeben?

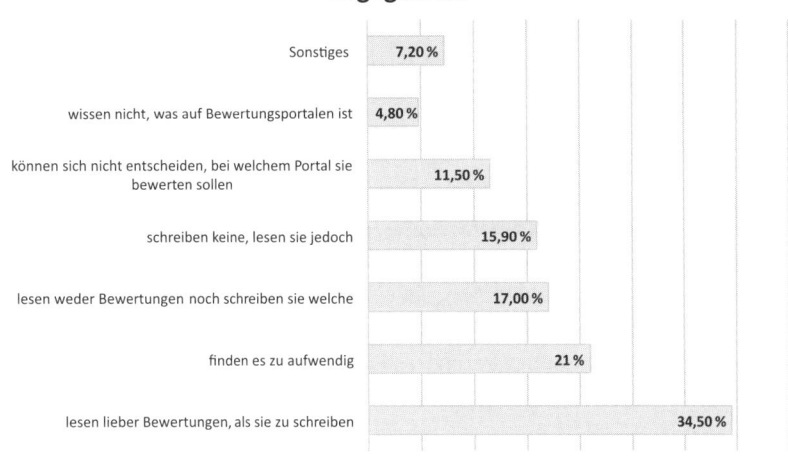

Grund	Prozent
Sonstiges	7,20 %
wissen nicht, was auf Bewertungsportalen ist	4,80 %
können sich nicht entscheiden, bei welchem Portal sie bewerten sollen	11,50 %
schreiben keine, lesen sie jedoch	15,90 %
lesen weder Bewertungen noch schreiben sie welche	17,00 %
finden es zu aufwendig	21 %
lesen lieber Bewertungen, als sie zu schreiben	34,50 %

Abbildung 59: Gründe für die Nicht-Teilnahme an Online-Bewertungen

Einflussfaktoren auf Online-Bewertungsportalen: Orientierung, Vertrauen und Kaufentscheidung.

Nun sehen wir uns auch die Konsumenten dieser Informationen an. Die Studie zeigt eindeutig, dass der Einfluss von Bewertungen enormen hoch ist:

91,9 Prozent der Befragten sagen, dass ihnen Bewertungen **Orientierung** geben – das gilt für Männer und Frauen nahezu gleich stark. Für die jüngeren Befragten sind Bewertungen als Orientierungsquelle sogar ein wenig wichtiger.

Ein weiterer wichtiger **Einflussfaktor ist der Vertrauenszuwachs**:

81,0 Prozent geben an, dass Bewertungen ihr Vertrauen steigern.

Auch die **Kaufentscheidung** wird maßgeblich durch Bewertungen mitbestimmt: 78,3 Prozent der Befragten geben an, dass Bewertungen ihre Kaufentscheidung beeinflussen.

Beliebte Formen von Online-Bewertungen: Texte und Skalen

Die Befragten gaben an, klassische Bewertungsformen zu bevorzugen:

97,5 Prozent finden Texte und 83,1 Prozent bei Bewertungen im Netz »hilfreich« und »sehr hilfreich«.

Maßgeblich ist auch der visuelle Aspekt: Fotos mit 76,5 Prozent werden dicht gefolgt von Videos mit 64,1 Prozent. Außerdem verwenden insbesondere die jüngeren Kunden mobile Endgeräte. Besonders deutlich ist dieser Unterschied beim Smartphone. Es wird von 40 Prozent der unter 35-Jährigen und nur von 17,9 Prozent der über 35-Jährigen »sehr oft« bis »manchmal« zur Bewertungsabgabe genutzt. Beim Lesen von Bewertungen sind es sogar 72,4 Prozent bei den unter 35-Jährigen und 30,7 Prozent bei den über 35-Jährigen.

Checkliste für Ihren ★★★★★ Stern

- ☐ Sie haben eine konsistente Strategie bzw. Planung für die Kundenkommunikation bzw. die direkten Kundendialoge
    - ☐ z. B. Umgang mit den neuen Medien sowie Schaffung von Touchpoints
    - ☐ Umgang mit Online-Bewertungen, wobei die Marketingausgaben nicht exponentiell steigen
    - ☐ Passive Kunden werden dabei ebenfalls berücksichtigt.

- ☐ Einflussfaktoren auf Online-Bewertungsportalen werden in Ihren Unternehmungszielen spezifisch identifiziert

- ☐ Sie identifizieren Online-, Surf- und Konsumverhalten Ihrer Kunden und leiten auch Maßnahmen daraus ab. Diese überprüfen Sie auch auf ihre Wirksamkeit.

- ☐ Sie nutzen den direkten Kundenkanal und nicht nur die Möglichkeit, die Kunden- und Dienstleistungszufriedenheit der Zielgruppen in Erfahrung zu bringen. Außerdem führen Sie mit Ihren Kunden Zufriedenheitsdialoge und wandeln die Beziehungsform in eine Fachgruppe um.

Nachwort

Es verbleibt mir die angenehme Pflicht, denjenigen Dank zu sagen, die maßgeblich zur Entstehung dieses Buches beigetragen haben. An erster Stelle möchte ich meinem Ehemann sowie meiner Familie für die Bereitschaft danken, mich mit zahlreichen inspirierenden Gespräch zu unterstützen.

Darüber hinaus möchte ich den vielen Kollegen aus meinem Fachbereich danken, die mich bei der Ausarbeitung und Verfeinerung des Buches konstruktiv unterstützt haben.

Auch ein Dank gebührt meinen Beratungsmandanten, mit denen ich in den letzten Jahren zusammengearbeitet habe und die mir Erfahrung und Inspiration ermöglichten. Diese namentlich zu erwähnen, würde den Rahmen sprengen und auch die Vertraulichkeit der Mandate verletzen.

Ferner möchte ich dem Programmleiter Michael Wurster für die stets angenehme Zusammenarbeit, das mir entgegengebrachte Vertrauen und die Veröffentlichung dieses Buches danken.

Oetwil an der Limmat, im September 2016
Zehra Sirin

Glossar

Anspruchsgruppen Stakeholder; Anspruchsgruppen sind alle internen und externen Personengruppen, die von den unternehmerischen Tätigkeiten gegenwärtig oder in Zukunft direkt oder indirekt betroffen sind bzw. in einer Wechselwirkung stehen.

Balanced Scorecard (BSC) Die Balanced Scorecard ist ein Verbindungsglied zwischen Strategiefindung und -umsetzung. Im Konzept der BSC werden die traditionellen finanziellen Kennzahlen durch eine Kunden-, eine interne Prozess- und eine Lern- und Entwicklungsperspektive ergänzt. Damit ein Unternehmen langfristig erfolgreich am Markt agieren kann, sollen alle Dimensionen gemessen, analysiert und verbessert werden.

Beschwerde Kundenäußerung von Unzufriedenheit gegenüber dem Unternehmen. Dabei stellen Reklamationen den Teil dar, bei denen auch Rechtsansprüche geltend gemacht werden können.

Beschwerdemanagement Die systematische Abwicklung des direkten und Indirekten Beschwerdeprozesses inklusive Wirksamkeitsüberprüfungen.

Beschwerdeführer Person, die eine Beschwerde einreicht. Beschwerdeführer wird oftmals auch Kunde genannt.

Beschwerdefabrik Effizienzfokussierter Strategietyp für das Beschwerdemanagement

Beschwerdeempfänger Person, die eine Beschwerde empfängt. In der Regel der Produkt- oder Dienstleistungserbringer bzw. dessen Mitarbeitende.

Beziehungsverstärker Auf Kunden fokussierter Strategietyp für das Beschwerdemanagement

Complaint Owner Der Complaint Owner (zu Deutsch Beschwerdeeigner) ist verantwortlich für die Annahme, Bearbeitung und Koordination einer Beschwerde.

Compliance Einhaltung (Konformität) von Gesetzen, Richtlinien und Regeln, auch selbstverpflichtenden Kodizes.

Customer-First-Strategie Fokus der Basisstrategie für das Beschwerdemanagement

CRM – Customer Relationship Management CRM steht für Kundenbeziehungsmanagement und umfasst auch alle Daten und Aktivitäten, die zur Steigerung der Kundenbindung und Kundenzufriedenheit beitragen.

EFQM European Foundation for Quality Management ist eine gemeinnützige Organisation, die sich für die Verbreitung des EFQM-Modells einsetzt.

EFQM-Modell Ist ein Modell des TQM (Total Quality Managements) und beinhaltet die Prinzipien des KVP. Das Modell umfasst drei Säulen: Menschen, Prozesse, Ergebnisse. Der Ansatz ist bestrebt, herausragende Leistungen für sämtliche Bedürfnisse der Anspruchsgruppen dauerhaft zu erfüllen und zu übertreffen.

Effizienz und Effektivität Effektivität: Eignung einer Maßnahme, um das Ziel zu erreichen (die richtigen Dinge tun).

Effizienz Ob eine Maßnahme geeignet ist, ein vorgegebenes Ziel in einer bestimmten Art und Weise zu erreichen (die Dinge richtig tun).

ERP-System – Enterprise Resource Planning System Ein ERP-System ist eine Softwarelösung, die die Informationen zu Geschäftsaktivitäten sammelt, speichert, archiviert und die Basis zur Analyse bildet, z. B. Auftragsabwicklungssystem.

Eisberg-Prinzip im Beschwerdemanagement Das Ausmaß der Kundenunzufriedenheit. Artikulierte sowie nicht artikulierte Beschwerden gegenüber dem Unternehmen.

Fehlerkosten Fehlerkosten sind bewerteter Verbrauch von Leistungen oder Gütern im gesamten Unternehmen, der durch Fehlleistungen und deren Auswirkungen entsteht. Fehlleistungen sind nicht geplant, wertmindernd, führen zu Nacharbeit oder sind wertvernichtend und führen zu Ausschuss. Zumeist entstehen sie durch fehlerhafte Produkte oder Dienstleistungen, die nicht den vorgegebenen Kundenanforderungen entsprechen. Fehlerkosten sind qualitätsbezogene Kosten und bilden eine Qualitätskennzahl. Im Qualitätsmanagement werden sie als Teil der Qualitätskosten betrachtet.

FRAB – Frequenz-Relevanz-Analyse für Beschwerden Die Frequenz-Relevanz-Analyse ist ein Instrument zur Sortierung von Problemklassen nach deren Häufigkeit und Relevanz. Die Relevanz resultiert aus der Verärgerung und dem Verhalten des Kunden. Die Frequenz resultiert aus der Anzahl artikulierter Kundenbeschwerden.

Hybride Strategie Eine hybride Strategie ist eine Mischform verschiedener Basisstrategien bezüglich des Beschwerdemanagements.

Innovationen Innovation heißt wörtlich »Neuerung« oder »Erneuerung« und steht auch für Weiterentwicklungen. In der Umgangssprache wird der Begriff im Sinne von neuen Ideen und Erfindungen und für deren wirtschaftliche Umsetzung verwendet.

Ishikawa-Diagramm Ist ein Verfahren zur systematischen Ermittlung von Ursachen für ein eindeutig definiertes Problem. Die Ursachen werden dabei verschiedenen Dimensionen zugeordnet. Das Ergebnis einer erfolgreichen Ishikawa-Analyse ist ein Maßnahmenplan, der gezielt zur Lösung des Problems führt.

International Organization for Standardization (ISO) In der ISO sind Normanforderungen an ein Managementsystem beschrieben. Die internationalen Standards (Anforderungen) sind dabei so allgemein formuliert, dass die Anwendung für Unternehmen/Organisationen/Institutionen aller Branchen sichergestellt ist.

KMU Kleinstunternehmen, kleine und mittlere Unternehmen (KMU) werden in der EU-Empfehlung 2003/361 definiert. Danach zählt ein Unternehmen zu den KMU, wenn es nicht mehr als 249 Beschäftigte hat und einen Jahresumsatz von höchstens 50 Millionen Euro erwirtschaftet oder eine Bilanzsumme von maximal 43 Millionen Euro aufweist.

Konfliktverhalten Konfliktverhalten (oder auch Konfliktmanagement, Konflikthandhabung) bezeichnet beabsichtigte oder gezeigte Reaktionen auf den erlebten/wahrgenommen Konfliktinhalt.

Kano-Modell Das Kano-Modell zeigt den Zusammenhang zwischen der Kundenzufriedenheit und der Erfüllung von Kundenanforderungen. Basismerkmale sind:
1. Leistungsmerkmale
2. Begeisterungsmerkmale
3. Unerhebliche Merkmale
4. Rückweisungsmerkmale

Kundenorientierung Kundenorientierung ist die regelmäßige, systematische Erfassung und Analyse der Wünsche, Bedürfnisse und Erwartungen der Kunden sowie deren Umsetzung in Produkte, Dienstleistungen und interaktive Prozesse. Ziel dabei ist es, langfristig stabile und wirtschaftlich sinnvolle Beziehungen zu Kunden aufzubauen.

Kundenbindung Kundenbindung umfasst sämtliche Maßnahmen eines Unternehmens, die darauf abzielen, sowohl die bisherigen Verhaltensweisen als auch die zukünftigen Verhaltensabsichten eines Kunden gegenüber einem Anbieter oder dessen Leistungen positiv zu gestalten, um die Beziehung zu diesem Kunden für die Zukunft zu stabilisieren, bzw. auszuweiten.

Glossar

Kundenzufriedenheit Erfüllung der Erwartungen und Bedürfnisse eines Kunden an ein Produkt oder eine Leistung.

KVP Kontinuierlicher Verbesserungsprozess (engl. Continuous Improvement Process) ist ein Ansatz, der stetige Verbesserung/Optimierung anstrebt, im Sinne von Plan, Do, Check, Act.

Lastenheft Das Lastenheft beschreibt die Anforderungen des Kunden an die Leistungen und Lieferungen des Lieferanten, häufig verwendet im Ausschreibungsprozess für IT-Systeme.

Managementsystem Managementsysteme stellen aufeinander abgestimmte und miteinander verbundene Elemente (Aufgaben, Pflichten usw.) als System dar, um systematisch die Ziele einer formalen Organisation zu erreichen.

Normen Eine Norm ist ein Dokument, das Anforderungen an Produkte, Dienstleistungen oder Verfahren festlegt.

Net Promoter Score (NPS) Der NPS ermittelt die Loyalität und Zufriedenheit der Kunden. Es wird dabei die Frage,»Wie wahrscheinlich ist es, dass Sie unser Unternehmen an einen Freund oder Kollegen empfehlen?« auf einer Skala von 1 bis 10 ausgewertet. Die Kategorien 9 und 10 werden als Promoter identifiziert, 7 und 8 als Passive und 1 bis 6 als sogenannte Detractors, das heißt Abtrünnige. Die Formel zur Ermittlung ist wie folgt:

NPS score = Promoters in % - Detractors in %

PDCA PDCA ist eine vierstufige Vorgehensweise, die sowohl dazu benutzt werden kann, Probleme zu lösen, als auch als Instrument zur Systematisierung von Qualitätsmanagementmaßnahmen eingesetzt wird. Hier wird der PDCA-Zyklus als ein sich immer wiederholender Prozess eingesetzt. Die einzelnen aufeinanderfolgenden Schritte sind dabei:

PLAN – DO – CHECK – ACT

Dann beginnt der Zyklus wieder von vorne.

Pflichtenheft Das Pflichtenheft ist die Antwort des Lieferanten auf das Lastenheft des Kunden, das heißt der Lieferant nimmt Stellung zu den verlangten Lieferungen und Leistungen, indem klar aufgezeigt wird, was und wie die Umsetzung mit dem offerierten Produkt möglich ist, z. B. die Erfüllung von IT-Anforderungen.

Prozess Ein Satz zusammenhängender Aktivitäten, bei denen der Output einer Aktivität zum Input für eine andere Aktivität wird. Prozesse erbringen Wertschöpfung, indem sie aus definierten Inputs definierte Outputs erzeugen und dabei auf Ressourcen zurückgreifen.

Process Owner Zu Deutsch – Prozesseigner, die im Rahmen der Prozessorganisation eine für einen (Geschäfts-)Prozess in einem Unternehmen verantwortliche Stelle oder Person.

Prozesssteckbrief Beschreibt einen Prozess in seinen Eckdaten (meist Einseiter).

Qualitätsmanagement Qualitätsmanagement (QM) bezeichnet alle organisatorischen Maßnahmen, die der Verbesserung der Prozessqualität, der Leistungen und damit der Leistungserbringung jeglicher Art dienen.

Qualitätssicherer Qualitätssicherung (QS) (engl. Quality Assurance (QA)) oder Qualitätskontrolle (engl. Quality Control (QC)) ist ein Sammelbegriff für unterschiedliche Ansätze und Maßnahmen zur Sicherstellung festgelegter Qualitätsanforderungen.

Reklamation Kundenäußerung von Unzufriedenheit gegenüber dem Unternehmen, bei der auch Rechtsansprüche geltend gemacht werden können.

Schweizer-Käse-Modell Das Schweizer-Käse-Modell (englisch Swiss Cheese Model) ist eine bildhafte Darstellung von latenten und aktiven menschlichen Fehlern als Beitrag zum Zusammenbruch von komplexen Systemen und beschreibt die Verkettung von Ursachen.

Servicequalität Servicequalität ist das Zusammenspiel von Servicemomenten und geplanten Erfolgsfaktoren. Der Servicemoment ist eine erlebte Dienstleistung, in der das Verhalten und die innere Haltung eines Mitarbeiters vom Kunden positiv wahrgenommen werden.

Standard Ein Standard ist eine vergleichsweise einheitliche oder vereinheitlichte, meist angewandte oder angestrebte Art, Weise oder Größe.

Beispiele:

- technische Normen (im Sinne von Übereinkünften bestimmter Organisationen), die sich in der Praxis eine breite Akzeptanz verschafft haben,
- gesellschaftliche und politische Normen, welche durch Gesetze und Verordnungen vorgegeben werden,
- Vereinheitlichungen, die sich ungeplant infolge gesellschaftlicher Prozesse und Erfahrungen der Praxis ergeben.

SWOT-Analyse   Die SWOT-Analyse ist ein Instrument in der strategischen Planung und dient zur internen und gegenwärtigen Betrachtung der Stärken und Schwächen. Die externen Chancen und Gefahren sind eine zukunftsbetrachtende Analyse des Marktes. Aus den Stärken, Schwächen, Chancen und Gefahren werden Potenziale abgeleitet.

Task Owner   Zu Deutsch Aufgabeneigner, ist diejenige Person oder organisatorische Einheit, die für die Erledigung einer bestimmten Aufgabe verantwortlich ist.

Umfeldanalyse   Instrument zur Ermittlung der für das Unternehmen relevanten Bereiche und Einflussfaktoren und deren zukünftige Entwicklung.

Unternehmenspolitik   Die Unternehmenspolitik umfasst Maßnahmen und Entscheidungen, die eine Konkretisierung der Unternehmensphilosophie und der Vision darstellen. Im normativen Management ist die Unternehmenspolitik der Oberbegriff für die Unternehmensverfassung einerseits und die Unternehmenskultur andererseits.

8-D   Die 8-D-Methodik ist ein standardisiertes, schrittweises und teamorientiertes Problemlösungsverfahren zur Sicherung der Qualität von Produkten und Prozessen. Es besteht aus acht Disziplinen oder Schritten, die im 8-D-Verfahren konsequent abgearbeitet werden.

Kennzahlenübersicht

Evidenz-Controlling

Ermittlung/Skalierung des Wertes der nicht artikulierten Beschwerden (Eisberg-Phänomen)

Das Evidenz-Controlling will feststellen, welcher Anteil der Unzufriedenheit der Kunden in Beschwerden tatsächlich zum Ausdruck kommt. Siehe Details und Beispiele in Kapitel »Beschwerde-Management Controlling«

Kenngrößen zum Beschwerdeführer

Interne Beschwerden in einem bestimmten Zeitraum

Anteil interner Beschwerden an der Gesamtzahl (Bezugsgröße)

Anzahl Beschwerdeführer im Berichtszeitraum

Häufigkeit von Beschwerden eines einzelnen Kunden im Berichtszeitraum

Häufigkeit von wiederholten Beschwerden vom gleichen Kunden

Verteilung der Beschwerden auf Kundengruppen (z. B. A-, B-, C-Kunden)

Häufigkeit von direkten Beschwerden (Beschwerdeführer initiiert Beschwerde selbst) verglichen mit indirekten (über Dritte)

Häufigkeit und Höhe der Verärgerung des Beschwerdeführers (siehe FRAB)

Durchschnittliche Verärgerung des Beschwerdeführers

Anzahl der Handlungsabsichten des Beschwerdeführers (Handlungsabsichten kategorisieren)

Anteil der Kunden mit Drohung zur Einschaltung von Drittinstitutionen, z. B. Medien

Kenngrößen zum Beschwerdeproblem

Anzahl und Kategorie von Problemen mit Beschwerdeneingängen

Beschwerdenaufkommen geografisch, z. B. Land/Region

Beschwerdenaufkommen zeitlich, z. B. Morgen, Mittag, Abend

Anzahl der geäußerten Erwartungen (vom Beschwerdeführer) zur Problemlösung

Kenngrößen zum Beschwerdeobjekt

Auswertung der Produkte mit höchster Zahl von Beschwerden

Anzahl der Beschwerden, die NICHT produktbezogen sind (z. B. Marketingstrategie, Preisstrategie)

Anzahl von gesellschaftspolitischen Beschwerden

Verhältnis von gesellschaftspolitischen Beschwerden zur Gesamtzahl von Beschwerden

Kenngrößen zur Beschwerdeannahme

Anzahl der angenommenen Beschwerden zu bestimmten Zeitpunkten

Häufigkeit der Beschwerde-Eingangskanäle

Häufigkeit der Beschwerde-Adressaten (z. B. Abteilungen, Geschäftsleitung)

Anzahl der Beschwerden

Termingerechte Weiterleitungsquote = $\dfrac{\text{Anzahl innerhalb vereinbarter Durchlaufzeiten weitergeleitete Beschwerden} \times 100}{\text{Gesamtzahl weitergeleiteter Beschwerden}}$

Zielgerichtete Weiterleitungsquote = $\dfrac{\text{Anzahl an richtige zuständige Stelle weitergeleitete Beschwerden} \times 100}{\text{Gesamtzahl weitergeleiteter Beschwerden}}$

Dokumentationsvollständigkeitsquote = $\dfrac{\text{Anzahl Beschwerden mit vollständig erfassten Informationen} \times 100}{\text{Gesamtzahl der Beschwerden}}$

Dokumentationsrichtigkeitsquote	=	$\dfrac{\text{Anzahl Beschwerden mit richtig erfassten Informationen} \times 100}{\text{Gesamtzahl der Beschwerden}}$

Kundendienst

Antwortgeschwindigkeit	=	$\dfrac{\text{Dauer des Anrufers in der Warteschleife}}{\text{Anzahl aller angenommenen Anrufe}}$
Servicelevel Einhaltungsquote	=	$\dfrac{\text{Anzahl der angenommenen Anrufe in vereinbarter Zeit} \times 100}{\text{Anzahl aller angenommenen Anrufe}}$
Weiterleitungsquote	=	$\dfrac{\text{Anzahl der weitergeleiten Anrufe} \times 100}{\text{Anzahl aller angenommenen Anrufe}}$
Verlorene Anrufe	=	$\dfrac{\text{Anzahl der abgebrochenen Anrufe in der Warteschleife} \times 100}{\text{Anzahl aller angenommenen Anrufe}}$
Anrufe pro Stunde	=	$\dfrac{\text{Anzahl der angenommenen Anrufe pro Zeitraum} \times 100}{\text{Zeitraum (Stunde)}}$

Angenommene Anrufe pro Mitarbeiter pro Schicht

Messung der Gesprächszeit

Messung der Nachbearbeitungszeit

Messung der totalen Bearbeitungsdauer

Kenngrößen zur Beschwerdebearbeitung

Anzahl der Mitarbeiter, welche Beschwerden bearbeiten

Anzahl der Beschwerden im Berichtszeitraum pro Eingangskanal

Ersterledigungsquote (in %)	$= \dfrac{\text{Anzahl der abschließend bearbeiteten Anrufe bei erstem Anruf} \times 100}{\text{Anzahl aller angenommener Anrufe}}$
Prozessdurchlaufzeit	= Zeit vom Beginn des Prozesses bis zum Ende (engl. Throughput Time)
Liegezeiten	= Unbearbeitete Zeit
Transferzeit	= Zeit für innerbetriebliche Weiterleitung, z. B. an Fachbereich, Lieferant
Mahnquote	$= \dfrac{\text{Anzahl der Beschwerden im Mahnprozess} \times 100}{\text{Gesamtzahl der Beschwerden}}$
Eskalationsquote	$= \dfrac{\text{Anzahl der Beschwerden im Eskalationsprozess} \times 100}{\text{Gesamtzahl der Beschwerden}}$
Anzahl der pro Mitarbeiter bearbeiteten Beschwerden	$= \dfrac{\text{Anzahl Beschwerden}}{\text{Anzahl FTE (Full time Equivalent)}}$
Entwicklung Anzahl der Beschwerden	= Anzahl Beschwerden im Vergleich zum Vorjahr/Vorjahren

Kenngrößen zur Beschwerdereaktion

Anzahl der gesendeten Eingangsbestätigungen auf schriftliche Beschwerden

Dauer von Beschwerdeeingang bis Eingangsbestätigung

Anzahl der gesendeten Zwischenbescheide auf schriftliche Beschwerden

Dauer von Beschwerdeeingang bis Zwischenbescheid

Häufigkeit von Problemlösungen (in Kategorien)

Folgebeschwerdequote $= \dfrac{\text{Anzahl der Folgebeschwerden} \times 100}{\text{Gesamtzahl der Beschwerden}}$

Anmerkung: Setzt voraus, dass die Beschwerdeführer gekennzeichnet werden und damit Folgebeschwerden identifiziert werden können.

Gewährleistungsquote (problembezogen) $= \dfrac{\text{Anzahl der Gewährleistungen wegen Problem A} \times 100}{\text{Gesamtzahl der Produkte}}$

Garantiequote (problembezogen) $= \dfrac{\text{Anzahl der Garantiezahlungen wegen Problem A} \times 100}{\text{Gesamtzahl der Produkte}}$

Kenngrößen für Fehlerquoten

Anzahl der Beschwerden bzw. der reklamierten Lieferungen/Aufträge

Anzahl der Beschwerdeobjekte/-gründe

Menge/Anzahl der reklamierten Produkte/Einheiten/genutzten Leistungen

Kenngrößen für Verbesserungspotenziale

Anzahl der Beschwerden/Reklamationen

Fehlerkosten

Menge/Anzahl der reklamierten Produkte/ Einheiten/genutzten Leistungen

Bezugsgrößen für Verbesserungspotenziale

Fehlerart

Verursacher

Fehlerursache

Kenngröße für Beschwerdekosten

Kosten für Erstattung/Wertminderung, Nachlieferung und Nachbesserung

Kosten für Ausschuss, Nachfertigung und Entsorgung (intern und extern)

Interne Bearbeitungskosten der Reklamation/Beschwerde

Externe Kosten für Personal (Besuchs-, Reise- und Übernachtungskosten)

Gutschriften durch Dritte (Lieferant, Versicherung etc.)

Kosten für Ausfallzeiten, Gewährleistung und Produkthaftung

Folgekosten zur Vermeidung der Fehlerwiederholung

Bezugsgrößen für Verbesserungspotenziale

Umsatz

Herstellungskosten

Absolute Zahl

Kenngrößen für Kundenzufriedenheit

Anzahl der Beschwerden

Bearbeitungsdauer der Beschwerde/Reklamation

Menge/Anzahl der reklamierten Produkte/Einheiten/genutzten Leistungen

Anzahl der Beschwerdeobjekte/-gründe

Anzahl der Kunden, die sich beschwert haben

Bezugsgrößen für Kundenzufriedenheit

Anzahl der Lieferungen/Leistungen

Anzahl der ausgelieferten Produkte/Einheiten/genutzten Leistungen

Absolute Zahl

Anzahl der aktiven Kunden/Vertragspartner

Anzahl der Liefer-/Bestelloptionen

Aufgaben-Controlling

Prozessdurchlaufzeit	=	Zeit vom Beginn des Prozesses bis zum Ende (engl. Throughput Time)
Liegezeiten	=	Unbearbeitete Zeit
Transferzeit	=	Zeit für innerbetriebliche Weiterleitung, z. B. an Fachbereich, Lieferant
Mahnquote	=	$\dfrac{\text{Anzahl der Beschwerden im Mahnprozess} \times 100}{\text{Gesamtzahl der Beschwerden}}$
Eskalationsquote	=	$\dfrac{\text{Anzahl der Beschwerden im Eskalationsprozess} \times 100}{\text{Gesamtzahl der Beschwerden}}$

Anzahl der pro Mitarbeiter bearbeiteten Beschwerden	=	$\dfrac{\text{Anzahl Beschwerden}}{\text{Anzahl FTE (Full time Equivalent)}}$
Entwicklung der Anzahl der Beschwerden	=	Anzahl Beschwerden im Vergleich zum Vorjahr/Vorjahren
Gewährleistungsquote (problembezogen)	=	$\dfrac{\text{Anzahl der Gewährleistungen wegen Problem A} \times 100}{\text{Gesamtzahl der Produkte}}$
Garantiequote (problembezogen)	=	$\dfrac{\text{Anzahl der Garantiezahlungen wegen Problem A} \times 100}{\text{Gesamtzahl der Produkte}}$

Kosten-Nutzen-Controlling

Erhöhung der Artikulationsquote (Beschwerdestimulation)	Vergleich der Anzahl der Beschwerden zu Vorjahren
	Je mehr unzufriedene Kunden sich beschweren, desto eher kann das Beschwerdemanagement Einfluss nehmen, die Unzufriedenheit beseitigen und eine beabsichtigte Abwanderung verhindern. Die Maßnahme sieht vor, durch die verstärkte Kommunikation des zentralen telefonischen Beschwerdekanals die Artikulationsquote zu erhöhen.
Reduzierung des Ausmaßes des Problemauftritts	Vergleich der Anzahl der Problemauftritte zu Vorjahren
	Je weniger Kunden mit einem Problem konfrontiert werden, das zu einer Beschwerde Anlass gibt, desto geringer ist die Wahrscheinlichkeit, dass Kunden deswegen abwandern. Die Maßnahme betrifft demnach die Umsetzung einer Verbesserung für einen Problemschwerpunkt und hat damit zum Ziel, das künftige Auftreten von Problemen und die dadurch verursachte Kundenunzufriedenheit, zu vermeiden.
Steigerung der Beschwerdezufriedenheit	Vergleich der Beschwerdezufriedenheit zu Vorjahren
	Je zufriedener der Beschwerdeführer mit der Abwicklung seiner Beschwerde ist, desto geringer ist die Wahrscheinlichkeit der Kündigung.
	Diese Treiber zeigen konkrete Ansatzpunkte für die Festlegung von Maßnahmen zur Maximierung der durch das Beschwerdemanagement gebundenen Kunden und zur Minimierung von Kundenverlusten.
	Die Maßnahme beinhaltet ein Sensibilisierungs- und Schulungsprogramm für alle Mitarbeiter im Kundendienst, um das Zufriedenheitsniveau der Beschwerdeführer zu verbessern.

Anhänge

Übersicht direkter Beschwerdemanagementprozess

Das Pendant des indirekten Beschwerdemanagementprozesses ist in Form einer Swimlane nicht vorhanden, weil diese nicht chronologisch aufgebaut ist und sinnlos wäre.

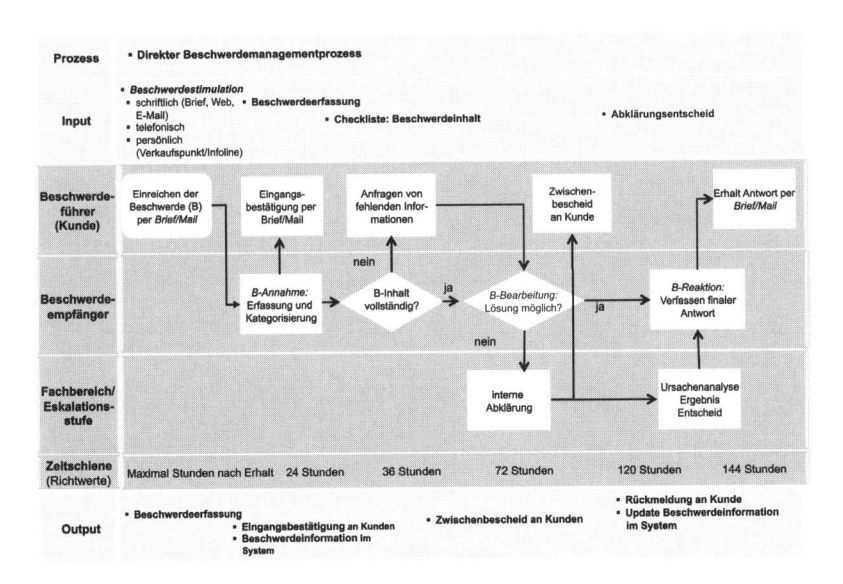

Prozess	• Direkter Beschwerdemanagementprozess					

Input	• *Beschwerdestimulation*
	  • schriftlich (Brief, Web, E-Mail)
	  • telefonisch
	  • persönlich (Verkaufspunkt/Infoline)
		• Beschwerdeerfassung
		• Checkliste: Beschwerdeinhalt
						• Abklärungsentscheid

Beschwerde-führer (Kunde)	Einreichen der Beschwerde (B) per *Brief/Mail*	Eingangs-bestätigung per Brief/Mail	Anfragen von fehlenden Informationen		Zwischen-bescheid an Kunde	Erhalt Antwort per *Brief/Mail*
Beschwerde-empfänger		B-Annahme: Erfassung und Kategorisierung	B-Inhalt vollständig?	B-Bearbeitung: Lösung möglich?		B-Reaktion: Verfassen finaler Antwort
Fachbereich/ Eskalations-stufe				interne Abklärung		Ursachenanalyse Ergebnis Entscheid
Zeitschiene (Richtwerte)	Maximal Stunden nach Erhalt	24 Stunden	36 Stunden	72 Stunden	120 Stunden	144 Stunden
Output	• Beschwerdeerfassung	• Eingangsbestätigung an Kunden • Beschwerdeinformation im System		• Zwischenbescheid an Kunden		• Rückmeldung an Kunde • Update Beschwerdeinformation im System

Einfacher 8-D-Report

Lieferant (Supplier)	Datum Report Eröffnung (Open date)	Datum letzter Update (Last Update)
Kunde (Customer)	Reklamation-Nr. (Complaint No.)	Datum Reklamationseingang (Rec. Date)
Artikelname (Part Name)	Artikelnummer (Part No.)	Version (Release No.)

1 Team (Team)
Bearbeiter (Reported by)   Abt. (Dept.)   Tel. (Tel.)

Liefermenge (Quantity Delivered)	Beanstandete Menge (Quantity Claimed)

2 Problembeschreibung (Problem Description)

3 Sofortmaßnahmen (Containment Actions) | Einführungsdatum (Implementation Date)

4 Fehlerursachen (Root Cause)

5 Gewählte dauerhafte Abstellmaßnahmen (Chosen Permanent Corrective Actions) | Geplantes Einf.-datum (Planned Impl. Date)

6 Durchgeführte dauerhafte Abstellmaßnahmen (Implemented Permanent Corrective Actions) | Einführungsdatum (Implementations Date)

7 Maßnahmen gegen Wiederholfehler (Actions to Prevent Recurrence) | Einführungsdatum (Implementations Date)

8 Freigabe Kunde (Approval Customer) | Teamleiter Lieferant (Champion Supplier) | Abschlussdatum Lieferant (Close Date Supplier)

KVP-Werkzeuge im Kontext der Informationsnutzung und Qualitätsentwicklung

Werkzeuge	persönliche Fehler	sachliche Fehler	Zweck
Brainstorming	x	x	Fehlerfindung
Fehlersammelkarte	x	x	Fehlerfindung
Ishikawa-Diagramm		x	Fehlerfindung
Korrelationsanalyse		x	Fehlerfindung
Histogramm	x	x	Fehlerfindung
Pareto-Analyse	x	x	Fehlerfindung
Morphologischer Kasten		x	Lösungsfindung
Poka Yoke	x		Lösungsfindung
635-Methode	x	x	Lösungsfindung
Synektik		x	Lösungsfindung
Brainstorming	x	x	Lösungsfindung
Priorisierung	x	x	Entscheidung
Paarvergleich	x	x	Entscheidung
Bepunktung	x	x	Entscheidung
Entscheidungsanalyse	x	x	Entscheidung

Übersicht Auditarten

Art des Audits	Ziel und Zweck	Auftraggebende Stelle	Fokus	Referenzen, Grundlagen, Dokumente
Systemaudit	Zertifizierung des Qualitätsmanagementsystems und Bewertung der Konformität gegenüber einem ausgewählten Normenmodell	Oberste Führung, zertifizierende Organisation	Systemorientiert, strukturorientiert	Gewähltes Normenmodell (z. B. ISO oder Branchennorm)
Prozessaudit	Untersuchung und Bewertung von Prozessen auf ihre Fähigkeit, bestimmte, zuvor definierte Anforderungen zu erfüllen	Oberste Leitung, Prozesseigner	Prozess- und ergebnisorientiert	Prozesslandkarte/ Prozessbeschreibungen
Produktaudit	Untersuchung und Bewertung von Produkten auf die Erfüllung der ausgesprochenen und nicht ausgesprochenen Kundenanforderungen	Oberste Leitung, Vertrieb, Marketing, Entwicklung	Produkt- und ergebnisorientiert	Lasten- und Pflichtenhefte, Produktspezifikationen, Marktforschung, Versuchsberichte, Feldstudien
Verfahrensaudit	Betrachtung, Untersuchung und Bewertung von Verfahren auf ihre Fähigkeit, bestimmte, zuvor definierte Anforderungen zu erfüllen	Oberste Leitung, Produktion	Prozess- und ergebnisorientiert	Verfahrens-, Produkt- und Prozess-spezifikationen
Lieferantenaudit	Untersuchung und Bewertung der Lieferfähigkeit, Qualität und Organisation von Lieferanten	Oberste Leitung, Einkauf, Entwicklung, Produktion	System- und ergebnisorientiert	Lieferantenvereinbarungen, Lieferantenspezifikationen, Verträge, Rechtsvorschriften
Projektaudit	Untersuchung und Bewertung der Effektivität und Wirtschaftlichkeit von Projekten	Oberste Leitung, Projektleitung	Prozess- und ergebnisorientiert	Projektzielsetzungen, Terminpläne, Ressourcenpläne, Netzpläne

Anhang: Übersicht ISO 10002-Leitfaden für das Beschwerdemanagement

Die Norm mit der Bezeichnung »Qualitätsmanagement – Kundenzufriedenheit – Leitfaden für die Behandlung von Reklamationen in Organisationen«, ist unverkennbar ein Mitglied in der ISO-9000:2000-Familie. Sie ist mit der ISO 9001:2000 und ISO 9004:2000 kompatibel und unterstützt die Ziele dieser Normen »durch die wirksame und effiziente Anwendung eines Prozesses zur Reklamationsbearbeitung«.

Ein umfangreicher Anhang enthält unter anderem eine spezielle Anleitung für KMU, eine Reihe von Musterformularen, ein Flussdiagramm und mehrere ergänzende Ausführungen zur Norm. Die Norm ist ein guter Leitfaden gerade für Mitarbeitende kleiner und mittlerer Unternehmen, die häufig gewachsene Strukturen im Kundenzufriedenheitsmanagement haben. Gerade der Anhang hat seit Veröffentlichung der Norm viele Anhänger gefunden.

Abschnitt 1	Anwendungsbereich
Abschnitt 2	Normative Verweisungen
Abschnitt 3	Begriffe
Abschnitt 4	**Richtlinien** Nachvollziehbarkeit; Zugänglichkeit; Reaktionsbereitschaft; Objektivität, Gebühren, Vertraulichkeit; kundenorientierte Einstellung; Verantwortlichkeit; ständige Verbesserung
Abschnitt 5	**Rahmenprogramm der Reklamationsbearbeitung** Verpflichtung; Politik; Verantwortung und Befugnis (Topmanagement Verantwortliche für den Beschwerdemanagementprozess; andere am Beschwerdemanagementprozess beteiligte Manager; die Mitarbeiter im Kontakt mit Beschwerdeführer; alle Mitarbeiter)
Abschnitt 6	**Planung und Entwicklung** Allgemeines; Ziele; Aktivitäten; Ressourcen
Abschnitt 7	**Durchführung des Prozesses zur Reklamationsbearbeitung** Kommunikation; Entgegennahme der Reklamation; Rückverfolgung der Reklamation; Reklamationsbestätigung; Anfangsbewertung der Reklamation; Reklamationsermittlung; Stellungnahme zu Reklamationen, Bekanntmachung der Entscheidung; Abschluss der Reklamation
Abschnitt 8	**Aufrechterhaltung und Verbesserung des Prozesses zur Bearbeitung von Reklamationen** Informationssammlung, Analyse und Bewertung von Reklamationen; Zufriedenheit mit dem Prozess zur Reklamationsbearbeitung; Überwachung des Prozesses zur Reklamationsbearbeitung; Auditieren des Prozesses zur Reklamationsbearbeitung; Managementbewertung in Bezug auf den Prozess der Reklamationsbearbeitung; ständige Verbesserung

Anhang A	**Anleitung für kleine und mittelständische Unternehmen**
Anhang B	**Reklamationsformular**
Anhang C	**Objektivität**
Anhang D	**Reklamationsrückverfolgbarkeitsformular**
Anhang E	**Stellungnahmen**
Anhang F	**Flussdiagramm zur Eskalierung**
Anhang G	**Fortlaufende Überwachung**
Anhang H	**Audit**

Quellen

Jamal Algedri: *Fehler*, Hanser Verlag, 2013

Janelle Barlow/Claus Moller vom Redline Wirtschaftsverlag: *Eine Beschwerde ist ein Geschenk – Der Kunde als Consultant*, 2003

Edmund Görtler/Prof. Dr. Doris Rosenkranz: *Mitarbeiter- und Kundenbefragung*, Pocket Power, Hanser Verlag, 2006

Claudia Grötzbach, Cornelsen Verlag: *Beschwerdemanagement. Unzufriedene Kunden als Chance*, 1. Auflage, 2010

Nils Hafner/Rémon Elsten: *Kundendialog Management*, 2016

Thorsten Havener, Dr. med. Michael Spitzbart: *Denken Sie nicht an einen blauen Elefanten!: Die Macht der Gedanken*, Rowohlt Taschenbuch Verlag; Auflage: Originalausgabe, 2010

Ch. Homburg/H. Schäfer/J. Schneider: *Sales Excellence – Vertriebsmanagement mit System*, 7. Auflage, Springer Gabler Verlag, 2012

ISO 9001 Qualitätsmanagementsysteme -Anforderungen (ISO 9001: 2015)

ISO des Beschwerdemanagements 10002:2004 – Kundenzufriedenheit – Leitfaden für die Behandlung von Reklamationen in Organisationen

Bernd Stauss/Wolfgang Seidel vom Hanser Verlag: *Beschwerdemanagement. Unzufriedene Kunden als profitable Zielgruppe*, 5. Vollständig überarbeitete Auflage, 2014

Gerhard Tinnefeldt: *Beschwerdemanagement – Qualitätssicherung ohne Umwege*, Tinnefeld Verlag – 2001

Armin Töpfer: *Anforderungen, Prozesse, Zufriedenheit, Bindung und Wert von Kunden*, Springer Verlag, 2008

Quellen

Links

http://wirtschaftslexikon.gabler.de/Definition/beschwerdemanagement.html

http://www.business-wissen.de

http://www.der-beschwerer.de/samsung-galaxy-tab-4-aus-telekom-wiedergutmach-aktion-angekommen/

http://www.net-promoter.de/

http://www.sbb.ch/sbb-konzern/ueber-die-sbb/zahlen-und-fakten/puenktlichkeit-und-sicherheit.html

http://www.sixsigmablackbelt.de/fehlerkosten-10er-regel-zehnerregel-rule-of-ten/

http://www.tomorrow-focus.de/newsroom/dokumenten-datenbank/pressemitteilung/studie-zum-bewertungsverhalten-im-internet-internetnutzer-bewerten-um-zu-helfen-reisen-ist-top-thema_aid_1331.html

https://organisationsberatung.net/change-management-erfolgsfaktoren/#14_Change_Management_Erfolgsfaktoren

https://www.haufe.de/compliance/haufe-compliance-office-online/beschwerdemanagement-interne-grundsaetze-als-basis-fuer-wirksames-compliance-feedback_idesk_PI28584_HI6757086.html

https://www.inloox.de/projektmanagement-glossar/kommunikation/

https://www.menschen-im-vertrieb.at/blog/2012/02/12/fuhrungsgrundsatze-der-zukunft/

https://www.synpulse.com/_Resources/Persistent/9419556b1f3ead41715365456e35f2314223b82e/Churn%20Management%20(Deutsch).pdf

http://www.thomas-hilsenbeck.de/wp-content/uploads/Dr-Th-Hilsenbeck-Handbuch-Beschwerdemanagement-Vers-6_0.pdf

https://www.tu-cottbus.de/projekte/uploads/media/eBook_Beschwerdemanagement; eBook von Anne M. Schüller

Interviewpartner

Prof. Dr. rer. Pol Nils Hafner, Customer Competencies, Institut Dr. Hafner GmbH

Marco Schöpf, Post CH AG

Manuel P. Nappo, HWZ Hochschule für Wirtschaft Zürich, Center for Digital Business

Über die Autorin

Zehra Sirin ist Unternehmungsberaterin und Geschäftsführerin der Size Consens AG in Zürich. Die Beratungs- und Schulungsschwerpunkte liegen im Aufbau und in der Optimierung von Strategie- und Prozessmanagement. Sie ist Fachexpertin in den Themen Health-, Safety-, Environment-, Quality-Management.

Ihre betriebswirtschaftlichen, technischen und methodischen Erfahrungen basieren auf diversen Hochschulabschlüssen, Erfahrungen in verschiedenen Führungsfunktionen, die sie vor ihrer Selbstständigkeit wahrnahm. Sie ist Mitglied in Arbeitsgruppen, Fachgremien und Lehrbeauftragte sowie Keynote Speakerin für Strategie-, Prozessmanagement und HSEQ in diversen Hochschulen in der Schweiz.

Die Size Consens AG ist eine branchenübergreifende Unternehmungsberatung und Schulungsunternehmung, die im Jahre 2015 von Zehra Sirin gegründet wurde.

Die Beratungs- und Schulungsschwerpunkte liegen in Aufbau und Optimierung von folgenden Managementthemen:

› Unternehmungsstrategien

› Integriertes Managementsystem

› Geschäftsprozessmanagement inklusive internes Auditmanagement

› Corporate Governance und Audit im Auftrag des Verwaltungsrats und/oder der Geschäftsleitung

Die Size Consens AG steht für langjährige Praxiserfahrung in Zusammenarbeit mit Marktführern der unterschiedlichsten Branchen.

Weitere Informationen erhalten Sie auf unserer Homepage: www.size-consens.ch

Stichwortverzeichnis

8-D-Report 139–143, 145, 179, 220, 232

A

Aktives Versagen 23
Anspruchsgruppen 52f., 64, 70, 77, 120f., 172, 176, 182f., 195, 198, 215f.
Audit 37, 143, 167, 171–175, 237f.
　externes 170
　First Party Audit 170
　internes 170f., 178f., 197
　Lieferantenaudit 234
　Maßnahmenaudit 174
　Produktaudit 142, 172, 234
　Projektaudit 234
　Prozessaudit 142, 172f., 234
　Rahmenfaktorenaudit 173ff.
　Second Party Audit 170
　Strategieaudit 174
　Systemaudit 172, 234
　Verfahrensaudit 172, 174, 234
Auditarten-Übersicht 234
Auditmanagement 170, 239
Auditprozess 172f.
Aufgabencontrolling 108, 110, 149f., 196, 227

B

Balanced Scorecard (BSC) 43, 160f.. 163, 215
Bearbeitungszeiträume 110f., 119
Beschwerdeannahme 55, 83, 89f., 99, 104f., 128, 132, 149 222
Beschwerdeauswertung 129, 164
Beschwerdebearbeitung 54ff., 98, 104, 106–108 114, 117ff., 128, 134, 150, 155, 224
Beschwerdeempfänger 17, 19–22, 46, 84, 89f., 92–96, 104, 116, 122, 185, 215
Beschwerdefabrik 40, 44, 215
Beschwerdeformular 78
Beschwerdeführer 14, 19ff., 29, 73, 84, 89–98, 101, 105, 113f., 116, 118f., 125ff., 133, 147f., 150f., 155f., 159, 165, 196, 215, 221f., 224f., 228f., 236
Beschwerdekultur 184f., 200
Beschwerdemanagement 7, 9f., 13–18, 23, 26, 31ff., 35, 37ff., 41–44, 46, 48–52, 54–60, 63f., 66–70, 73, 75, 77, 79, 84, 89, 91, 108, 110, 112, 115–118, 120f., 125, 128ff., 132, 144, 146f., 149, 151, 154–159, 161, 163ff., 167, 170–177, 179, 181–187, 190, 193f., 196, 198, 200f., 203, 205, 215f., 229, 231, 235f., 243
　internes 176, 193f., 231
Beschwerdestimulation 76f., 81ff., 91, 122, 127, 205, 229
Beschwerdetypen 207
Beschwerdezufriedenheit 16, 28, 37, 45f., 57, 70, 73f., 88, 90, 92, 117f., 121f., 125, 167, 170, 177, 196, 205, 229
Beziehungsverstärker 40, 215

Stichwortverzeichnis

C
Changeprojekt 182–185
Checklisten
  Grundlagen 33
  *-Stern 69–72
  **-Sterne 127f.
  ***-Sterne 179
  ****-Sterne 200f.
  *****-Sterne 211
Complaint Owner 56, 106, 110, 118, 126f., 151, 215
Compliance 35, 37, 69, 170, 215
Controlling 66, 88, 108, 110, 144, 146, 149ff., 158f., 164, 167, 179, 196, 221, 227, 229
Customer-First-Strategie 42f., 215
Customer-Relationship-Management (CRM) 38, 55, 63f., 68, 216

D
Deming, Edward 15, 49

E
Effektivität 45, 49, 144, 170, 216, 234
Efficiency-First-Strategie 42
Effizienz 38, 40, 42, 45, 49, 63, 144, 146, 151, 170, 175, 215f.
EFQM 216
EFQM-Modell 16, 216
Einzelfallprüfung 112, 116, 119, 128
Eisberg-Prinzip 26, 146f., 216, 221
Emotionalität 84, 89f., 93, 99, 132
ERP (Enterprise Resource Planning) 63, 66, 72
ERP-System 17, 63, 216
Eskalation 38, 54, 56, 59, 65, 68, 112, 116, 224, 227
Eskalationsstufen 117
Evidenz-Controlling 146, 221

F
Fehler 9, 13f., 16f., 19f., 22ff., 28, 30, 33, 53, 61, 63, 80, 97, 99, 112, 126f., 132, 136, 139–142, 154, 164, 166, 172, 179, 182, 185–190, 192–195, 200, 219, 225f.
Fehlerkosten 216, 226
Fehlerkultur 56, 71, 181, 185–194, 196, 200, 205
Formular-Vorlagen
  8-D-Report 232
  Beschwerdeannahme 105f.
  Feedback-Fragebogen 83
  Formulierungsempfehlungen 102f.
FRAB (Frequenz-Relevanz-Analyse Beschwerdemanagement) 132, 134ff., 141, 174, 179, 216, 221
FTE (Full Time Equivalent) 224, 228
Führungsrolle 195

G
Gesprächsabschluss 97ff.
Glasl, Friedrich 18, 21

H
Hybride Strategie 40, 42, 216

I
Informationsnutzung 42, 66, 164, 233
Innovation 30, 38, 57f., 70, 161, 164f., 204, 217
Innovationsteam 165
Ishikawa 136, 138f., 141, 179, 217
ISO 10001:2008-07 31
ISO 10002 31, 235
ISO 10003:2008-07 31f.
ISO 10004:2015-01 32
ISO 9000:2000 31, 45 235
ISO 9001:2015 16, 31, 178, 188, 243
ISO 9004:2000 235
IT-Tools 63, 66

K

Kano-Modell 85, 87, 217
Kennzahlenübersicht 221–229
KMU 31, 120, 217, 235
Kommunikation 20, 59, 73f., 77f., 91, 105, 119, 123, 128f., 137, 154ff., 158, 177, 181, 184, 193, 198–201, 203, 205, 211, 229, 236
Konfliktbereinigung 94f., 99
Konfliktverhalten 18, 21. 217
Kosten 22, 24, 29, 38, 40, 42, 44, 61, 67, 69f., 80, 97, 113, 125, 129, 146, 151, 154f., 157f., 160, 167, 179, 185f., 190, 216, 226
Kosten-Nutzen-Berechnung 154
Kosten-Nutzen-Controlling 151, 229
Kreidekreis 144
Kundenbindung 16, 32, 38, 40, 49, 54, 58, 69f., 73, 99, 114, 125, 144, 154ff., 203, 216f.
Kundenorientierung 10, 14, 36, 49, 54, 73, 75, 77, 79, 81, 121f., 152, 172, 207, 217
Kundenunzufriedenheit 7, 9, 15, 18, 27f., 30–33, 37f., 42, 45, 49, 54, 56, 69ff., 73f., 76, 85, 87f., 97, 104, 109, 115, 119, 121, 131f., 152, 164, 167f., 171f., 174, 176ff., 185f., 194f., 204, 216ff., 227, 235, 243
KVP (kontinuierlicher Verbesserungsprozess) 54, 164, 188, 216, 218, 233
KVP-Team 54, 71, 129, 137, 166f.

L

Lastenheft 66, 69, 218
Latentes Versagen 22f.
Lean 144, 166
Leitbild 33, 73, 119ff.
Lösungssuche, gemeinsame 96, 99

M

Managementsystem 9, 14, 112, 151, 167, 171, 178, 204f., 217f., 234, 239
Missbräuchliche Beschwerden 28ff.

N

Netzwerke, soziale 79, 204
Newsletter 79
Normen 15, 30f., 167, 170f., 218f., 234f.
Null-Fehler-Kultur 186ff., 192
Nutzen 9, 14, 46, 52, 58, 64, 86, 123, 125, 129, 146, 150f., 154, 156, 158, 161, 172, 179, 187, 193ff., 229
  Einstellungsnutzen 154ff.
  Informationsnutzen 108, 154, 158
  Kommunikationsnutzen 154ff., 158
  Kundenbindungsnutzen 154, 156
  Wiederkaufsnutzen 155

O

Online-Bewertung 204f., 208, 210f.
Onlinetools 7, 10, 77, 203

P

PDCA 49, 70, 72, 164, 196, 218
Pflichtenheft 66, 218, 234
Process Owner 35, 45, 106, 109, 116, 137, 144, 151, 167, 173, 185, 219
Projektorganisation 58
Projektplan 49, 60ff., 67, 71
Prozess 7, 10, 14ff., 31ff., 35, 37f., 40, 42, 44–49, 53–57, 63f., 66ff., 70, 72–75, 77, 80, 105f., 108ff., 116, 118f., 125, 127–130, 132, 136f., 141–144, 149, 151, 159, 161, 164, 166f., 170–176, 183, 187f., 194, 196, 198, 215–220, 224, 227, 231, 234ff., 239
Prozesssteckbrief 44ff., 49, 219
PWI (Problemwertindex) 132ff.

Q
Qualitätsmanagement 10, 14, 24, 30f., 55, 121, 152, 164, 167, 170, 172, 178, 188, 216, 218f., 234f.
Qualitätssicherer 40, 219
Qualitätszirkel 166f., 204

R
Reason, James 22f.
Reklamation 15f., 31f., 56, 215, 219, 226f., 235ff.
Reporting 66, 150, 159f., 164, 170f., 179

S
Schweizer-Käse-Modell 22, 219
Servicequalität 37, 69, 114, 151, 219
Social Media 14, 26, 74, 203
Standardfall 112
Strategischer Bezug 39
SWOT-Analyse 43, 220

T
Task Owner 56, 110, 151, 220
Telefonhotline 80

Throughput Time 224, 227
Touchpoint 55, 73, 79, 204, 207, 211
Turtle-Diagramm 48

U
Umfeldanalyse 42, 70, 220
Unternehmenspolitik 21, 220
Ursachen-Wirkungs-Analyse 135f., 138f.

V
Verkaufsgespräch 80

W
Webforum 79
Wiedergutmachung 28, 38, 96, 116, 125–128

Z
Zufriedenheitslabor 40
Zuständigkeiten 53f., 105f., 108ff., 116, 128, 135, 166

Unangenehme Situationen mit Kunden professionell meistern

Jeder, der im Dienstleistungsbereich arbeitet, kennt die Situation: Es gibt Kunden, die geradezu prädestiniert dafür sind, einem das (Arbeits-)Leben schwer zu machen. Doch natürlich muss man sich, egal wie unangenehm die Situation auch sein mag, als guter Dienstleister stets professionell und ausgeglichen verhalten.

In ihrem Service-Klassiker zeigt Monica Schori, wie dies zu bewältigen ist. Dabei geht sie nicht nur auf die verschiedenen problematischen Kundentypen ein und den adäquaten Umgang mit diesen, sondern ergründet auch die Ursachen für viele typische Konfliktsituationen im Kundenkontakt. Mit praktischen Tipps und Übungen bietet sie so einen hilfreichen Ratgeber für jeden, der im direkten Kontakt mit dem Kunden steht.

224 Seiten
Softcover
16,99 € (D) | 17,50 € (A)
ISBN 978-3-86881-575-7

www.redline-verlag.de

REDLINE | VERLAG

Menschen durchschauen und steuern

Immer wieder stoßen wir im Berufsleben auf den Widerstand anderer. Wir sind auf unsere Kollegen, Kunden, Partner und Freunde angewiesen, aber gleichzeitig stellen sich diese oft auch als die größten Hindernisse heraus, wenn sie sich querstellen und selbst vernünftige Argumente ignorieren. Kishor Sridhar zeigt in diesem Buch, wie man durch die Verhaltenspsychologie beziehungsweise mit den Erkenntnissen der Behavioral Economics spielend leicht andere dazu bringt, das zu tun, was man will. Anhand klarer und überraschend einfacher Methoden sowie konkreter Praxisbeispiele belegt er, wie man die schwierigsten Kandidaten dazu bewegt, aus eigener Überzeugung fremde Pläne umzusetzen.

240 Seiten
Softcover
17,99 € (D) | 18,50 € (A)
ISBN 978-3-86881-553-5

www.redline-verlag.de

REDLINE | VERLAG

Lost in Warteschleife

Angefangen beim Brillenkauf, der sich wider Erwarten im Laden schwieriger als über das Internet erweist, über das Frankierwirrwarr der Deutschen Post, bis hin zu nervigen Anrufen vom heißgeliebten Telefonanbieter – als Kunde hat man heute wirklich nichts zu lachen und muss sich grundsätzlich vor Betrug und dem Bürokratiewahnsinn der Unternehmen in Acht nehmen.
Tom König beschreibt in seinen SPIEGEL-ONLINE-Kolumnen, was es bedeutet, Unternehmen und Behörden als Kunde ausgeliefert zu sein und wie man sich gegen die Tiefschläge der Serviceverweigerer am besten erwehrt – indem man den Gegner beispielsweise sozialmedial in den Wahnsinn treibt.
Ihr Anruf ist uns nichtig! versammelt neue Kundenerlebnisse und zeigt humorvoll und pointiert, dass der Irrwitz wahrhaft uferlos ist.

160 Seiten
Softcover
9,99 € (D) | 10,30 € (A)
ISBN 978-3-86881-615-0

www.redline-verlag.de

REDLINE | VERLAG

Wenn Sie **Interesse** an **unseren Büchern** haben,

z. B. als Geschenk für Ihre Kundenbindungsprojekte, fordern Sie unsere attraktiven Sonderkonditionen an.

Weitere Informationen erhalten Sie von unserem Vertriebsteam unter +49 89 651285-154

oder schreiben Sie uns per E-Mail an: vertrieb@redline-verlag.de

REDLINE | VERLAG